現代
菲律賓
的誕生

THE MAKING OF THE MODERN PHILIPPINES

Pieces of a Jigsaw State

一片片拼圖組成的國家

PHILIP BOWRING

菲利浦·鮑靈 —— 著　馮奕達 —— 譯

目次

Contents

Contents

目次

Maps

地圖列表

Maps

地圖列表

序

本書在二〇二二年菲律賓總統暨國會大選的四個月之前付梓。一方面，對於「個人」與「體制」在達成「善治」的過程中所扮演的角色，人們看法不一，而選舉代表不同看法的狹路相逢。另一方面，選舉結果很容易受到認同、區域忠誠，乃至於性別偏見等無涉政策的因素所影響。幾乎每一位候選人，提出的明確政策都不夠。

除非最後出了什麼驚天動地的事，否則這次大選將會為羅德里戈．杜特蒂（Rodrigo Duterte）六年總統任期畫下句點。杜特蒂人格特質極為鮮明，是個無情、霸道的領導人。繼任者想必會與他大不相同，可能也沒那麼容易引發分裂。對於選舉結果，有人期待，也有人恐懼，但衝擊應該不會如他們所想的那麼大。小馬可仕（Ferdinand 'Bongbong' Marcos Jr）從大選之初便告領先。他冠著父親的姓，而他的父親統治菲律賓二十一年，其中十四年是行竊盜統治的獨裁者。小馬可仕用社群媒體改寫馬可仕時代的歷史，雖然稍有所成，但他不像杜特蒂總統那樣以政治手段與人格聞名。綜觀總統大選歷史，初期選情占先者鮮少笑到最後。假如小馬可仕的競選搭檔，也就是杜特蒂之女莎拉．杜特蒂－卡皮歐（Sara Duterte-Carpio）贏得副總統大選，那麼「副總統」一職或許會變得比較重要。

至於對手自由派陣營的萊妮．羅布雷多（Leni Robredo），她的態度是支持體制而非個人統治，推動溫和改革政策，有如延續杜特蒂的前任總統，亦即「諾伊諾伊」貝尼格諾．艾奎諾三世（Benigno 'Noynoy' Aquino III）的大部分政策。即便羅布雷多有自由黨與參議院的大力支持，她主政下的改變也會偏向漸進，而且主要是態度上而非政策上的改變，只有對人權與中國議題例外。無論是商業界還是代議機構，都有盤根錯節的歷史與階級分歧。一旦選前風向出現什麼巨變，都有可能把另一個人名推到幕前，機率最大的是馬尼拉市長法蘭西斯柯．伊斯科．莫雷諾．多馬哥索（Francisco Isko Moreno Domagoso）。莫雷諾是典型的市長兼媒體寵兒，溫和路線的機會主義者；除去結束杜特蒂時代的粗暴言論，並限制暴力傾向之外，大家不會期待他帶來多大的改變。

相較於幾乎每一個東亞與東南亞鄰國，菲律賓七十年來在社會與經濟領域的表現都不如預期。無論選舉結果為何，這個國家都免不了需要去克服這種表現。如今問題不能全都推給馬可仕執政年代，更別說是過去的殖民統治者。菲律賓給人的感覺往往是跟亞洲地區脫節的，之所以如此，部分是因為媒體態度偏狹，部分是因為美方牽引力不斷，部分則是因為不讓外國資本參與地方商業利益——結果推動菲律賓經濟的主力，是數以百萬計在國外工作的菲律賓人匯回國的錢。面對中國對南中國海的侵略，海牙常設仲裁法院（Permanent Court of Arbitration）在二〇一六年做出有利菲律賓的判決，但菲律賓同樣尚未加以運用。

長久以來，外國人（筆者在一九七三年第一次到菲律賓）與菲律賓人看到移民國外的人功成名就，並且／或者把菲律賓的資料跟泰國、越南或印尼在教育、製造業與農業方面的情況比較，他們都期待菲律賓有更好的成績。不過，無論本國人還是外國人，大家也都體認到：有時候莫衷一是的道路，或是貫穿整個政治制度的高度貪腐與世系相襲，倒也一同帶來遠比大半個亞洲世界更大的自由，以及對人性弱點的寬容。國界因 COVID-19 疫情而封鎖之前，菲律賓觀光業有一句廣告台詞，是「來菲律賓比較好玩」。這句話裡雖然沒有提到好玩在哪，但拿來說菲律賓的政治也未嘗不可。沒錯，菲律賓的民主進程很有意思，但有時候也很暴力，引發無止盡的脣槍舌戰與臆測。至於能不能帶來非菁英參政，或是善治，則是另一回事。

一九七三年以來，我經常造訪菲律賓，寫關於菲律賓的報導。身為記者，我遇過無數人，而且往往默默無名。我覺得，除了向他們致謝，我還可以付出更多。無論是一九八〇年的馬可仕，還是四十年後的杜特蒂，治下的菲律賓人民皆睿智有禮（尤其是身為政界與商界中堅的女性），但國家治理的水準卻也令人堪憂。不過，歷史與地理對於今日的局面有極大的影響，我僅期盼本書能把今天的菲律賓放回這樣的脈絡。許多事情走上了歧路，但也有許多事情抵銷了負面效益，偏偏其中又有不少是該國媒體不會報導的領域。對於這方方面面，身為外國人的我或許筆下能少一點憤怒，多一點惋惜。總之，本書是懷著期盼與信念而寫，願菲律賓能為所當為，成為一個重要的島國，從自己的地理形勢、馬來裔人民、西班牙與美國統治歷史，以及華人移民所留下的正面影響汲取力量。

許多人曾經幫助我對這個國家多一點了解，無論他們是否健在，我都銘感五內。我想感謝他們，卻不知從何寫起，於何停筆。這裡我只能提及其中的少數，很抱歉因為篇幅與記憶力有未逮，無法備載。不分順序，也不分菲律賓人或是外國人，他們數十年來讓我愈來愈關心這個國家（其中有些人已經離我們遠去了），他們是：Leo Gonzaga、Juan Mercado、Sheilah Ocampo、Marites Vitug、Bobi Tiglao、Betty Escoda、Antonio Carpio、Guy Sacerdoti、John Forbes、Ian Gill、Emmy Tagaza、Cris Yabes、Rodney Tasker、Nellie Sindayan、Cesar Virata、Sandra Burton、Amando Doronila、Keith Richburg、Francis Pangilinan、Aries Rufo、Harvey Stockwin、Patricio Abinales、Lourdes Mercado、Mohamed Ali Dimaporo、Hugh Peyman、Sheila Coronel、Mo Ordonez、Jose Galang、John McBeth、Sixto Roxas、Ambeth Ocampo、Blas Ople、

Ramon Guillermo、Peter Edwards、Kit Tatad、Stephen Zuellig、John Nery、Rob Salomon、Mo Ordonez、Reine Arcache、TJS George、Jose de Venecia、Walden Bello、Roberto Romulo與Jessie Lichauco。我也感謝閱讀草稿、提供建議的讀者們，以及製作索引的Don Brech。

由於疫情限制，寫作本書時我無法前往菲律賓，在當地撰稿。雖然缺乏及時、貼身的報導，但我努力把今日的情勢放回歷史脈絡，期盼能彌補不足，探討當前菲律賓政治、社會與經濟奠定於什麼樣的基礎之上，或許能帶來一些關於如何前進的想法，了解這個國家如今所面臨的挑戰。菲律賓的人口組成依舊年輕，至少理論上是能禁得起一番大改造的。

〔緒論〕

菲律賓：拼圖中的拼圖

一五二一年三月，斐迪南．麥哲倫（Ferdinand Magellan，亦作 Magalhaes/Magallanes）麾下的三艘船在維薩亞斯群島（Visayan islands）登陸。麥哲倫是葡萄牙航海家，此時則為西班牙國王效力。其中一艘船後來完成一項史書必載的壯舉——首度繞航地球，但重點在於此事改變了菲律賓群島的歷史，改變了如今一億一千萬人的家園。麥哲倫艦隊抵達的數十年後，西班牙宣布從呂宋海峽至蘇祿海之間的群島為其所有，並將之命名為費利佩群島（Islas Filipinas）。西班牙人在這裡留下了一種宗教、一些基因與幾種文化面向，此外也有來自美洲與中國的影響，但從當年到今天，島群最主流者始終是馬來／南島族群及其語言與文化。

菲律賓有諸多獨特之處，像是地理形勢、動物群，乃至於先後受到西班牙與美國這兩大西方強權統治的歷史。這個政治實體的名字將近五百年沒有改變，遠比許多鄰國更久。此外，菲律賓是亞洲在高加索地區以南唯一的基督教國家，而且是虔誠的天主教國家。十九世紀時，第一批起身反抗西方帝國主義的現代民族主義者也誕生於此。

然而這樣的獨一無二，卻也沒有造就出一種本國人瞭然於心的身分認同，外國人自然是霧裡看花。菲律賓是遼闊的馬來群島的一部分，在語言與部分文化上跟印尼與馬來西亞鄰居有共同的根柢，但歷史上卻跟這兩者分道揚鑣了五百年，而菲律賓本身也因為破碎的地理形勢與區域忠誠而分歧。這樣的歷史發展，不僅解釋了菲律賓當前的問題，也反映在一九四五年後落後於多數鄰國的經濟與社會表現，以及暴力程度持續高漲的情況上。雖然菲律賓民主蓬勃發展，定期舉行的選舉喧鬧而互不相讓，但體制仍把持在世家大族手中，鮮有進步——從二〇二二年的選戰便可見一斑。經過了遠方的西班牙與美國兩大帝國的把持，如今的菲律賓又籠罩在另一個不遠處的帝國——中國的陰影之下。

菲律賓由兩千多個有人島組成。區域間的敵對，加上範圍廣大卻非全面的英語使用，都影響了國人以菲律賓語（基本上是呂宋島中部的他加祿語〔Tagalog〕）為國語的接受程度。區域用語與地區忠誠依舊強勁，有時候反而外來語言與天主教會似乎才是主要的共識。此外，菲律賓分為十七個地理區，但地方政權卻分屬八十多個省與省級城市手中，有些行政區範圍極小，這也讓菲律賓的行政組織有如拼圖。

菲律賓以馬來文化為主，卻又深受西班牙、天主教會與美洲的影響，有時候其認同中的拉丁成分和亞洲成分似乎不相上下。菲律賓人構成加州第二大亞裔社群，其中許多人的自我認同確實偏向拉丁人或太平洋島民，而非亞洲人。[1]天主教會順應地方發展，為穆斯林以外的菲律賓人提供某種共同的紐帶，但教會也面臨福音派與庶民派布道者的挑戰。宗教分歧是潛藏的歷史現實，而集中在民答那峨島西部與蘇祿島的穆斯林，以及近年來來自國外的伊斯蘭信仰極端派別，讓分歧的情況雪上加霜。不過，就文化根源與語言，乃至於政局的諸多面向而論，菲律賓由南到北，從伊羅戈（Ilocos）到蘇祿，基本上一直屬於馬來世界。但由於宗教、地方語言與半部落式認同所帶來的分裂，即便我們能一眼認出「菲律賓」，也很難加以定義或描述。

「菲律賓人」的概念始於當地出生的西班牙人（所謂的「克里奧爾」〔creoles〕），後來緩緩傳進西裔麥士蒂索（mestizos）、華裔麥士蒂索，以及獲得上流（principalia）階級接納的都市化本地人之間。[2]十九世紀晚期「開明派」（ilustrados，受過教育的改革派菁英）的民族主義催生了菲律賓民族意識，而對美國與日本的反抗行動則是群眾參政的背景。群眾因為獨立之故而化入「菲律賓人」的範圍，但即便一起經歷都市化，受過共同教育，民族認同的發展仍然斷斷續續。除了地理因素造成的離心力，上層菁英跟美國關係密切，許多商界要人則是跟中國密不可分。有人提議把殖民時期留下來的「菲律賓」之名改成馬來的名字，但沒有成功。不少十九世紀晚期的革命人士偏好「他加祿國」（Katagalugan）一詞，後來成為短命的他加祿共和國使用的國名。近年來雖然有人提議「馬哈里卡」（Maharlika，指他加祿貴族戰士階級）一詞，但得到的支持不多。

雖然距離西班牙人與天主教來到菲律賓已過了五百餘年，但當時留下的深長裂痕至今猶存。穆斯林民答那峨之所以時有兵禍，一方面跟地方敵對勢力有關，但另一方面也是對馬尼拉與基督教的反抗。與此同時，島上的非穆斯林地區也衝突不斷，主要是地方族群為了爭奪土地權而起的紛爭，其中又以民答那峨族跟島上其他族群的對立尤甚——數十年來，來自維薩亞斯群島的移民，讓民答那峨島人口組成大幅改變。這種內殖民（internal colonization）仍然持續。維薩亞斯語系如今已成民答那峨島主流。整體來說，區域忠誠與地方政治恩庇關係的影響力始終存在。一方面因為都市化，另一方面則是受到菲律賓人數以百萬計在海外工作，或是臉書等社群媒體，抑或是國際選美活動等情況喚起的集體認同所影響，前述的區域忠誠與恩庇關係已經有所削弱，但仍具有關鍵影響力。國家層級的政局，仍有部分被特定候選人的區域性訴求牽著走。地方認同通常比國家認同更強烈，這或許也反映中央政府缺乏聲望。

經歷西班牙落後的統治與天主教修會多年的主導後，美利堅帝國體制帶來了教育與新的司法、行政體系。七十年前，剛剛獨立的菲律賓可以誇口識字水準幾乎獨步亞洲，收入水準在人口眾多的亞洲國家中更是僅次於日本。菲律賓還有以美國為靈感的司法與民主體系，至少在距離的美感下是人人稱羨。如今，儘管二十多年來的經濟表現還過得去，但世人普遍認為菲律賓的收入成長與教育進步都比不上鄰國。大家更知道菲律賓的天災、譁眾取寵的領導人、政治暴力與零星叛亂，以及出口大宗——在國內找不到工作，只好出國就業的國民。

菲律賓社會結構長久以來改變有限，收入與財富存在巨大的鴻溝，特定家族勢力龐大（尤其在各省），膚色淺的麥士蒂索（歐裔或華裔皆然）受人青睞，連地名都標榜殖民者，像是馬卡蒂（Makati）的麥哲倫（Magallanes）、富比士（Forbes）、黎牙實比（Legazpi）、烏達內塔（Urdaneta）與達斯馬利尼亞斯（Dasmarinas）等繁華街區。政壇上，暴力揮之不去。杜特蒂總統所謂的掃毒戰，讓許多人喪命。長久以來，殺害政敵、態度批判的新聞工作者，乃至於農運與工運人士已成為常態，但在杜特蒂執政下甚至愈演愈烈。國內不乏律師，但執法與治安情況差異極大，深受政治與金錢所左右。由於歷史與地理因素使然，菲律賓政府結構脆弱，而這多少也解釋了全國與地方層面上何以不時發生叛亂，政治何以受大族所把持。相較於親族要求與恩庇關係，愛國心與公民責任顯得乏力，公私領域的界線模糊不清。美國留下了去中心化的政治體系與弱勢的中央官僚，前述情況因此更加猖獗。貿易與航運向來是經濟命脈中的命脈，而走私則是試圖徵稅帶來的必然結果。

不過，菲律賓亦有其強項。菲律賓人在國內時或許充滿分歧，一旦到了外界，他們就會出現一種強勁、明確的認同與團結。菲律賓的性別平等獨步大半個亞洲；海外菲律賓勞工的能力與專注投入廣為人所青睞，加上他們通善英語，在全球各地都是優勢。菲律賓天主教重儀式甚於神學，整個社會對於族群混和的擔憂也相對較少，畢竟這種情況已行之有數世紀，近年來亦有移民的影響。菲律賓人歡迎外國人，又以對音樂與宗教節日的熱愛聞名於世。菲律賓有言論自由傳統，有時甚至自由到了浮誇，而媒體的活躍往往令當權者頭疼。把眼光放遠一點，大概一兩代人時間吧？人們往往視菲律賓的高生育率為負擔，但對下一代來說就成了紅利，畢竟多數鄰國如今正面臨高齡化與人口衰退。或許總有一天，這個國家甚至會有一個能反映其馬來核心認同的新名字。

對於菲律賓這個國家，無論是本國人還是外國人，都應該更加重視才對。菲律賓如今有一億一千萬人，是一個世紀前的十倍，目前每年仍增加約一百三十萬人。菲律賓島鏈分隔了太平洋與南中國海乃至於印度洋，是大國的戰略要道。西菲律賓海（南中國海的東部）大部為中國宣稱其所有，至於美國、日本與其他國家則要求在此自由航行。儘管菲律賓與美國關係密切，海牙常設仲裁法庭在二〇一四年針對中國的海權主張又做出讓菲律賓大獲全勝的判決，但菲律賓對中國的態度向來模稜兩可。一如既往，錢有時能收買愛國心。國內的華人有時候也是個議題，畢竟他們主宰大企業，比一般菲律賓人更白的膚色讓他們更吃香（一部分也是殖民遺緒的影響）。

菲律賓的國運往往反映出全球權力的轉移，像是十六世紀時如日中天的西班牙，一八九八年時正要站上帝國世界舞台的美國，一九四一年至一九四五年間短暫的大日本帝國，以及最後成為區域霸權的美國。如今的問題在於究竟是中國挾其經濟與軍事實力成為下一個帝國，或者菲律賓人能夠跟印尼和馬來西亞的馬來同胞攜手，與心高氣傲的鄰國越南合作，乃至於在美國、日本與印度等外部勢力的幫助下，讓中國繼續待在它的大陸盒子裡？

菲律賓自己還是得靠本身的社會與經濟發展，尤其是擴大參政與經濟繁榮的基礎，畢竟無論在地方或中央層面，政府始終是世家大族、尋租政客的地盤，麥士蒂索出身（西裔或華裔）與外貌往往吃香。華人主宰大企業，加深了菁英與其餘所有人的鴻溝。既得利益者以民族主義為掩護，阻擋外國投資。菲律賓群島的統治權已經轉了好幾手，有外國人，有本國人，但從來沒有發生天翻地覆的革命，土地改革也都半調子。某些鄉村地區仍苦於共產黨叛亂，但這些起事不足以造成威脅，更別提引發改變。與此同時，天主教會（至少教會的聖人與符號）固然為大多數人帶來共同的價值觀與認同，卻也讓信徒更難跟穆斯林少數和解共生。

菲律賓人素有勤勞與學習力強的美名，但隨著數以百萬計的菲律賓人移民海外，因此主要是外國從這些優點中得益。他們的薪水雖然撐起國內經濟，卻無法為故鄉換來投資與善治，留不住他們。近年來業務流程外包（Business Process Outsourcing，BPO）大幅增加，提供人才留用的新途徑，但菲律賓製造業部門泰半仍未發展出足以與鄰國競爭的實力。強大且廣布的親族關係與義務，提供了一定程度的社會安定，卻也造成世家政治裙帶關係，削弱了良善治理。

菲律賓的過往中四處可見假歷史，像是馬可仕總統就是靠一條虛無飄渺的十五世紀法律，為自己的戰爭勛章提供正當性。民族主義往往只是呼喊口號，沒有真正落實。空歡喜俯拾皆是，假先知沒完沒了。馬可仕承諾說戒嚴將能穩定秩序，帶來進步，但他的政權卻以欠債與幻滅告終。這個知名大家族無法兌現繁榮的承諾，菲律賓人民於是找上名人，從影視到運動明星，接著回頭找上大族，然後則是荷槍實彈的行動派。總統羅德里戈·杜特蒂庸俗民粹，承諾要瞄準特權群體、毒蟲與所謂的貪腐，帶來改變，結果除了他的個人統治傷害了本已孱弱的體制制衡力之外，一切幾乎如常。他還讓馬可仕之子有機會當上總統。

但情況可以有所轉圜，也必須有所轉圜，這個國家才不會更落後於鄰國，也才能在天災頻仍的時代撐起愈來愈多的人口。大家對於年年都有的颱風、不時發生的地震與偶然的火山爆發已經很熟悉了，但現在又多加了全球暖化。情況如何轉變將難以逆料，但若以歷史為鑑，過程恐怕不會波瀾不驚，而且也不會太民主。此外，如今多達約一千三百萬的海外菲律賓人，除了用自己的薪水讓整個國家不致沉默之外，恐怕還得扮演更吃重的角色。許多亞洲革命與獨立英雄，都是在海外吸收到他們的激進思想，尤其是身兼作家、醫生、謹慎革命分子的菲律賓民族英雄扶西・黎剎（Jose Rizal），就浸淫於十九世紀歐洲自由主義。

本書從菲律賓的歷史脈絡看今日菲律賓，看歷史如何指向現在，也看未來將包括哪些可能。前半部將從菲律賓上古談到杜特蒂年代，後半部則探討特定議題，探討眼下的社會、經濟、政治、宗教、國際關係與環境，結論則細看未來。

注釋

1 Anthony Christian Ocampo, *The Latinos of Asia: How Filipino Americans Break the Rules on Race*, Palo Alto, CA: Stanford University Press, 2016, pp. 166–9.

2 Renato Constantino, *The Philippines: A Past Revisited*, Vol. 1, Quezon City: Tala Publishing Services, 1975, p. 151.

多樣的氣候區

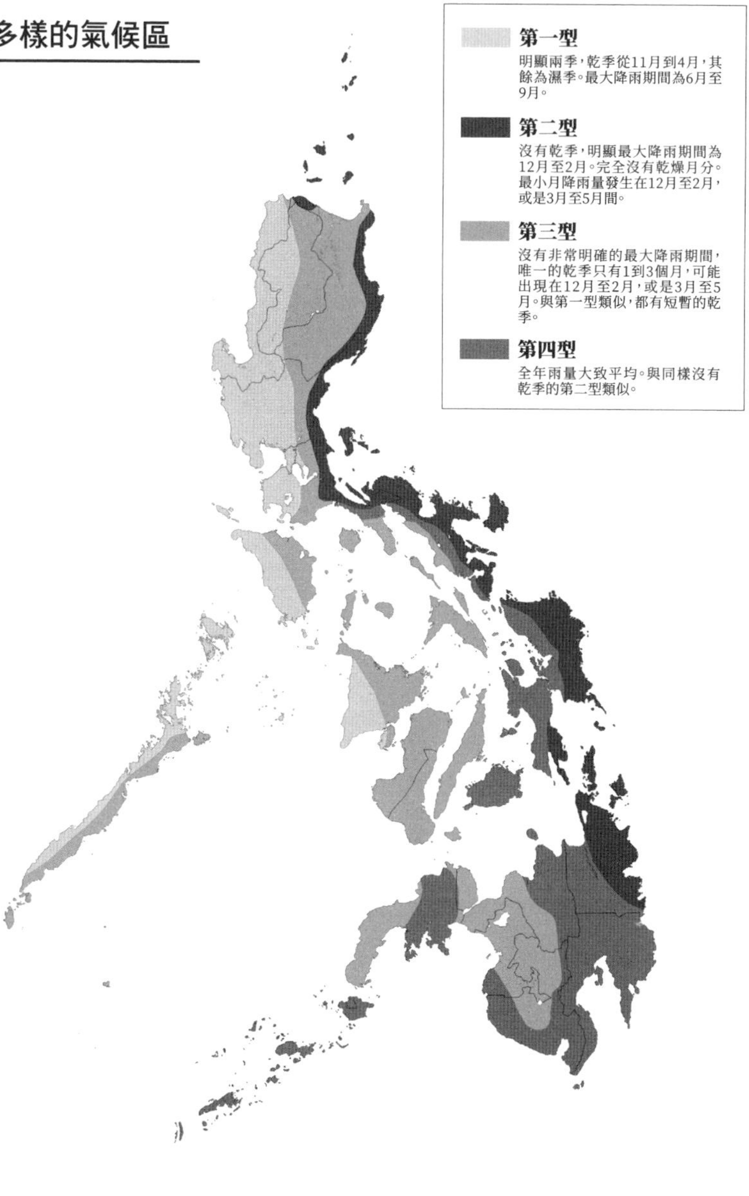
第一型
明顯兩季，乾季從11月到4月，其餘為濕季。最大降雨期間為6月至9月。
第二型
沒有乾季，明顯最大降雨期間為12月至2月。完全沒有乾燥月分。最小月降雨量發生在12月至2月，或是3月至5月間。
第三型
沒有非常明確的最大降雨期間，唯一的乾季只有1到3個月，可能出現在12月至2月，或是3月至5月。與第一型類似，都有短暫的乾季。
第四型
全年雨量大致平均。與同樣沒有乾季的第二型類似。

複雜的地形

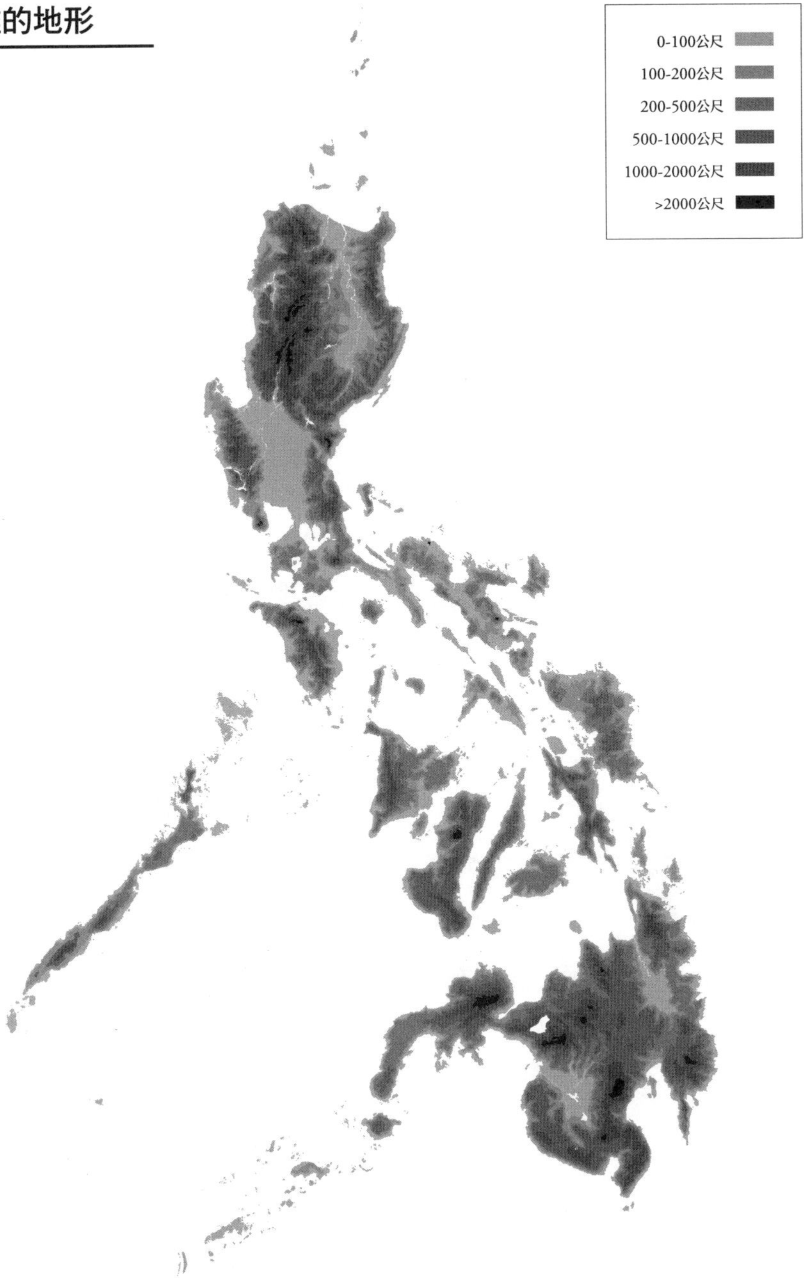
0-100公尺
100-200公尺
200-500公尺
500-1000公尺
1000-2000公尺
>2000公尺

17個大區

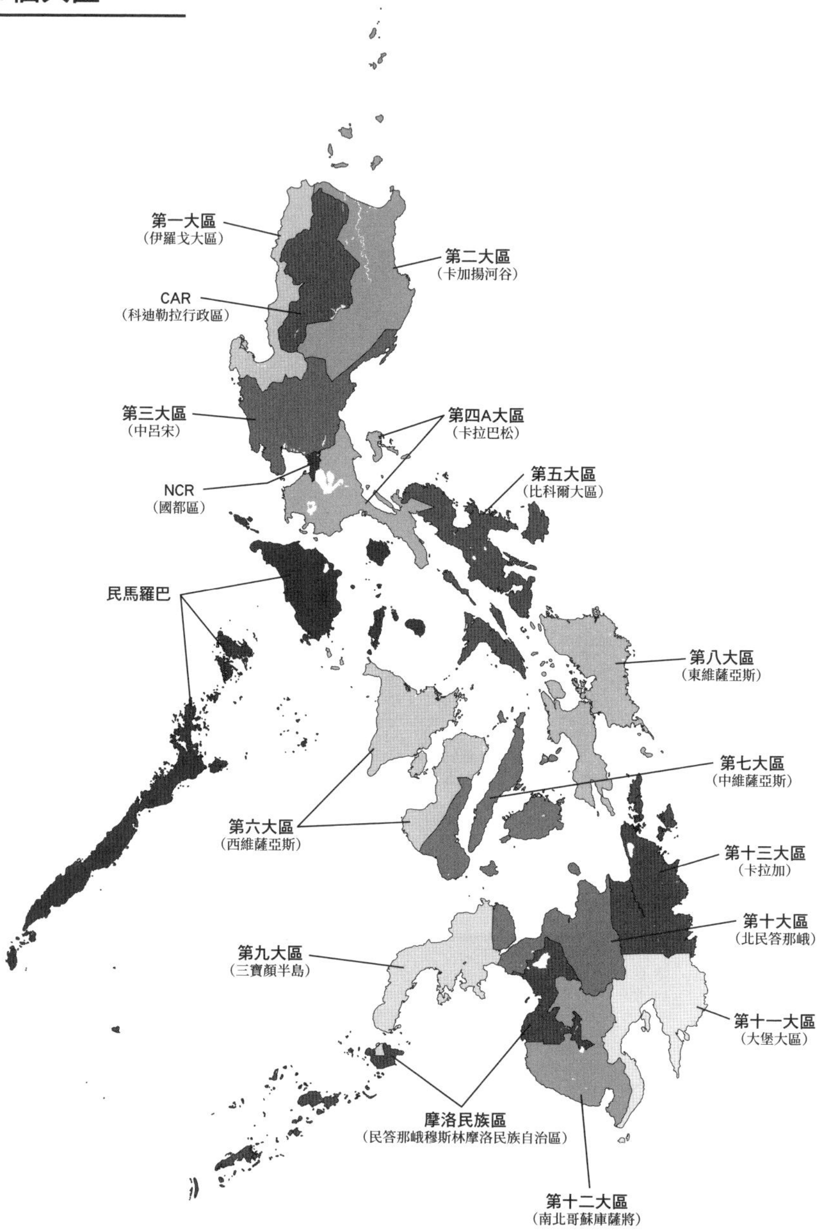
第一大區
(伊羅戈大區)
第二大區
(卡加揚河谷)
CAR
(科迪勒拉行政區)
第三大區
(中呂宋)
第四A大區
(卡拉巴松)
NCR
(國都區)
第五大區
(比科爾大區)
民馬羅巴
第八大區
(東維薩亞斯)
第七大區
(中維薩亞斯)
第六大區
(西維薩亞斯)
第十三大區
(卡拉加)
第十大區
(北民答那峨)
第九大區
(三寶顏半島)
第十一大區
(大堡大區)
摩洛民族區
(民答那峨穆斯林摩洛民族自治區)
第十二大區
(南北哥蘇庫薩將)

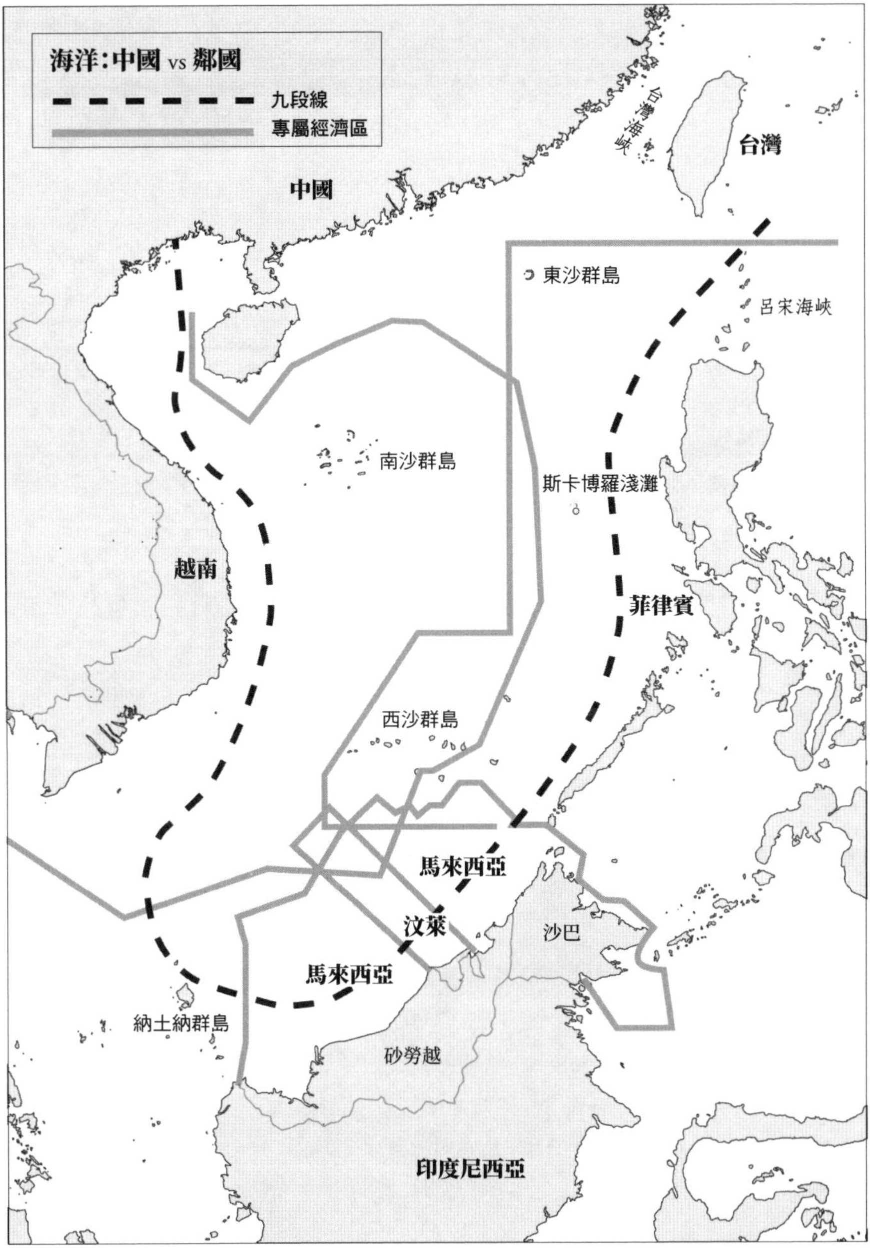
海洋：中國 vs 鄰國
九段線
專屬經濟區
中國
台灣海峽
台灣
東沙群島
呂宋海峽
南沙群島
斯卡博羅淺灘
越南
菲律賓
西沙群島
馬來西亞
汶萊
沙巴
馬來西亞
納土納群島
砂勞越
印度尼西亞

〔第一章〕

破碎的地理，複雜的認同

從地圖上看，亞洲島弧西起蘇門答臘，東至摩鹿加群島（Maluku Islands），北至台灣。乍看之下，今天的菲律賓彷彿只是用毫無來由的方式，從島群裡圈出來的一部分。整個巨型島弧的居民講的多半是南島語族／馬來－玻里尼西亞語族的語言，有許多共通的文化特色，體內的粒線體單倍群息息相關。

然而現實遠比這複雜，而複雜的現實則讓菲律賓與眾不同。菲律賓人以馬來族為主，但菲律賓的地質則獨特難解。菲律賓群島位於所謂的「菲律賓移動板塊」（Philippines Mobile Belt）上，夾在一大一小的歐亞板塊與菲律賓板塊之間，而菲律賓板塊往東則是太平洋板塊。除了幾個面積不大但相當重要的島嶼，群島中大多數的島嶼周圍都是淺海，卻又被深邃的海溝所包圍：西北是馬尼拉海溝，西邊是菲律賓海溝（地球最深的海溝）與呂宋海溝，南邊則有哥打巴托海溝（Cotabato Trench）。蘇祿群島與巴拉望（Palawan）是少數的例外。在上一次冰河期，海平面比今天低了數十公尺，當時巴拉望與婆羅洲相連，與蘇門答臘與爪哇一樣都屬於歐亞大陸的一部分。此時蘇祿群島仍然隔錫布圖航道（Sibutu Passage）與婆羅洲相望，但民答那峨與保和（Bohol）以及東維薩亞斯群島皆相連，而宿霧則與西維薩亞斯群島相連。

交疊的板塊、海溝與相關的斷層，讓整個國家終年都免不了地震與火山活動影響。例如二〇一九年，民答那峨西南幾次大地震導致四十四人身亡，數百人無家可歸，而呂宋海峽北方巴坦群島（Batanes）的地震則有九人喪生。海嘯是地震引發的另一種天災，一九七六年的海嘯造成民答那峨有三千多人喪生。

至於火山，像馬尼拉南方五十公里的塔爾火山（Taal），以及呂宋南部的馬榮火山（Mayon）都會不時噴發。一九九一年，距離馬尼拉九十公里開外的皮納圖博火山（Mount Pinatubo）爆發，是二十世紀第二嚴重的火山爆發，除了導致嚴重財損，更因為夏季雨勢將火山灰沖刷到平地，大片沃土因此遭到掩埋。

地理形勢之複雜，不只呈現在島嶼的數量與海岸線的曲折，還有平原地上隨處可見的丘陵。菲律賓沒有泰國或越南那樣的大河沖積平原，大片的平地只有呂宋島中部才有。北呂宋的卡加揚河谷（Cagayan Valley）、內格羅斯島（Negros）與班乃島（Panay）的部分地區、南民答那峨的河谷與許多島嶼的濱海平原，都很適合種稻。自二十世紀初起，這一帶就是稻米出口區，稻米也取代玉米與根莖作物，成為許多人的主食。菲律賓的土地多半適合種植玉米與樹果，椰子幾乎處處都有。糖、咖啡與菸草主要產於呂宋島與西維薩亞斯群島，香蕉、鳳梨、油棕與橡膠則以民答那峨種植園為大宗。大部分的土地對於農耕來說若非過於陡峭，就是沖刷太過嚴重——有些是因為過度開發林地所導致。一九四六年，原生林覆蓋了菲律賓百分之五十五的面積，如今林地只剩約百分之三。

地理還造成別的影響。菲律賓南北從北緯二十度到北緯五度，直線距離約一千六百公里，相當於從愛丁堡到巴賽隆納，或是費城到邁阿密。也就是說，菲律賓從濕熱、乾冷季節分明的亞熱帶氣候，到終年多雲有雨的熱帶氣候都有。颱風行進模式也讓東部濕度遠高於西部。對於穀物種植來說，分明的四季與涼爽但日照充足的月分，最適合稻米生長。全年降雨也容易導致土壤養分流失。動力船隻問世之前，季風是交通與貿易的重要助力，其中最重要的就是冬季西北風與夏季西南風之間的轉換。赤道地區風力較微，但也有一定的東西風向季節轉換。前述因素加總起來，可說是呂宋島雖然只占全國陸地三分之一，卻有百分之五十的人口生活於此的主因。

巴拉望島的情況相當獨特，就像印尼東部峇里島以東的多數島嶼，島上的動物相跟西邊的巽他陸棚（Sunda Shelf，屬於歐亞大陸的一部分），或是新幾內亞與澳洲所坐落的莎湖陸棚（Sahul Shelf）皆不相同。島上既沒有歐亞大陸原生的大型哺乳類（馬、水牛、老虎等），亦沒有有袋動物或單孔目動物（卵生哺乳類）。

至於人類，當地已知最早者為黑膚，與美拉尼西亞和澳大利亞的人類有親屬關係。他們似乎是阿埃塔人（Aeta，亦稱矮黑人〔Negritos〕）的祖先；阿埃塔人人數不多，身材通常短小，住在森林裡，以採集狩獵維生。我們不清楚這些黑膚人種如何來到巴拉望，但很可能是在最後一次冰河期渡過狹窄的海峽，來到當時仍與亞洲大陸相連的巴拉望。人類聚落存在的最早證據，來自巴拉望的塔邦洞（Tabon caves），距今約三萬年前。塔邦洞如今雖然位於臨海的峭壁上，但當時想必位置相當內陸。隨著氣候暖化，呂宋島丘陵地變得比熱帶森林更適合居住，這些早期居民很有可能就往北遷往呂宋島了。

不過，從體徵來看，今日菲律賓人絕大多數為南方蒙古人種。至於語言，他加祿語、宿霧語、伊洛卡諾語（Ilocano）與其他十多種語言皆屬於南島語族／馬來－玻里尼西亞語族；該語族的範圍從東太平洋一路延伸到馬達加斯加，同屬的語言還有馬來語與爪哇語。南方蒙古人種是何時、如何遷徙至此，又是何時、如何學到南島語言與文化？至今仍未有定論。根據一般所接受的理論，南島民族起源於亞洲大陸東部，其語言大約在五千年前從台灣傳播到呂宋，接著逐漸透過菲律賓／印尼島群往兩個方向發展，一是往馬來半島與越南沿海，一是往太平洋各島嶼。然而，部分人主張遷徙的方向是由南而北，原因是海平面上升，淹沒如今南中國海南部海面下的巽他古陸。語言學家、考古學家、遺傳學家（人類與植物基因皆然）統統跳下來，為了紋身、陶器設計、葬儀、水稻和小米農業等涉及文化親近性的議題爭辯不休。以豬的基因為例，可以看出這種動物是從亞洲大陸南部往蘇門答臘發展，接著到爪哇，最終出現在玻里尼西亞。

無論路徑為何，菲律賓的語言絕對是航海民族從一座島帶到另一座島，帶到一個個的小型沿海聚落。他們的航海功夫，想必是冰河期結束後海面上升造就的結果，人們被迫乘船尋找沒有被水淹沒的土地。耕耘菲律賓甚深的考古學大師索爾海姆二世（Wilhelm G. Solheim II）主張人類是在七千多年前乘舷外撐架船隻而來，其外型與今天菲律賓水域常見者類似，有能力進行長距離島間航行。[1]

航海民族仍在使用塔邦洞，他們在大約三千年前留下一只裝飾美麗的甕棺，甕蓋上捏了一艘船，船上載了兩個人——他們到了來生還是需要用船。這只甕棺與其他器物屬於沙黃文化（Sa Huynh culture）——沙黃文化發展於今南越沿海地區，並觸及南沙群島（菲律賓稱卡拉延群島〔Kalayaan Islands〕）。

1-1　馬農古（Manunggul）甕棺，上有小舟雕塑，約西元前900年。

史前時代海洋貿易範圍有多廣？我們雖然所知不多，但從泰國到台灣所出土的器物，已足以證明其存在。索爾海姆看到的是一個海洋貿易共同體，從蘇門答臘往東北經琉球群島延伸到日本與朝鮮，東南則及於新幾內亞俾斯麥群島，甚至更遠的地方。他用「島人」（Nusantao）一詞稱呼這個海洋貿易共同體的成員，其中大部分是南島民族，但不是全部。這個詞融合了梵語／印尼語的「島」（Nusa），以及幾種南島語族裡的「人」（Tao）。

無庸置疑，能夠生活在這個沿岸平原不多的島群，這些人一定是乘船而來，討海為生必然是主業。最常見的沿岸船隻叫做「巴朗蓋」（balanghai），船體通常十二至十五公尺長，是一種有舷外撐架的船隻。兩三家的人乘著一艘巴朗蓋而來，就成了新的聚落。如今作為行政單位名稱的「巴朗蓋」，語源就來自這種船隻。

從「文字紀錄與可以定年的實物」的角度來談，菲律賓的歷史長度大約一千年出頭，但這些島嶼彼此之間的貿易往來，顯然比一千年久上許多。西元九世紀，室利佛逝（Srivijaya，以蘇門答臘為核心）貿易帝國與爪哇的馬打蘭王國（Mataram kingdom）先後達到國力巔峰，建成婆羅浮屠（Borobudur）與普蘭巴南（Prambanan）等巨型寺廟，而菲律賓則地處兩者的邊緣。至於現存最早的文字實證，則出自馬尼拉附近內湖（Laguna）出土的一枚銅片，上面以古爪哇文記錄了某個大族因欠下巨債，因而為奴以清償債務的事件。銘文上標注了梵曆精確日期，相當於西元九〇〇年四月二十一日。這個聚落顯然相當成熟，但就當時的貿易地位來說，呂宋恐怕不及民答那峨，畢竟後者更接近爪哇與颱風帶之南（south of the typhoon belt）。

在民答那峨東北部阿古桑河（Agusan River）出海口有一座城市，名為布湍（Butuan）。一艘來自十四世紀初期的船隻殘骸在布湍出土，船長十三公尺，船身上的佛像風格也與時代相符。距離布湍不遠處的蘇里高（Surigao），則是有一批精美的金飾出土，製作時間介於十到十三世紀；雖然製作地點就在當地，但飾品的主題卻透露出與爪哇印度教／佛教的關係；維薩亞斯群島也有類似文物出土。當時的布湍是印度教王國，考古發掘出的還有來自波斯與印度的文物。印度文化影響範圍廣泛，民答那峨西北部的馬拉那峨人（Maranao people）甚至有一部前伊斯蘭時代的口傳史詩，叫做《達冉根》（Darangen），內容與印度史詩《羅摩衍那》（Ramayana）頗有相似。從「拉者」（raja）與「馬哈里卡」等頭銜能夠與馬來的「達圖」（datu）與「拉肯」（lakan）一同流傳至今，就能看出印度文化影響力猶存，連一些地名也很可能來自梵語，例如維薩亞斯群島之名。除此之外，源於梵語的詞彙也流傳至今，成為菲律賓人日常用詞，例如「老師」（guro）與「神靈」（diwata）。

到了十世紀，布湍已經相當活躍：據宋代史料記載，布湍至少三度派貿易團到廣州。布湍與馬尼拉附近曾有十世紀與之後的中國瓷器，顯見呂宋與民答那峨都跟中國有貿易往來。

除了接待來自這些島嶼的商人，中國也受到島民的襲擊，據說攻擊者「黥涅」，膚色甚黑，連紋身都快看不清。直到一二二五年，史料上才第一次提到有中國商人到訪這些島嶼，用瓷器、絲綢、金屬器交換棉、蠟、珍珠、龜甲與香蕉纖維布。泉州市舶司提舉趙汝适在《諸蕃志》提到許多地方，包括民都洛北海岸的麻逸，描述行之有年的貿易往來，中國商人會向當地統治者納「贐」，就像商人到中國會上貢一樣。他說：「商舶入港，駐於官場前。官場者，其國闤闠之所也；登舟與之雜處。」[2]商人獻上包括白雨傘在內的禮物之後，統治者會保護他們，讓他們接下來自由貿易。

歐洲人在十六世紀來到時，布湍顯然已經式微，與西民答那峨和蘇祿等地的蘇丹國不可以道里計。根據當地史料，伊斯蘭信仰最早是在一三八〇年隨聖行教師卡里姆（Makhdum Karim，也許是馬六甲人）傳到蘇祿。十年後，出身蘇門答臘的米南佳保（Minangkabau）統治者拉者巴金達（Raja Baguinda）改宗伊斯蘭。十五世紀初，愈來愈多穆斯林商人與傳教士來到菲律賓，來自柔佛（Johor）的聖裔阿布巴卡（Sayyid Abubakar）統治下的蘇祿也在一四五七年建立蘇丹國。伊斯蘭的傳播，一部分是因為馬六甲蘇丹國的影響，而當時中國明朝派鄭和的寶船艦隊經略東南亞與印度洋，而艦隊給予馬六甲蘇丹國莫大的幫助。雖然鄭和應該沒有造訪過任何菲律賓島嶼，但艦隊中或有船隻到訪過，因此蘇祿王和王族成員才會在一四一七年，經泉州前往北京拜見皇帝，受封為臣。蘇祿王在山東病逝，王墓如今仍在。

伊斯蘭信仰亦立足於巴石河（Pasig River）南岸的馬尼拉，此時的馬尼拉顯然已經取代北岸的湯都（Tondo），成為主要貿易中心。馬尼拉統治者是一位與汶萊有親屬關係的蘇丹。不過，伊斯蘭在此的發展想必才剛開始，因為活動於馬六甲的葡萄牙編年史家托梅·皮萊資（Tome Pires）筆下的呂宋商人是這樣的：「他們幾乎都是不信神的人〔意即既非基督徒，亦非穆斯林〕。馬六甲很少看到那些粗野的人。他們手上頂多兩三艘戎克船，帶著商品到婆羅洲，輾轉來到馬六甲。」[3]

當時菲律賓地區的政治單位都不大，往往以島為單位，一位現代學者用「襲擊、貿易與飲宴」來總結這些拉者（源於梵語，意為「王」）與達圖（馬來／南島詞彙，意為「酋長」）採取的行動。[4]社會有上下階級之分，人們用奢侈品作為地位的表徵，嘉獎戰鬥中的勇者。為奴抵債是很常見的做法。

然而，除了簡短的漢語史料，菲律賓諸島及其人民缺少前歐洲時期的文字史料，導致假歷史與騙徒猖獗。其中最成功的騙局，或許就數《卡蘭條法典》（Code of Kalantiaw），據說這六條法律條文是由達圖卡蘭條（Datu Kalantiaw）在一四三三年所訂——至於他統治的到底是維薩亞斯群島、班乃島還是內格羅斯島，則隨故事版本而異。一九一三年，有人「發現」《卡蘭條法典》的西班牙語譯文，此後這部法典迅速成為既定事實與民族自豪情緒的來源，出現在許多歷史書上，但後來證實係出偽造。官方花了一段時間才承認事實，卡蘭條的傳說至今仍存在於書籍與電影中，班乃島甚至還有專門供奉他的廟。

相較之下，一九〇七年成書的《馬拉塔斯》（*Maragtas*）更為可信，是以班乃島的口述歷史與民間故事為本，講述眾達圖從婆羅洲來到當地的故事，以及他們後來的冒險故事，而且內容對風俗、服裝皆有著墨。總之，關於前西班牙統治時代的菲律賓人，我們不得不仰賴早期歐洲來人與居民留下的記載，而他們寫的多半都是他加祿人與維薩亞斯人。這些記載必然受歐人成規影響而有偏頗，但其中亦有部分展現了超越西班牙官僚與宗教規範的知性關懷。

最早的歐人文獻出自安東尼歐・皮加費塔（Antonio Pigafetta）之手筆，這位義大利學者熱愛冒險，隨麥哲倫一同嘗試首度環航全球。參與此次航行的兩百七十人中僅有十九人生還，皮加費塔不僅是其中一員，更為這段航程留下詳細紀錄。麥哲倫船隊在一五一九年離開西班牙，途中隊伍失去一艘船，又因為一次譁變而元氣大傷。一五二一年三月，麥哲倫一行人抵達菲律賓地區雷伊泰島（Leyte）南方的小島利馬薩瓦（Limasawa），與拉者可蘭布（Raja Kolambu）歃血為盟。三月三十一日，歐洲人在此舉行第一台彌撒。他們離開利馬薩瓦，先後前往布湍（當地拉者是可蘭布的兄弟）與宿霧，宿霧拉者胡馬邦（Raja Humabon）與轄下多數達圖受洗為基督徒，但麥哲倫捲入胡馬邦與鄰近馬克坦島（Mactan）達圖的紛爭；據皮加費塔所言，馬克坦達圖名叫拉布拉布（Lapu-Lapu）。

麥哲倫與麾下若干士兵在跟拉布拉布的部隊交戰時戰死。對於拉布拉布，我們所知不多，也不曉得他是否親自參戰。如今，拉布拉布成為民族英雄，但船隊在一五二一年登陸一事，以及同年三月三十一日的第一台天主教彌撒，也成了菲律賓人慶祝基督信仰在當地生根的節日。

麥哲倫曾參與一五一一年葡萄牙人征服馬六甲的行動，並且在當地收了一名年輕奴隸，起名叫恩里克（Enrique）。恩里克隨他返回歐洲，並以通譯身分加入環航。恩里克可能出身蘇門答臘、摩鹿加群島或維薩亞斯群島，這幾個地方的港口居民除了會講本地語言，也會講馬來語。麥哲倫死後，恩里克在宿霧與西班牙人分道揚鑣，顯然後者拒不解除他的奴隸身分。此後，恩里克下落不明，但他隨麥哲倫抵達宿霧時，說不定就完成了個人的環航地球之行。這位可能的環航世界第一人，在馬克坦一役後離開歷史舞台，此事也將成為永遠的謎團。

麥哲倫死後，船隊先後造訪保和、民答那峨與巴拉望。無論皮加費塔去到何處，都提到食物之豐富與風物之奇特——像是嚼檳榔、紋身（在宿霧尤其出名）、鬥雞，還有男性用尖狀物穿過自己龜頭的習俗。除此之外，他特別提到宿霧拉者嫻於當地文字，提到棕櫚酒的品質，以及人們經常歌舞飲宴，女孩們跳舞，酒一巡又一巡。拉者告訴他們，根據習慣，所有進港的船隻都要對自己納貢。他說，不過四天前，就有一艘船載著奴隸與黃金而來，意味著這艘船絕對是葡萄牙人的船隻。皮加費塔寫道，一位隨船抵達的穆斯林商人告訴拉者，「就是這些人征服了馬六甲與卡利卡特（Calicut）」。

菲律賓在政治上分為由拉者與達圖統治的小型實體。在拉者與達圖統治下，有一個自由但依附的階級，以及稱為「阿利濱」（Alipin）的農奴階級（至少他加祿地區如此）。除了世代為奴，欠債為奴（也有可能是罪刑或戰俘）也很常見，但債務是可以清償的。各階級之間透過婚姻，或是為上位者效力，仍然有一定的流動性。最重要的社會政治單位是「分區」

（barrio，或是巴朗蓋），主事的達圖有可能聽命於拉者或其他封建主，但自己仍有一批菁英扈從，與他一同飲宴或是上戰場。這批扈從在他加祿語中稱為「馬哈里卡」，在維薩亞斯群島則叫「底馬瓦」（Timawa）——服役的自由人。

西班牙官員安東尼奧．德摩爾加（Antonio de Morga）在一六〇〇年前後提到：「每一座島或地方都有許多酋長為人擁戴，聲望各有高低，但都有自己的扈從，建立分區，還有各家為之效力……上戰場、遠航、農耕、捕魚……。」[5]

黎剎後來寫道：「由於當時的社會條件與人數使然，西班牙人沒有遭到多少抵抗就稱霸菲律賓，而酋長們一下子就失去了自己的獨立與自由。至於百姓則已習慣了枷鎖，沒有為酋長抵抗入侵者，也沒有試圖爭取自己從未擁有過的自由。」[6]破碎的政局與社會分歧至今猶然。

無獨有偶，百姓雖然有精神信仰，崇拜自然現象與至高的存在，但卻沒有組織化的宗教。印度教的影響流於表面，伊斯蘭信仰來的時間太晚，還來不及生根。因此，西班牙修會隨征服者黎牙實比（Legazpi）而來，一下子就讓許多人皈依。新的宗教不見得能深入人心，或是凌駕於既有社會習俗，但儀式與音樂立刻吸引到不少人。

早期西班牙人看到的是個簡單但熱絡的經濟體。人們飽食魚、禽肉、根莖類與香蕉。有些低地會種水稻，但稻米還是以內陸旱稻為主，用來交換海產或其他物產。菲律賓有各式各樣的工藝，其中以金屬加工和造船尤其吸睛。總之，從文獻記載來看，各島風俗非常相似，高地與低地居民差異不大。

菲律賓人因為海岸與內陸物產交換，飲食豐富，可能比當時的歐洲人還要健康，而且他們還精通各種手工業。金工與珠寶加工無處不在。

有三件事情特別引起西班牙人關注。首先是菲律賓人絕佳的造船工藝與航海功夫：耶穌會士法蘭西斯柯・阿爾西納（Francisco Alcina）在維薩亞斯群島經營四十多年，精通當地語言與風俗，他經常提到菲律賓人的海事能力。阿爾西納的巨作《維薩亞斯群島及住民史》（*History of the Bisayas and its People*）在一六六八年發表。他也提到當地風俗受到西班牙影響而出現變化。

第二是識字能力普及（尤其是女性），當地人能夠讀懂源自古爪哇文卡維文（kawi）的地方文字，而卡維文本身則源於印度的文字。各種地方文字中最有名的就是他加祿拜拜因字母（Tagalog Baybayin），但其他地區也有自己的文字。傳教士懷抱宣教熱情，將部分基督教經典翻譯為當地文字。一五九三年，道明會傳教士以西班牙文、拜拜因文與他加祿語羅馬拼音寫成小書《基督要理》（*Doctrina Christiana*），收錄祈禱文、聖事與禮俗的說明。菲律賓百姓為了日常用途使用文字，例如寫情書或寫詩，而不是寫法律或歷史。詩歌有幾種體裁，用語亦有其微妙之處，阿爾西納說歐洲人用了很長的時間才領悟到。

第三項顯著的特色，是性自由的程度，至少對天主教西班牙束身自修的標準而言相當開放。德摩爾加提到：「她們實在不大貞潔。無論單身或已婚婦女皆然。她們的丈夫、父親或兄弟對此也不大忌妒。丈夫發現妻子通姦，也很容易息怒。」阿爾西納宣稱「向來都是女人鼓勵〔男人〕更開放，不要抵抗自己的情慾」。[7]據說，女性甚至「跟彼此有過度、不受控的關係……比男人跟情婦之間還要濃烈」。離婚與墮胎都很常見。

早期西語文獻主要著墨於呂宋島與維薩亞斯群島的低地定居農業區，比較少談到呂宋北部山區的住民。這些人統稱為「伊格洛特人」（Igorots，他加祿語的「山地人」），包括在巴拿威（Banaue）低矮山坡上開闢梯田種水稻的伊富高人（Ifugao），以及其他在山上種旱稻、根莖作物並打獵為生的卡林阿人（Kalinga）、邦都人（Bontoc）與阿巴堯（Apayo）人等。部落戰爭與獵頭並不罕見。

伊格洛特人在語言與文化上屬於南島民族，但呂宋森林與維薩亞斯群島、民答那峨與巴拉望的偏遠地帶同樣是一小群先民的故鄉。他們皮膚黝黑，捲髮，因此人稱矮黑人。這些身材矮小的漁獵採集者，是島群已知最早的居民，至少在兩萬五千年前便已抵達。呂宋的阿埃塔人是現存人數最多的矮黑人群體。

十五世紀晚期，西民答那峨與蘇祿雖然已改宗伊斯蘭，但在伊斯蘭信仰傳入之前，兩地跟蘇拉威西與東印尼諸島共通點很多，包括庫林當音樂（Kulintang music），使用的鑼與爪哇的甘美朗（gamelan）鑼組有許多共同的特色。庫林當與甘美朗的歷史甚至早於印度教影響力籠罩爪哇，觸及民答那峨之前。

伊斯蘭地區分為數個蘇丹國，族群類似但彼此敵對——西南的馬京達瑙人（Maguindanao）、拉瑙湖（Lake Lanao）地區的馬拉那峨人、蘇祿群島的陶蘇格人（Tausug），以及蘇祿群島其餘小島上的雅加爾人（Yakal）與薩馬人／巴瑤人（Samal/Baju）。討海為生的薩馬人／巴瑤人有一部分住在婆羅洲東北海岸，另外還有從湖區遷徙到海岸的馬拉那峨人，稱為伊拉農人（Iranun），是很強悍的水手。權力往往掌握在當地達圖手中，而非蘇丹國。當時的伊斯蘭信仰相對寬鬆，而且還融入了傳統信仰。民答那峨其餘內陸則人口稀少，部落團體雖有親屬關聯，但往往彼此敵對；居民主要採取刀耕火種，講各種互有關聯的南島語言。

五百多年過去，許多裂痕仍然深長。信奉伊斯蘭的民答那峨／蘇祿時戰時和，其間固然有本地的敵對關係，但也是對馬尼拉的反抗。與此同時，島上的非穆斯林區衝突持續不斷，主要是因為統稱為「魯馬德人」（lumads，意為「本地人」）的本地族群團體與今日人數更多的移民後裔（他們講的維薩亞斯語言已成主流）為了爭奪土地權而起的紛爭。

民答那峨／蘇祿的本土文化議題，以及北呂宋科迪勒拉區（Cordillera region）的小衝突，都讓早已複雜不已的地理問題更加棘手。除了幾個小島國，全世界沒有其他國家比菲律賓更因為島嶼而碎裂。雖然大海總能提供聯繫（今日的空運亦然），但地理因素確實影響菲律賓用現代鐵公路交通銜接大城市的能力，不像其他國家可以透過交通形塑民族凝聚力與認同。接下來我們會談到，即便統治者把菲律賓視為整體的時間至少有五百年以上，但在這個以西班牙征服者命名的國家裡，政治的歷史仍不時讓前述問題更形惡化。

注釋

1 William G. Solheim II, *Archaeology and Culture in Southeast Asia Unravelling the Nusantao*, Quezon City: University of the Philippines Press, 2006.

2 趙汝适之言轉引自Laura Lee Junker, *Raiding, Trading and Feasting: The Political Economy of Philippine Chiefdoms*, Honolulu: University of Hawaii Press, 1998, p. 244.

3 Tome Pires, *Suma Oriental*, Vol. 1, trans. and ed. Armando Cortesao, London: The Hakluyt Society, 1948/New Delhi Asian Educational Services, 2015, pp. 132–3.

4 Junker, *Raiding Trading and Feasting*.

5 Antonio de Morga, *Sucesos de las islas Filipinas*, trans. Henry E.J. Stanley, London: The Hakluyt Society, 1868, p. 296.

6 Jose Rizal, 'Notes on Antonio de Morga', in *Sucesos de las Islas Filipinas*.

7 Francisco Alcina, *Historia de las Islas e Indios de Bisaya*, Vol. 3, trans. Cantius Kobak and Lucio Gutierrez, Manila: University of Santo Tomas, 2002, pp. 421–7.

〔第二章〕

教先於政

麥哲倫遠征隊一抵達利馬薩瓦便舉行天主教彌撒。雖然還要再過四十四年，西班牙才會開始殖民菲律賓，但利馬薩瓦的這台彌撒仍然深具象徵意義。葡萄牙人、荷蘭人與英格蘭人先後闖入這個地區，但他們追尋的多半是貿易與利潤，而西班牙最主要的目的與最重要的成就，卻是把天主教信仰移植當地。

葡萄牙人從一五一一年開始占領馬六甲，到了一五二二年甚至在東南方香料重鎮摩鹿加群島的蒂多雷島（Tidore）布有重兵。當年，麥哲倫艦隊只有一艘船返回西班牙的加的斯（Cadiz），但船上載回來珍貴的丁香等香料，價值足以支付整趟遠航的開銷。因此，西班牙決定派出由七艘船隻組成的羅埃撒（Loaisa）遠征隊，挑戰葡萄牙人對摩鹿加群島的掌控。船隊在一五二五年出發，途經南大西洋與太平洋。這支遠征隊以名義上的指揮官羅埃撒的何福雷

（Jofre de Loaisa）為名，實則由胡安・賽巴斯蒂安・埃爾卡諾（Juan Sebastian Elcano）為首——麥哲倫死後，就是由埃爾卡諾接過船隊的指揮權。羅埃薩遠征隊遭遇一連串的災難，生還者最後成了葡萄牙人的俘虜。

西班牙人雖然是歐洲一方之霸，卻無法在高利潤的香料貿易中有效競爭，畢竟他們是繞遠路經墨西哥與秘魯前往香料產區，而非經非洲南端。太平洋航路有一段特別艱險難行，也就是今人所說的麥哲倫海峽，因此西班牙想進一步在亞洲攻城掠地時，是以新西班牙（今墨西哥）為其大本營。一五四四年，魯伊・洛佩斯・德・魏拉羅伯斯（Ruy Lopez de Villalobos）率領船隊抵達沙馬島（Samar）與雷伊泰島，將島群命名為費利佩群島，向當時的西班牙王儲致敬，但這次遠征功敗垂成，魏拉羅伯斯以葡萄牙人俘虜身分辭世。

西班牙的問題在於，從墨西哥航向菲律賓的路線雖然筆直，但返程卻極為困難。直到一五五八年，安東尼歐・德・烏達內塔（Antonio de Urdaneta）指揮的遠征隊才找到回墨西哥的航路。烏達內塔是羅埃撒遠征隊的生還者與記室，他之所以應募加入探險隊，正是因為他航海功夫了得。這一程得先從呂宋往東北方航行到北緯三十八度左右，然後乘西風順北太平洋洋流，東航至北加利福尼亞海岸，再沿著海岸往東南方抵達阿卡普爾科（Acapulco）。即便走這條航線，距離也是去程的兩倍。西班牙選擇經太平洋抵達馬尼拉，而距離也對菲律賓造成嚴重的負

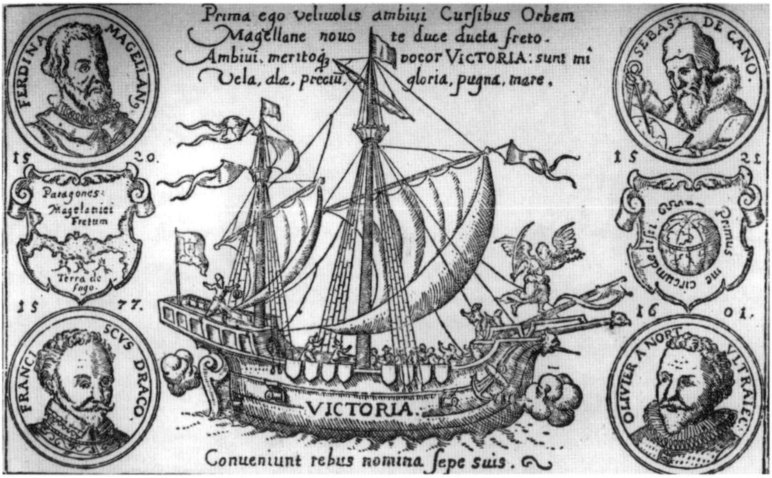

2-1　麥哲倫與他指揮的勝利號（*Victoria*）

面衝擊。

直到一五六五年，米格爾・洛佩斯・德・黎牙實比（Miguel Lopez de Legazpi）率遠征隊登陸宿霧，從維薩亞斯群島起頭，西班牙對菲律賓的征服才算開始，而進一步的征服得等到烏達內塔發現返航路線始得為之。一五七〇年，黎牙實比把西班牙統治範圍擴大到馬尼拉王國。當時的馬尼拉是汶萊蘇丹的屬國，馬來語名叫瑟魯容城（Kota Seludong）。馬尼拉拉者蘇萊曼（Rajah Suleiman）強烈抵抗，也得到當地若干達圖支援，但西班牙軍隊仍拿下最後勝利。發展遠勝於宿霧的馬尼拉，成了黎牙實比的都城，呂宋也成為西班牙人經營的重點。對於西班牙人來說，控制馬尼拉最大的挑戰倒不是來自當地統治者，而是一五七四年華裔海盜霸主林鳳入侵。林鳳見逐於廣東後，率其大型戎克船艦隊來到馬尼拉，試圖建立根據地。但他數千人的部隊卻遭到擊退。林鳳遁走，而馬尼拉的新統治者則獲得明朝皇帝的正式認可。

到了十六世紀末，西班牙已經擁有大片亞洲領土，但因為葡萄牙人、荷蘭人與英格蘭人先後稱霸亞洲，而難以打入大部分的亞洲貿易。西班牙人專注於富饒的美洲領土，實質上被排除在亞歐貿易之外。西班牙在一六〇〇年前後成為全世界最早的全球勢力，但他們一面得維持跨太平洋航路，一面在地中海與鄂圖曼人作戰，手中的資源實在不足以讓他們與其他人競爭亞洲貿易。西班牙創造、經營亞洲與美洲之間最早的越洋航線，讓秘魯與墨西哥礦脈出產的白銀向東流去，大幅提振整體貿易，以銀為貨幣的中國受惠尤甚。但對中國來說，貿易還稱不上命脈，不像葡萄牙人、荷蘭人、不列顛人與海洋東南亞地區航海民族那麼在乎。

對葡萄牙人來說，貿易發展總先於基督教的傳播。但對西班牙帝國來說，菲律賓位於香料群島北方，沒有明顯的貿易可能性，反而是有機會開疆拓土，領著不信神的人走入正信。從傳教的觀點看，比起已經改宗伊斯蘭的地方，菲律賓是個更容易的目標。

征服行動相當容易，但絕對稱不上徹底，不僅幾乎沒有觸及民答那峨與蘇祿群島，連呂宋的高地也不在征服範圍內。地方有零星抵抗，西班牙官員因此被殺，結果遭來嚴厲的報復。西班牙官員提到卡加揚地區的人，「從一開始降伏以來，他們已經兩度造反。」[1]有些群體撤退到森林與高地，以保有自主性，但多數地方領袖跟入侵者達成協議，尤其是皈依天主教。

面對摩洛人（Moros，西班牙人用來稱呼那些從歐洲遷徙到亞洲的穆斯林敵人，這個名稱也延續至今）的攻擊，西班牙人已被迫放棄民答那峨島三寶顏（Zamboanga）附近的卡勒德拉要塞（Caldera Fort），而他們在西維薩亞斯群島也持續採取守勢，不斷遭受襲擊。德摩爾加曾提到一支「七十艘艦艇與四千多名戰士組成的大艦隊」，從民答那峨與蘇祿群島而來。[2]十七世紀初，呂宋南部不時遭到攻擊，其中包括一六三五年南呂宋塔亞巴斯（Tayabas）的失陷。這些劫掠行動的重點在於擄人為奴販賣。對政府來說，此時還有比海盜更大的問題，也就是荷蘭與英格蘭船艦前前後後的打劫。

官員統治領土的手段非常有限。馬德里方面與菲律賓的通訊有一年的時間差，還有更遼闊的美洲新領土，以及歐洲戰事（包括一五八八年入侵英格蘭的災難性之舉）要大傷腦筋。為了統治，西班牙找上性質大不相同的兩種代理人，一是軍／民政官員，一是教士。軍／民政統治在美洲領土有其先例——國家把領土分給軍人、官員與其他曾參與征服行動，或是其他協助王室的西班牙人，稱為「委託監管制」（encomiendas）。「委託主」（encomenderos）有權要求百姓繳稅、服勞役，委託主則得提供法律秩序、公理正義與發展，為修會提供資金以傳播基督信仰。這套剝削體系行之有年，偏偏委託主多半是不留情面的軍人與追名逐利者，讓情況更加惡化。

修會是西班牙征服者的屬靈臂膀，以奧斯定會（Augustine）、道明會（Dominican）、方濟會（Franciscan）與重振會（Recollects）為主。比起其他教士，托缽修士出身的社會階級多半較低，但他們用傳教的熱情彌補學識的缺乏。他們必須在百姓之間活動，是傳教皈依的第一線。此外，新創立的耶穌會（Jesuit order）對福傳亦有知性上的貢獻，並受託主持宿霧教區——第一章提到阿爾西納之所以會出現在當地，就是這個原因。托缽修會各有其主管的領地，下分為教區（doctrinas），負責推動改宗、興建教堂，努力讓大家都來望彌撒。修會雖然有獲得土地，後來卻開始向上教會行聖禮的人收取費用。

當局將全境分成好幾個「鎮」（pueblos），亦即以城鎮為中心的行政區。巴朗蓋往往被迫合併成為鎮，但民政力量通常低於委託制或教區。鎮有「鎮長」（alcaldes），直接聽命於總督。教宗曾下詔肯認西班牙國王有權任命神職人員，主教實際上是由國家選任，偏偏各宗教組織覆命的對象卻是各自的組織上級，而非主教，菲律賓的權力結構因此更形複雜。

基督信仰似乎一下子就生了根，但說不定是因為儀式與頌歌吸引了庶民百姓，聖人日讓大家能歡度佳節，彌撒後還能作樂。對信徒來說，離婚的選項已經沒有了，墮胎的數量可能也在減少，不過跟性關係、飲酒、賭博或鬥雞相關的舊有社會習俗，似乎沒有受到多少影響。早期的傳教士學會當地文字，並翻譯若干基督教文獻，但他們以西班牙語實施教育，羅馬字母因此逐漸取代拜拜因字母。

西班牙統治初期的負面處在於需人孔急，而人力從來就稱不上充足。定居地帶的居民過往沒有興建石造建築或加雷翁船（galleon）大小的船隻，如今卻遭脅迫從事採石、興建教堂等工作，還要為托缽修士提供勞力。教會興建了一些壯觀、宏偉的巴洛克風格石造教堂，多半都能禁受起島上不時發生的地震，但人力傷亡依然慘重。雖然菲律賓諸島不像美洲那樣與歐亞大陸隔絕，但人口在殖民之初恐怕仍有衰退，原因一部分或許就是疾病傳入。

政府下令伐樹，打造並修補跨太平洋貿易所需的巨型船隻。光是一艘長四十五至五十五公尺的加雷翁船，就需要大約兩千棵樹。西班牙人刮目相看的造船技術，如今就和興建教堂的採石工作一樣，成為「印第安人」（Indios，原住民）的沉重負擔。

當地農民迅速種起從美洲引進的新作物，像是地瓜、番茄、玉米與菸草，但整體而言西班牙統治之初帶來的經濟影響充其量也只是平平，少數幾個城鎮雖有發展，但某些區域卻因為勞役、稅賦、叛亂或摩洛人襲擊而益發貧困。

除去教會不算，西班牙人帶來的文化衝擊實屬有限。菲律賓的情況與美洲不同，前往菲律賓的西班牙人少之又少，整體居民也沒有得到西班牙語的灌輸。托缽修士也不同於在俗司鐸，他們不是對馬德里負責，而是直接對羅馬負責。

儘管若干西班牙官員與神職人員確實有心治理，但西班牙施政整體水準低落，國家、神職人員與委託主之間的衝突更讓情況雪上加霜。當時的第一線官員對此深有所感。早在一五九一年，菲律賓主教就寫道：「委託制的情況不堪入目，要是西班牙人沒有來恐怕還比較好。」派兵索貢「讓當地不可能太平」。馬德里當局意識到這些壓榨，但天高皇帝遠，政府資源極其有限，因此難有作為，只有修士多少嘗試約束委託主。西班牙人跟當地社群同樣保持距離，除官員、稅吏與神職人員外，其他人不得離開西班牙飛地區。無論上繳的對象是委託主、國家還是教士，勞役與稅賦都很沉重。政府控制的委託監管由鎮長主持，對總督負責。西班牙人也把征服之前的體系部分納入，例如任命達圖為下級官員與村長等。

馬尼拉則是另一番光景。作為西班牙人統治與資源的重點，馬尼拉很快就建起了城牆、石造建築與主教座堂。西班牙人征服後不久所建立的加雷翁船貿易，讓這座城市繁榮一時。來自墨西哥的船隻帶來白銀，中國、日本與少數來自馬六甲等地的商人前來銷售奢侈品、香料等商品以換取白銀。對於人在馬尼拉的西班牙商人來說，貿易帶來無邊的財富，而馬尼拉除了吸引中國商人之外，也吸引到成千上萬的華人勞工。當地逐漸稱華人為「生理人」（sangleys）——源於福建話對商人的稱呼；今天，馬尼拉灣外伸的一座小半島就叫「生理岬」（Sangley

Point），上面有一座美國興建的小機場。奧斯定會修士學了福建話，讓一些中國人信了教。

到了一六〇三年，華人人數（約三萬人）已經遠遠超過西班牙人。雙方關係緊張到華人擔心自己將被迫返回中國，於是起事。雖然取得初步成功，但裝備簡陋的華人不得不撤退到八打雁（Batangas）的營區，而後敗給一支由兩百名西班牙人、三百名日本人與一千五百名當地人組成的聯軍。華人向他們的皇帝求援，但明中國對這些出海的叛徒並無同情。大約兩萬華人遭到屠殺。皇帝威脅要報復西班牙人，但並未採取行動。貿易雖有中斷，但為時不長。

技術勞力短缺是德摩爾加觀察到的另一項衝擊。「過去，原住民還不信神的時候，乃至於當地遭到征服之後許久，他們都還會務農」，但由於廉價華工湧入，「原住民」已經「忘了怎麼養家禽家畜、種棉花、縫製袍服」。[3]

華人漸漸返回馬尼拉，人數在一六三六年達到兩萬五千人；但在一六三九年，遷往馬尼拉郊外種稻的華人在一場小動亂之後再度成為遭人屠戮的對象。華人與西班牙人需要彼此，但西班牙人（與部分本地人）忌憚華人人數，雙方關係總不和睦。大多數華人生活在馬尼拉與主要城鎮，主宰了零售業與手工業，但也有部分人搬到鄉下，做小生意或放款。

從事加雷翁船貿易的人總能賺得鉢盆滿盈，想在往墨西哥的船上匀一個空間，可是所費不貲。一年通常只有四艘船在跑這條線，兩艘出去，兩艘進來。海難的次數相當少——兩百五十年來，總共有一百零八艘加雷翁船走過這條航路，只有二十六艘遇難。船難多半發生在島群附近——從馬尼拉出發，經呂宋島與沙馬島之間的聖伯爾納定海峽（San Bernardino Strait），進入遼闊太平洋的這一段路尤其艱險。還有四艘船被英格蘭人搶走。

白銀流入中國，為中國提供豐富的通貨，振興內外的商業發展。有人稱之為第一次全球化，但其實馬尼拉鮮少涉足加雷翁船貿易與對中貿易之外的領域，畢竟經印度洋與大西洋的對歐貿易控制在其他人手中。馬六甲等口岸的商人帶來印度棉花、毯子與香料，與中國和日本商品匯聚一處，但馬尼拉商人本身不去西方。加雷翁船是國家財產，船上的空間掌握在政府手中，官員從中獲利。想要在加雷翁船上得到一定的貨運空間，就必須取得貨單（boletas）。貨單的分配掌握在委員會手裡，成員以總督為首，還有高等法院（audencia）主席與檢察官，教會、市議會與大商人的代表。理論上，貨單不該拿來買賣，但後來卻漸漸變成商品，高價賣給做正經生意的商人。到了十八世紀，這套制度已經成為在菲西班牙人重要的收入補助，犧牲的則是做正當生意的商人。[4]

加雷翁船貿易其實是一套限制性大架構的一部分，而這套架構旨在保障西班牙及其美洲領土的其他生產活動與貿易利益。兩者之間多少會有衝突，但外國人無論如何都無法參與非亞洲貿易。與此同時，荷蘭人與英格蘭人則靠著歐亞貿易大發利市，而西班牙無法與之有效競爭。

對於菲律賓本地經濟，乃至於菲律賓對亞洲其他地方的貿易來說，加雷翁船造成的影響不大，甚至反而讓當地西班牙人少了發展本地經濟的激勵。本地物產鮮少跨太平洋的出口。日子一久，有些菲律賓人成為加雷翁船船員，落腳墨西哥。有一群菲律賓人把棕櫚酒釀造知識帶到當地，大受歡迎，結果當局為了保護西班牙白蘭地在墨西哥的市場，於是命令這群人返鄉。5

馬尼拉之外的少數城鎮如宿霧、美岸（Vigan）與怡朗（Iloilo），建起了主教座堂，也有一些提供給西班牙統治者使用的公共建築與石造房屋，但人口卻得等到十八世紀過了大半才開始成長。馬尼拉西班牙人靠著加雷翁船風生水起，其他地方的官員與委託主則純靠收稅與勞役。托缽修會得益於國家贈與的土地，或是虔誠的個別信徒所做的補贖，發展可謂相當良好。修士學習當地語言，但沒有教當地人講西班牙語，修士因此長期作為百姓與西班牙官員之間的中介。某些「原住民」（多數是前殖民時代的貴族）也有不錯的發展，獲得不少土地，有自己的佃農服務。少數人透過擔任小長官（gobernadorcillos）而躋身上流階級，主管小城鎮，但在馬尼拉以外的地方（除了逐漸改宗之外）發展仍少之又少。

對於其餘海洋東南亞地區來說，十七世紀是一段繁榮時光——歐洲商人冒險家如潮水般湧入這個區域，催動貿易，而當地重商的蘇丹國如望加錫（Makassar）、北大年（Patani）與亞齊（Aceh）等，即便面對荷蘭商業帝國的構築，也不落下風。西班牙的國力與加雷翁船貿易都在十八世紀穩定走弱。除了馬尼拉以外，菲律賓的西班牙人並不多。例如一七六〇年，卡皮茲（Capiz，位於發展相對完善的班乃島，是島上第二大城，今稱洛克薩斯市〔Roxas City〕）三千九百名居民中，只有十六個西班牙人。

相較於礦產豐富、土地豐饒的美洲領土，菲律賓不僅距離遙遠，財富亦得之不易，意味著馬德里當局對於需要透過墨西哥遙治的菲律賓興趣缺缺。因此，比起政府，菲律賓更像是天主教會，尤其是托缽修會建設的成果。

偶有非西班牙裔的西方訪客造訪菲律賓，他們都對西班牙人的統治嗤之以鼻。地理學家兼冒險家威廉．達林普（William Dalrymple）為英格蘭東印度公司（English East India Company，EIC）經營該區域多年，他認為菲律賓諸島發展不足，「都是因為缺乏照顧和統治之拙劣」。[6]不滿的情緒相當高漲，想必很容易就能搶過來。宿霧附近的保和島就公然舉起叛旗，並且在一七四四年至一八二九年間保持實質上的獨立。

一七五六年至一七六三年的七年戰爭（Seven Years War）期間，不列顛人確實占領馬尼拉將近兩年，但他們沒有進一步擴大勢力範圍。對他們來說，占領馬尼拉倒不是為了擴張帝國，而是作為一場歐陸衝突中的籌碼。根據戰後協議，不列顛得到佛羅里達與上加拿大（Upper Canada），馬尼拉則作為協議的一部分，歸還西班牙。然而，不列顛人還是留下了痕跡，例如他們支持迭戈·西朗（Diego Silang）在伊羅戈斯與班詩蘭（Pangasinan）為時短暫的叛亂。西朗是上流階級成員，也是得到農民大力支持的魅力型領導人。教會與麥士蒂索利害關係人暗殺他，起事戛然而止，但後人把這件事情當成民族主義的萌發。

地方抗稅益發頻繁，鎮壓也愈見殘酷。西班牙當局未能充分保護維薩亞斯群島，尤其是擋不住摩洛人的襲擊，統治壓力陡增。西班牙占領菲律賓後，馬德里對於島上極為惡劣的情況不敢置信，「原住民」（西語作Indios，和英語的「印第安人」〔Indians〕一樣，演變為對本地人的通稱）並不尊重西班牙人，只是因為恐懼才聽話。法國探險家暨作家拉彼魯茲伯爵（Comte de la Perouse）「看不起整個西班牙民族，覺得居然接連遭受英格蘭人、法蘭西人甚至摩洛人所羞辱」。[7]

伊拉農人與薩馬人乘坐快船，從西民答那峨海岸與蘇祿群島出發，襲擊維薩亞斯群島，有時甚至襲擊呂宋島，擄人為奴，在區域奴隸市場銷售，迫使沿岸社群自己組織防務（經常是由神職人員領頭）。海盜雖是獨立活動，但其實有得到蘇祿群島的默許，因為他們可以供應奴隸，又能讓西班牙人居於守勢。人口數逡巡不前。蘇祿蘇丹國事實上仍獨立與其他口岸從事貿易，例如巴達維亞（Batavia）與新加坡，直到十九世紀中葉才被迫承認西班牙的宗主權，蘇祿蘇丹國因此衰落，國內貿易群體被華人所取代。[8]此外，西班牙對穆斯林占多數的民答那峨影響相當有限，當地蘇丹與達圖忙著你爭我奪，而不是跟西班牙人為敵。

綜觀十八世紀，呂宋島與維薩亞斯群島並無太大的改變，只有加雷翁船貿易逐漸式微。一七六八年，當局驅逐耶穌會士，因為他們教育被殖民者的做法太過危險。拉彼魯茲曾在一七八七年造訪菲律賓，他提到：「兩百多年來用於管理這些島嶼的制度，就連最封閉的社會，也很難塑造出更荒唐的做法……。本地人如明達人一樣務農，有木匠、鐵匠、金匠、織工、石匠……儘管西班牙人鄙視他們，但他們歸於本地人的那些惡習，其實是源自西班牙人所建立的統治。」[9]他說，修士想塑造出的不是公民而是基督徒，同時本地經濟受到「各式各樣的禁制與干擾」所阻礙。菲律賓出產上好的菸草，卻是由政府專賣；此舉有利於國家，但農民怒不可遏。

得以發跡的菲律賓人人數不多。西班牙人很少在馬尼拉以外的地方，因此抱持合作態度的大家族、達圖等得以占據城鎮的上級官職，躋身上流階級，受人尊稱為先生（Don）與女士（Dona）。社會改變的速度也很慢。一七六〇年，當局接受既有事實，也就是麥士蒂索群體的存在。大部分麥士蒂索是華人與當地上流階級女性通婚的後代。一七六〇年的麥士蒂索有三萬六千人，到了一八一〇年登記在案者共有十一萬九千人，其中只有百分之十是西裔麥士蒂索。這個階層的重要性在十九世紀時與日俱增。他們一開始往往擔任「買辦」（compradores），管理他人產業，部分人自己取得土地，提升地方事務發言權。族裔組成漸漸轉變，階級體系則延續下來。

經濟方面成長有限。一七八五年，菲律賓王家公司（Royal Company of the Philippines）成立，旨在建立種植園，並經由好望角（而非墨西哥）與西班牙展開無關稅的直接貿易。一七八九年，外國船隻獲准加入營運，但只限買賣亞洲商品。此時印度已經成為與中國同等重要的貿易夥伴，一八〇九年從孟加拉與科羅曼德（Coromandel）輸入馬尼拉的貨物，價值達到一百一十五萬比塞塔（pesetas），與中國輸入者齊平。[10]

美國獨立、法國大革命、工業革命與自由貿易等革命性的自由化影響歐洲甚鉅，但菲律賓幾乎紋風不動。一八一二年的西班牙自由憲法本來或能推動改革，但神職與王權統治迅速捲土重來，取而代之。菲律賓情況也不像美洲，未能發展出足以挑戰馬德里當局的本地人階級（墨西哥在一八一〇年宣布獨立）。不過，資本主義帝國體制在鄰近地區大幅成長，加上為了提供新興工業所需，各方投入採礦與種植園的資本亦爆量，菲律賓很難完全不受影響。意識到出口的發展潛力後，不列顛與美國資本投入當地，讓大莊園主（hacienderos）得以大規模製糖。到了一八五〇年代，除了馬尼拉之外，還有一些口岸也對外國人開放，當局亦接納部分華人移民，但一八五七年仍然有一位不列顛訪客大嘆菲律賓豐富資源缺乏開發，「可歸咎於母國糟糕、守舊的政策」。[11]但他也提到，華人遷徙到鄰近國家，有望對菲律賓帶來正面影響。

儘管發展緩慢，但隨種植園與出口經濟而來的政治改革壓力仍然無法抵擋。種植園與出口在一八三〇年代起步，一直發展到獨立戰爭期間。一八三五年至一八八五年間，糖產出口增加十倍，來到二十五萬噸，而麻蕉（abaca，菲律賓本土一種類似香蕉的植物，麻蕉葉纖維可用於製麻編繩）與菸草出口的成長幅度也大致相仿。外國投資人將蒸氣動力引進糖廠。十八世紀晚期開始，菲律賓人口出現西班牙占領以來的第一波大幅成長，從一八一八年約兩百萬人成長到一八八八年的六百萬人。[12]一八五〇年至一八九〇年間，內格羅斯島人口隨糖業一飛衝天成長了十倍。

從製糖、麻蕉、菸草與勞動力增加而得到的財富，讓麥士蒂索地主階級獲益甚豐，前段班甚至得以到西班牙接受教育，有機會浸淫於自由思想，乃至於了解不列顛、法國等非西班牙國家取得的長足進步。貿易與投資也催生了菲律賓的現代銀行業。

種植經濟作物也是造成不滿的原因。以糖為例，小製糖業者生活本來可以自給自足，如今糖價變動極大，令他們難以負荷。小地主欠債，導致土地被大莊園兼併，邦板牙（Pampanga）與打拉（Tarlac）的華裔麥士蒂索，以及班乃島與內格羅斯島的西裔與華裔麥士蒂索從中獲利尤豐。

十九世紀時，菲律賓人的宗教需求與西班牙教會（尤其是托缽修會）抱持的殖民主義觀點彼此間衝突不斷。這種宗教衝突正是民族主義的部分根源。

一邊是西班牙人主導的天主教會，一邊是天主教農民，雙方關係緊張，阿波里納里歐．德拉克魯茲（Apolinario de la Cruz）因此在呂宋中部成立聖若瑟善會（Cofradia de San Jose），成員全為菲裔。德拉克魯茲曾有意加入道明會，但因為種族原因而不得其門而入。他成為平信徒牧者，人稱普利弟兄（Hermano Pule），並與一位菲裔神職人員在一所醫院底下成立聖若瑟善會。善會逐漸吸引數以千計的追隨者，而西班牙人與麥士蒂索若要加入，都得經過普利本人同意。善會將天主教教義與若干前殖民時代的思想相結合。由於善會拒絕被政府與教會吸收，菲律賓總督因此認定善會有政治意圖，並大力彈壓。政府軍在一場與信徒的戰鬥中殺了數百人，普利與其他領導人則遭逮捕處死；普利死時僅僅二十七歲。馬德里大為震驚，最後最高法院申誡總督，表示善會並非政治組織，只是違反了教會法，但傷害已經造成。

整個國家如今站在十字路口，雖然已經成為基督的虔誠信徒，卻益發鄙夷教會的主要代表——本應托缽守貧的修士，早已變成貪婪的有錢人。一八五八年，一名不列顛訪客享受了一頓想必「連巴黎美食家都會心滿意足」的大餐，[13]但他也提到當地西語報紙「刊登的都是聖徒傳記，而非政治圈最動盪的事件」。

與此同時，教會也開始分裂，一邊是西班牙人為主的神職人員，一邊是本地教士和他們的牧群。政府採取措施擴大初級教育，設立公立學校與教會學校搭配，但教學重點仍然是基督教教育。政府擔心教本地人西班牙語，會讓他們得以接觸新思想（而且往往是世俗思想），但教士傾向於無視政府要求，繼續以西語教育。

一八七〇年，菲律賓的七百九十二個教區中，有六百一十一個是由修會主持，其餘則由在俗教士控制，而他們多半是菲律賓人。[14]兩者的對立引發一波地方認同浪潮。馬德里的政局擺盪，導致自由派的總督被保守派人選取代，進一步加劇菲律賓的宗教問題。政府利用甲米地（Cavite）造船廠的小規模譁變事件，指控直言不諱的本地神父布爾戈斯（Burgos）、戈麥斯（Gomez）與薩摩拉（Zamora）在背後慫恿，以密謀叛亂的罪名將他們處死。其他人遭下獄或流放至馬里亞納群島。家境好的支持者則遠走西班牙。

三名神父的死堪稱轉捩點。布爾戈斯是西班牙軍官與本地麥士蒂索女子之子，受過高等教育，而戈麥斯與薩摩拉同樣是聖多默大學（University of Santo Tomas）畢業的麥士蒂索。三人對於非西裔教士的次等地位皆感憤慨。

下一個世代的麥士蒂索、本地菁英與克里奧爾（生於菲律賓的西班牙裔）形成蓬勃發展的新群體，他們有機會在歐洲受教育，在故鄉卻承受官員與國民衛隊（Guardia Civil）嚴重的種族歧視。三神父遇害的事件只是對他們的憤怒火上澆油。宣傳運動家（Propagandists）就是從這一批人稱「開明派」的社會菁英中浮現，他們旨不在獨立，而是要求作為公民的平等待遇，還要像古巴與波多黎各一樣，在馬德里的西班牙國會（Cortes）擁有一席之地。他們也訴求終結托缽修士對政府的影響力，由本地神職人員取而代之，推廣群眾教育，阻擋外國（尤其是華人）經濟力，以及更公平的稅制——因為西班牙人在菲律賓不用繳稅。

宣傳運動從一八八〇年起不斷累積能量，到了一八八九年，已經深植於人在西班牙的年輕一輩開明派心中。他們發行雙週刊《團結報》（*La Solidaridad*），參與者不乏如今全國各地街道以其為名的人物，例如馬塞洛·德皮拉（Marcelo del Pilar，律師，以他加祿語和西班牙語雙聲道寫文宣）、馬里亞諾·彭西（Mariano Ponce）、胡安·盧那（Juan Luna，畫家）和他的哥哥安東尼奧·盧那（Antonio Luna，未來的軍事將領），但無論在當時還是現在，最有名的都是扶西·黎剎——黎剎出身麥士蒂索階級，來自馬尼拉近郊的卡蘭巴（Calamba），哥哥是布爾戈斯神父的朋友。黎剎能流利使用幾種語言，是醫生也是作家，而他的第一部小說《別碰我》（*Noli Me Tangere*，一八八七年出版）是對馬尼拉政權與修士的猛烈抨擊。

黎剎多才多藝，曾將席勒（Schiller）的劇作《威廉泰爾》（*Wilhelm Tell*，主角為傳說中的瑞士民族英雄）譯為他加祿語，流亡期間還在香港執業眼科。他女人緣很好。約瑟芬·布拉肯

（Josephine Bracken）是其中之一，她可能是不列顛軍人之女，後在香港由美國人收養。布拉肯在香港與黎剎相遇，成為同居人，當時她十八歲，他三十三歲。黎剎死後，布拉肯繼續幫助革命運動，後返回香港。

黎剎對於菲律賓人在西班牙殖民時代以前達到的成就特別感興趣。他在倫敦時，讀到德摩爾加一六〇九年著作的英譯本（此譯本的由來也很有趣）[15]並撰寫評注，後來更在巴黎以西班牙語出版德摩爾加的原本、自己的評注以及德國友人斐迪南・武敏直（Ferdinand Blumentritt）的評論。一八九一年，黎剎發表第二部小說《起義者》（*El Filibusterismo*），對於殖民當局的抨擊甚至比《別碰我》還要激烈。黎剎返回馬尼拉後，成立菲律賓聯盟（La Liga Filipina），提倡改革與菲律賓民族認同，但他卻在一次集會後遭逮捕，流放到北民答那峨的達必坦（Dapitan）。黎剎在此度過四年，但流放他完全無法阻擋反政府的情緒，因為政府完全不接受改革觀念，也拒不推動任何有實質意義的平等與代議政治。西班牙民族主義者死命抓住曾經的大帝國僅剩的最大殖民地，而托缽修士則不願放棄手中大片的土地——在黎剎的故鄉卡蘭巴，道明會就有一萬兩千畝地。

從普利弟兄之死到扶西・黎剎的《別碰我》發表不過三十六年，反殖民運動便從普利的農民民粹浪潮，經過受過教育的教士引領新觀念的布爾戈斯時期，轉往開明派的世俗民族主義觀

2-2　扶西・黎剎

點，與歐洲自由主義連成一氣。

不過，從坐而言走向起而行的動力，卻不是來自開明派，而是來自那些不想遭到同化，或者不願意當假西班牙人的中下階層。黎剎遭流放後，更激進的民族運動人士成立祕密結社「卡蒂普南」（Katipunan），致力於獨立建國。[16]卡蒂普南成員多為中下階級與共濟會員，組織的發展亦得到德皮拉的協助。新成員必須通過入會儀式，歃血為盟，使用化名。卡蒂普南還強調女性與男性彼此為平等夥伴關係——明確針對家父長式的天主教。

卡蒂普南在地下活動，吸收馬尼拉中產階級，直到一八九六年被當局察覺。當時卡蒂普南的首領為安德烈・保尼法秀（Andres Bonifacio），他雖然受過教育，但社會階級低於開明派。卡蒂普南有意武裝抗爭，按部就班取得武器。事情曝光後，卡蒂普南立即在一八九六年八月二十三日發動革命。許多卡蒂普南分子迅速遭逮捕處死，但革命已在呂宋各地開花。

黎剎在同一年稍早已拒絕採取卡蒂普南路線。他主張和平爭取自由。為此，他甚至志願擔任軍醫，隨西班牙軍隊前往古巴對抗革命軍，但殖民地當局卻在他前往古巴的半路上改變心意。當局認為黎剎激起菲律賓人反叛，於是將他送回馬尼拉以叛亂罪起訴，速審後於一八九六年十二月三十日在新城地（Bagumbayan Field，今倫禮沓〔Luneta〕，黎剎公園〔Rizal Park〕所在地）槍斃。

黎剎影響菲律賓後世甚鉅，但菲律賓以外的地方對他卻所知不多。雖然他是富家子弟，出身麥士蒂索，浸淫於歐洲文化，但他的自我認同完全是菲律賓人，乃至於廣義的馬來人。他推動以他加祿語為文學語言，更希望能將之發展為國語。西方殖民體制在東亞達到巔峰，但殖民者統治時往往有傳統菁英之襄助，後者對於群眾運動或自由思想興趣缺缺，而黎剎卻是這個區域的現代民族主義第一人。印尼等地早期的民族主義者都受到黎剎啟發。[17]黎剎尚在人間的同志如馬里亞諾．彭西，則是跟中國革命分子孫文合作。

保尼法秀經營革命的手法，效率顯然不如艾米里奧．亞奎納多（Emilio Aguinaldo）——這名卡蒂普南分子曾是甲米地卡偉特（Kawit）的市長，是理所當然的上流階級成員。他有能力動員與自己同圈子的人，打過幾場勝仗。然而，亞奎納多不久後便因為階級、地區與個人之間的敵意，與保尼法秀起了齟齬。亞奎納多獲選成為革命政府領導人。保尼法秀拒絕與之合作，後來與其弟遭到逮捕，獲判叛國罪，並於一八九七年五月十日步入法場。長期而言，卡蒂普南的影響在於讓獨立運動為社會上保守勢力所把持。保尼法秀並無經營鄉間的願景，雖然學養俱佳，但他不像其他領導人一樣來自麥士蒂索社經階級。

不過保尼法秀也不孤獨。亞奎納多的心腹阿波里納里奧・馬比尼（Apolinario Mabini）也來自窮苦人家，力爭上游接受良好教育。馬比尼因為小兒痲痺而殘疾，但這不妨礙他成為公認的革命策略軍師，並成為《馬洛洛斯憲法》（Malolos Constitution）的起草人。

民族主義運動中，開明派與農民革命傳統彼此的角色究竟為何？史學家為此已爭論多年。雷納爾多・伊萊托（Reynaldo Ileto）在另闢蹊徑之作《激情與革命》（*Pasyon and Revolution*）[18]主張十九世紀的運動基本上是同一股鄉間民粹情緒與民間基督教信仰的混和，就像聖若瑟善會（普利弟兄帶頭的宗教分離團體，在一八四一年遭到激烈鎮壓，數百人身亡），將不滿情緒與基督受難、人間救世主等概念相結合。

受到西班牙援軍施壓，亞奎納多撤退到武拉干（Bulacan）的破石洞（Biak-na-Bato），後根據古巴模式發表共和制憲法。然而，僅僅一個多月，亞奎納多就在見風轉舵的開明派詩人兼政治人物佩德羅・帕特諾（Pedro Paterno）斡旋下，與西屬菲律賓總督普里莫・德・里維拉（Primo de Rivera）簽訂條約。他與同黨同意離開菲律賓，前往香港，並獲得大筆補償金；他表示這筆資金將用於繼續推動獨立。亞奎納多在十二月二十七日出境，他的同黨費利佩‧阿貢西利歐（Felipe Agoncillo）到了香港後試圖以經濟利益為誘因，爭取美國官方的支持，但不果。亞奎納多雖然不在國內，但搜集抗爭用武器的行動仍然繼續。沒有人知道如果局勢不變的話，本來會有什麼樣的發展，因為一八九八年二月十五日發生在世界彼端的一起事件，讓菲律賓獨立鬥爭胎死腹中。

第一次世界大戰爆發的前十年間，馬克思主義左派與反殖民思想大放光彩；在一九一一年的中國，清朝遭到推翻，激勵了其他民族主義者。身處這樣的時代，假如前述那起事件沒有發生，安德烈‧保尼法秀與城市中下階級追隨者所抱持的激進思想，想必會在歷史上留下一筆。但是，一八九八年二月十五日以來的一連串事件，卻讓世界發生劇烈改變，而菲律賓受到影響尤深。

注釋

1 Antonio de Morga, *Sucesos de las Islas Filipinas*, trans. Henry E.J. Stanley, London: The Hakluyt Society, 1868, p. 264.

2 Ibid., p. 141.

3 Ibid., p. 241.

4 Benito J. Legarda, Jr., *After the Galleons*, Quezon City: Ateneo de Manila University Press, 2002, pp. 32–40.

5 Ibid., p. 45.

6 Alexander Dalrymple quoted in O.D. Corpuz, *The Roots of the Filipino Nation*, Vol. 1, Quezon City: University of the Philippines Press, 2005, p. 363.

7 Dalrymple quoted in Corpuz, *The Roots of the Filipino Nation*, p. 401.

8 Najeeb Saleeby. *The History of Sulu*, Manila: Bureau of Science, 1908, reprint Filipiniana Book Guild, 1960.

9 Jean-Françoise de Galaup de la Perouse, *The Journal 1785–1788*, Vol. 2, trans. John Dunmore, London: The Hakluyt Society, 1995, p. 238.

10 Manuel Buzeta, *Diccionario Geografico-Estadistico-Historico de las Islas Filipinas*, Madrid, 1850.

11 John Bowring, *A Visit to the Philippine Isles*, London: Elder Smith, 1859.

12 John A. Larkin, *Sugar and the Origins of Modern Philippine Society*, Berkeley, CA: University of California Press, 1993, pp. 47–9.

13 Ibid., p. 42.

14 Luis H. Francia, *A History of the Philippines*, New York, The Overlook Press, 2014, p. 106.

15 英譯本是前香港總督約翰・寶寧（John Bowring，著有《菲律賓群島遊記》〔*A Visit to the Philippine Isles*〕）推薦下，由倫敦的哈克盧伊特學會（Hakluyt Society）製作而成。寶寧造訪內湖敏迎（Binan）時，曾經是扶西・阿爾貝托先生（Don Jose Alberto）的座上賓——阿爾貝托是一位富裕且受過教育的麥士蒂索，也是黎剎的舅舅，而黎剎小時候就是在敏迎上學。

16 全名為「國家之子們最崇高及最受尊敬的協會」（*Ang Kataastaasang Kagalagalangan Katipunan ng mga Anak ng Bayan*）。

17 John Nery, *Revolutionary Spirit, Jose Rizal in Southeast Asia*, Singapore: Institute of Southeast Asian Studies, 2011.

18 Reynaldo Ileto, *Pasyon and Revolution Popular Movements in the Philippines 1840–1910*, Quezon City: Ateneo de Manila University Press, 1979.

〔第三章〕

「山姆大叔的棕膚小兄弟」

一八九八年二月十五日，聲稱奉命前往古巴保護美國人生命安全的美軍戰艦緬因號（USS *Maine*），在哈瓦那港爆炸，船員死傷嚴重。由於（錯把）緬因號的爆炸歸咎於西班牙，各方出現宣戰的聲浪，其中又以美國新聞界尤甚。

古巴干預議題已經在美國政壇發酵一陣子了。有人主張支持古巴自由鬥士，有人希望促進美國在古巴的經濟利益，但許多人強烈反對任何形式的外國干預，或是試圖占據海外領土。美國總統麥金利（McKinley）並非好戰分子，對情勢態度猶疑，他試圖迫使西班牙妥協，但後來把決策權交給國會，國會則決議要求他使用武力，並支持古巴獨立。

菲律賓本身不是議題的一部分，但美國出於經濟利益成長，已經在一八九三年推翻夏威夷君主國，並在一八九八年將夏威夷群島納入美國領土。有人認為，由於中國經濟潛力明顯可見，加上日本崛起，美國必然會把目光投向太平洋彼岸。但美國也有人擔心捲入其中的代價太過高昂，也太過危險，偏偏在美國的財富、人口與日俱增時，擴張的思維確實是比較有力的一方。

海軍上將杜威（Dewey）指揮艦隊離開香港，把亞奎納多拋在腦後，接著在馬尼拉灣甲米地外海擊潰西班牙艦隊。亞奎納多隨後乘坐另一艘美國航艦返回菲律賓，於六月十四日於甲米地自宅舉行儀式，宣布菲律賓獨立。杜威並未出席。此時，菲律賓起義軍控制了國土大半，並包圍馬尼拉，但沒有打算強攻。杜威則爭取時間，等待美軍大部隊抵達。

美國總統麥金利對菲律賓群島所知不多，興趣也不大，只打算當成跟西班牙討價還價的籌碼，但既然杜威艦隊已經到了菲律賓，擊敗老朽的西班牙艦隊，他的態度也隨之轉變。馬尼拉的總督得知古巴情勢發展，加上成千上萬美軍部隊抵達，於是表明有意向「白人而非黑人」投降。雙方展開一場計畫好的戰鬥，挽救西班牙人的名譽，美軍則占領馬尼拉城。偏偏杜威先前故意切斷與香港之間的電報線，否則他就會知道此時美國已經與西班牙停戰，西班牙將讓出古巴與波多黎各，菲律賓的未來將交由和會決定。

與此同時，亞奎納多試圖創造既成事實為己所用，並起草憲法（即《馬洛洛斯憲法》）。憲法規定設置民選議會，但選舉權範圍有限，反映出麥士蒂索民族主義菁英的利益。亞奎納多成為總統，馬比尼擔任首相。獨立的菲律賓雖然有了起碼的政府，但美國人根本看不上眼。華盛頓方面，麥金利如今決定控制這片土地。菲律賓商業前景看好，加上如果美國抽手，也會有其他國家試圖把手伸進來——尤其是德國，德國不久前拿下了關島以外幾乎所有太平洋小島。

西班牙與美國在巴黎議定和約內容，但亞奎納多政府與主要代表阿貢西利歐卻不得其門而入。和約在一八九八年十二月十日簽署，將菲律賓與馬里亞納群島讓給美國；在美國眼中，該國因此有權統治這些島嶼。和約需要參議院的追認，麥金利必須設法化解參議員的強烈反對。有些參議員是隨黨意反對，有些則是反對「獲取外國領土」的構想。反帝國主義聯盟（成員包括作家馬克·吐溫〔Mark Twain〕與工業鉅子安德魯·卡內基〔Andrew Carnegie〕）則發起反對活動。和約最終以一票之差驚險通過，但此時馬尼拉周邊已經爆發衝突，菲律賓人挖了戰壕包圍美軍。

美軍發動全面進攻，用炮兵、炮艦與裝備精良的步兵逐步控制馬尼拉周邊，迫使亞奎納多往北撤離馬洛洛斯（Malolos）。由於部分開明派為換取官位而向美軍投誠，亞奎納多於是表示有意和談，希望獲得有限程度的獨立。但美軍指揮官奧蒂斯（Otis）將軍不願接受，而他麾下的部隊鄙視菲律賓人如美洲原住民，不打算跟對方妥協。菲律賓人被迫採取游擊戰術，因此美軍不把他們當成軍人，而是當成盜匪對待。為了搾取情資，刑求成為常見的手段。

3-1　艾米里奧・亞奎納多與麾下軍隊

菲律賓人在沙馬島巴蘭吉加（Balangiga）等地擊殺美軍，導致當地美軍指揮官下令：「我不要活口。你們給我殺，給我燒，燒殺愈多，我愈開心。」美軍甚至劫掠教堂，帶了三口鐘回美國作為戰利品（直到二〇一八年歸還以前，這幾口鐘始終在菲律賓與美國之間引發摩擦。）

菲律賓人遭遇一連串打擊。馬比尼被捕，格雷戈里歐・德皮拉（Gregorio del Pilar）將軍被殺，至於性情暴烈但驍勇善戰的安東尼奧・盧那將軍（因為其將才而成為亞奎納多的潛在競爭者）也被來自甲米地的部隊所暗殺。亞奎納多否認涉入暗殺，但這起事件確實反映出菲方已經分裂為決心與美國作戰或尋求妥協的兩派人。亞奎納多選擇進行游擊戰，但他在伊莎貝拉省（Isabela province）被捕後，卻立刻宣布效忠美國。即便如此，戰鬥仍延續到一九〇二年，南他加祿與內格羅斯的零星抵抗甚至持續到一九〇六年。菲律賓獨立戰爭總計造成約四千美軍與兩萬菲軍陣亡，非戰鬥員死亡人數恐怕兩倍於此。

由於蘇祿蘇丹與美國達成協議，承認美國主權，換取美軍不要干預，因此摩洛地區一開始還能不受戰火波及。但和平無法長久。一九〇六年，蘇祿群島霍洛島達霍山（Bud Daju）的大屠殺成了美國壓迫的象徵，但除了穆斯林應有的團結之外，蘇丹與達圖之間缺乏共同的目標。軍事統治在民答那峨持續到一九一六年，但當局承認達圖的地位。

不過，菲律賓民間普遍反美的事實，確實讓美國官員注意到，他們必須展現出自己的出現能帶來好處。大屠殺的消息也讓華盛頓當局感受到壓力，必須如先前所承諾那樣「提升與教化」他們的新領土。麥金利調離軍人總督亞瑟・麥克阿瑟（Arthur MacArthur），改由聯邦法官與未來的總統威廉・霍華・塔虎脫（William Howard Taft）出任總督。塔虎脫並不重視菲律賓人，但他決心傾其全力，教育他口中所謂的「棕膚小兄弟們」。起碼他積極創造文官統治，改善教育。塔虎脫堪稱巨人，身高一百八十二公分，體重約一百三十公斤。他有幾張照片，分別是一九〇一年與身材矮小的蘇祿蘇丹基拉姆（Kiram）會面，以及他騎著菲律賓水牛的樣子，這些都成了博君一笑的好題材。

從白種人美國的戰爭與種族歧視紀錄來看，移植美式做法到菲律賓本來是有可能引發更多問題的。之所以沒那麼嚴重，是因為菁英多半採取合作態度。塔虎脫身為事業有成的律師與政治人物，深諳如何提出誘人的提議。立法機構菲律賓委員會（Philippine Commission）在一九〇〇年成立之初，本地成員少之又少。初期參與合作的人包括亞奎納多馬洛洛斯政府的兩名前成員，格雷戈里歐·阿拉內塔（Gregorio Araneta，一九〇一年成為菲律賓副總檢察長）與貝尼托·萊加達（Benito Legarda）。此外還有開明派知識界領袖與曾經的反西班牙運動家，帕爾多·德塔維拉（T. H. Pardo de Tavera）。他們組成聯邦黨（Federalistas），以成為美國一州為宗旨。美國戰爭部長（Secretary for War）埃利夫·羅脫（Elihu Root）曾經表示，「我們的種族問題已經很嚴重了」，菲律賓人「只會帶來又一個嚴重問題」，對他們的目標嗤之以鼻，但聯邦黨仍堅持不懈。[1]

儘管群眾間民族主義情緒高張，地主通常希望保有美國提供的現有社會地位。美國跟梵蒂岡達成協議，收購修會的十五萬畝土地。但美方非但沒有把土地讓給佃農，反而賣給本來就很有錢的人，像是內格羅斯的洛佩茲家（Lopez）、埃利薩爾德家（Elizalde）與拉斯孔家（Lacson），以及打拉的許寰哥家（Cojuangco）。此舉在當時是優秀的政治操作，但造成長久的社會問題。美國製糖公司（American Sugar Refining Company）也得到宿霧的一處大糖廊，但這反而引起民族主義者的疑懼，導致後來當局對售予美國人土地實施限制。

美方雖然看不起本地人，但美國自己有反殖民的歷史，美國人必須展現自己不是又一個像荷蘭人、法國人或不列顛人的殖民者。塔虎脫也知道必須展現慈父形象，才能堵住國內批評者的嘴。美國人還有強烈的傳教式理想主義傾向，也相信美國的成就顯示了美國價值之優越。盡速灌輸英語，以英語為教學語言，成為為「美國化」打頭陣的政策。這種做法既能作為菲律賓人提升的路徑，也能讓他們更像美國人，更容易統治。

一九〇一年八月，美國陸軍運兵船湯瑪斯號（USAT *Thomas*）載著五百多名美國青年抵達馬尼拉。他們肩負重任，要把英語與美式生活傳遞到菲律賓群島的每一個角落，後人稱他們是湯瑪斯人（Thomasites）。他們是理想的先鋒，只是許多菲律賓學生對美式授課大綱興趣缺缺；即便如此，還是有許多人跟隨湯瑪斯人的腳步而來，像是醫生、工程師、照護員、農學家等。年輕的美國人紛紛響應號召，要來提升菲律賓人的水準。由政府而非教會所興辦的免費公立學校，算是美國統治的光明面，不過公立學校並非義務教育，辦學之初學生也愛來不來。菲律賓大眾文化跟他們熱忱的美國老師之間有一道巨大的鴻溝，但教育的力量仍然潛移默化。少數菲律賓人獲得獎學金到美國讀大學。

有些本地菁英反對將西班牙語邊緣化，但以提升識字率為訴求的做法，還是讓推廣英語變得容易許多。截至一九二〇年，舊菁英仍然以西班牙文為主要書寫語言，但能讀寫英語的人數已經多於西班牙語或地方語言。雖然以往著墨不多，但公共衛生建設確實是另一項當務之急。馬尼拉出現下水道，讓霍亂幾乎消失無蹤。死亡率大幅下降，人口從一九〇三年的七百五十萬人，增加為一九一八年的一千萬人，至一九三九年已有一千六百萬人。

美國人也致力於推動地方菁英參政。之所以這麼做，多少是因為不得不然，因為菲律賓沒有既有的基層公務機構。美國習慣地方分權，讓菁英從政的話不僅比較容易治理，成本也較低。此舉形同於進一步強化既有大族（多半是麥士蒂索）的地位，讓這些發跡於十九世紀，後來領導民族主義運動的豪強更加穩固。由下而上的美式治理方式，以及司法與政治體制之間的關聯，都深深影響了菲律賓；在泰國等國家，統治者以強化中央官僚體制為目標，而菲律賓的走向與他們完全不同。著重英語雖然有助於教育，卻也阻礙了他加祿語發展為國語。

美國統治實質上削弱了天主教會的力量。一九〇二年，格雷戈里歐·阿格里帕（Gregorio Aglipay，曾任天主教神父，支持反美戰爭）的會眾成立菲律賓獨立教會（Independent Philippine Church），以方言行聖禮，允許神職人員結婚，接受共濟會員，並否認三位一體。另一所分離教會則是基督堂教會（Iglesia ni Cristo，INC），一九一四年由聲稱獲得天啟的費利克斯·馬納洛（Felix Manalo）所建立。基督堂教會同樣揭櫫一位論，允許神職人員結婚。然而，即便讓人聯想到托缽修士的剝削，但天主教會的組織與財力依舊很有分量。天主教及其儀式與聖人節日已深植人心，不僅新興教會無法吸引菁英，就連其他新教教派也無法讓教會失去多少信徒。

增加菁英的參與，讓美國能夠以代議政治形式往前推進。一九〇二年的《菲律賓組織法案》（Philippine Organic Act）為立法兩院制提供法理基礎，以菲律賓委員會為上院，菲律賓議會（Philippine Assembly）為透過選舉產生的下院。第一次下院選舉於一九〇七年舉行，但選舉權的範圍非常狹窄——財產所有權與識字率標準，讓合格選民只有十萬零四千人。然而，議會代表的是一群分裂的菁英，一邊是以追求獨立為號召的國民黨（Nacionalista Party），另一邊則是尋求與美國建立聯邦關係，或是成為美國一州的進步黨（Progresista Party，聯邦黨為其前身）。國民黨及其盟友輕鬆過半，贏得八十個席次中的五十九個。

在這場選舉中浮上檯面的兩個名字，將主宰政壇超過三十年以上。一位是馬努埃爾．奎松（Manuel Quezon），他英俊瀟灑，能言善道，貌似麥士蒂索，但雙親皆屬西裔，父親曾經效力於亞奎納多的部隊，直到一九〇〇年亞奎納多投降為止。後來奎松成了成功的律師，美國人體認到他腦袋聰明、儀態迷人、沒有包袱，能有大用。奎松在一九〇六年獲選為塔亞巴斯市長，一年後成為第一屆議會的多數黨領袖。

另一位是塞爾吉奧・奧斯梅尼亞（Sergio Osmena），宿霧華裔麥士蒂索有錢人家的私生子。他曾短暫為亞奎納多效力，後來在宿霧辦報紙，於一九〇六年當上省長，一九〇七年成為菲律賓議會議長。他謙遜勤勉，是虔誠的天主教徒，光芒往往被奎松掩蓋，後來奎松提拔的馬努埃爾・羅哈斯（Manuel Roxas）取代他成為議長，不過他跟奎松的手腕可謂相輔相成。

一九〇九年，奎松成為兩位派駐美國國會的菲律賓駐地委員（Philippine Commissioners）之一，推動施政的在地化，影響威爾遜總統指派自由派的哈里森（Francis B. Harrison）為菲律賓總督。一九一三年，抵達馬尼拉的哈里森宣布：「我們採取的每一步，目標都是群島的最終獨立。」威爾遜用菲裔官員取代美國人，讓菲律賓人在委員會的九席中過半。一九一六年的《鍾斯法案》（Jones Act）提升菲律賓自治程度，以參議院取代委員會成為上院。美方承諾，只要達成（空泛的）「政權穩定」，菲律賓就能獨立。政治的進步一度多少彌補了種族隔離的情況。當地人無論多麼高貴傑出，都無法進入白人的宅院與俱樂部；雖然檯面上反對種族混和，但美國男人私底下還是有本地人情婦。（菲律賓人可以前往美國工作〔主要在夏威夷與加州〕，但他們不得在美國與白人結婚。）

政治進步的速度在一九二〇年代放緩，原因是奎松與菲律賓總督倫納德・伍德（Leonard Wood，美國總統哈定〔Harding〕任命這位退將出任總督）兩人的齟齬。經過奧斯梅尼亞與羅哈斯的出訪，加上奎松後續的推動，美國在一九三四年通過《泰丁斯－麥克杜飛法案》（Tydings-McDuffie Act），授予菲律賓「自由邦」（Commonwealth，自治政體）地位，並於十年後獨立。奎松的盟友——律師出身的參議員克拉羅．雷克托（Claro M. Recto）為首，召開制憲會議，根據美國模式起草憲法，先讓年滿二十一歲且有識字能力的所有男性獲得投票權，女性則在兩年後跟進。奎松與奧斯梅尼亞重新結盟，分別競選總統與副總統，而奎松的對手則是年邁的亞奎納多與獨立教會的格雷戈里歐．阿格里帕。這對搭檔輕鬆勝選，但四百萬有投票權的男性只有一百萬人投票。奎松表示：「我寧願我的國家是菲律賓人經營的地獄，也不要美國人經營的天堂。」

「獨立」具備強烈的情感魅力，尤其能吸引新興政治階級。其他人則抱持懷疑態度，覺得獨立不見得對社會大眾有任何裨益，畢竟整個社會仍然分裂，一邊是以麥士蒂索為主的雇主，一邊則是達悟（tao，普通人）。此外也有人擔心一旦美國撤出，國家將無法抵擋日本的擴張或來自中國的廉價勞工洪流。《泰丁斯－麥克杜飛法案》同樣為菲律賓帶來若干問題。在美菲人變成外國人，每年移民上限為五十人。人已經在美國的他們變成亞裔外國人，無法離境再入境。夏威夷與加州已有大量菲律賓人（至少五萬人），大部分是農工。他們的悲歡離合，在卡洛斯．卜婁杉（Carlos Bulosan）[2]的半自傳小說《心底的美國》（*America is in the Heart*）有鮮活的描述。卜婁杉是出身邦板牙的農家子弟，長大後前往加州，成為工運人士與多產作家。

在美菲人面對種族歧視與剝削，而且剝削他們的不只雇主，還有菲律賓人力仲介，以及歷史悠久、成員團結的華裔與日裔移民群體。即便如此，只有少數人接受《泰丁斯－麥克杜飛法案》通過後提供的單程遣返。卜婁杉的書名起得好，「美國」畢竟還是個夢。第二次世界大戰爆發後，在美菲人組織了兩個獨立的步兵團，到新幾內亞與菲律賓作戰。從軍是獲得公民權的途徑，但加州直到一九四八年都禁止異族通婚，他們只能跟菲裔社群成員結婚。

《泰丁斯－麥克杜飛法案》讓美國有權在菲律賓持續駐軍。菲律賓軍隊的指揮權將保留在美方手中十年，然後再行磋商。國民黨想擺脫美國人，但人們擔心菲律賓無法自衛。但更嚴重的問題在於經濟。糖種植園主尤其害怕失去進入美國市場的通路，同樣憂心的還有麻蕉與菸草相關利益者。此時菲律賓對外貿易跟美國的關係，已經緊密到動輒得咎的程度，擔心獨立後會失去優待通路也並非無的放矢，連許多公開支持民族主義的人也抱有這種合理的擔憂。

無論是菲律賓總督還是美國總統任內，塔虎脫都相信兩黨會重視美國及其新領土之間的自由貿易。一九〇九年，塔虎脫大力促成關稅改革，確保美國市場對菲律賓的糖、麻蕉、菸草、棕櫚油與乾椰仁全面開放——以糖業來說，他等於是跟美國甜菜農的利益對幹。非美國商品進入菲律賓則課以高關稅。因此到了一九三〇年代，菲律賓有百分之八十的出口輸往美國，三分之二的進口則來自美國。這種版本的「自由貿易」雖然保障了糖業大王，卻也讓他們缺乏提升生產力的誘因，同時也無法構築製造業發展所必須的屏障。

美方確實有投資，但速度不如預期。港口條件大幅改善，鐵路興建長度也有約八百公里——遠低於得標公司所承諾。道路修築進度緩慢，原因是缺工缺錢。美資投入種植園者很少，因為當局曾經打算將民答那峨五十多萬畝的公有地交給泛世通（Firestone）輪胎公司，引發民族主義者反彈，政府因此限制企業持有土地上限為兩千五百英畝（一千零二十四公頃）。小型種植園有之，例如在巴西蘭（Basilan）；呂宋的金礦開採相當活躍，尤其是一九三四年之後，小羅斯福將金價由每盎司二十美元提高到三十五美元。日本人也湧入菲律賓，先後以勞工、商人與農民身分，來到民答那峨開闢小型麻蕉種植園。種植園農業的擴大，固然能促進貿易、提高收益，但稻米產量也因此無法滿足需求，菲律賓成為稻米淨輸入國。

道路條件改善後，國內商業也開始發展，地方銀行的成立讓小部分農民得到幫助，但自己擁有耕地的農民仍是少數，而不在籍地主對自己的土地往往並不重視。雖然美國市場通路仍在，但一九三〇年代全球經濟蕭條期間，種植經濟作物的佃農受害尤深。據估計在一九三八年，菲律賓三分之二的勞力是佃農或臨時工。[3]不滿情緒正在醞釀，兩個為勞工與農民喉舌的左派政黨也應運而生，分別是一九二四年成立的菲律賓勞工黨（Partido Obrero de Filipinas），以及一九三〇年創黨的菲律賓共產黨（Partido Komunista ng Pilipinas）；當局在一九三二年宣布菲共為非法組織，但菲共持續在地下運作。另一個短暫帶來影響的則是貝尼格諾・拉莫斯（Benigno Ramos）的控訴運動（Sakdalista）。拉莫斯曾經與奎松同一陣線，後來轉為批評，要求土地重新分配與菲律賓獨立。控訴運動起先有其吸引力，但得到農民支持的他們卻在一九三五年於他加祿地區發動革命，結果失敗，從此一蹶不振。拉莫斯前往日本，未來轉向親日，但不滿的種子仍在發芽。自由邦通過法律，為勞工與佃農提供若干保障，並成立全國稻米穀物合作社（National Rice and Corn Corporation）以減少中盤商的數量。工會得以合法成立，但社會改革程度不大。

新興政治階級多半還是同樣幾個省級或市鎮層級大家族，對彼此為敵的他們來說，民主體制就是他們的決鬥場地。奎松是操弄民主制度的宗師。他與同樣自信滿滿的道格拉斯・麥克阿瑟（Douglas MacArthur，亞瑟・麥克阿瑟之子）發展出良好的關係，可說絕非巧合。一九〇三年至一九〇五年間，青年軍官道格拉斯在馬尼拉服役，與奎松和奧斯梅尼亞熟識。一九一八年，道格拉斯因為在一戰中的傑出表現，升任美國陸軍最年輕的將領，並於一九二二年至一九二四年間再度派駐馬尼拉，此時奎松正是參議院院長。曾經派駐華盛頓多年的奎松發揮影響力，讓麥克阿瑟重返馬尼拉，於一九二八年至一九三〇年間擔任美軍駐菲律賓的步兵旅旅長。

駐馬尼拉期間，十六歲的伊莎貝爾．羅莎麗奧．庫柏（Isabel Rosario Cooper）成了他的情婦，暱稱「酒窩」（Dimples）。麥克阿瑟後來把酒窩帶回華盛頓，在公寓裡金屋藏嬌，直到面臨曝光危險，才付她一萬五千美金作為分手費，並取回過去寄給她的信。

隨著自由邦的發展，奎松認為需要組織軍隊，並在一九三五年爭取到由朋友麥克阿瑟來訓練。軍事顧問的角色變成稱頭的陸軍元帥。麥克阿瑟政治態度保守，深信美國駐軍亞洲有其重要性。雖然他有許多缺點，但種族歧視並非其中之一，因此他才能與奎松等人相處，最後更成為許多菲律賓人心目中的民族英雄。

美國跨太平洋發展，成為與其經濟力量相稱的全球強權，但也暴露在更大的風險中。新領土不能不防守，尤其日本在一九〇三年擊敗俄羅斯之後，儼然成為該區域的頭號競爭者。然而，美方認為憑海軍實力便足以防守菲律賓。一九一八年，日本得到德國的殖民地——面積不大但戰略價值極高的西北太平洋島鏈，包括馬里亞納群島、加羅林群島（the Caroline，今密克羅尼西亞）與馬紹爾群島——作為日本海軍協助不列顛的回報。即便如此，美方仍堅信自己的海上力量。到了一九三〇年代中期，日本國內政局與國際形象轉變，對中國的侵略可謂昭然若揭。無論戰力如何，菲律賓都需要自己的軍隊與美國的屏障。麥克阿瑟本來規劃設置一萬常備軍，必要時由經過基本訓練的民兵輔助。他把建軍任務交給抱持懷疑態度的下屬，德懷特．

艾森豪（Dwight Eisenhower）來執行，而艾森豪僅僅建立了規劃中的一小部分。一九四一年七月，麥克阿瑟恢復現役，成為美國陸軍遠東司令，新成立的菲律賓軍隊由他節制。

奎松則盡情享受準主權獨立國家總統的立場，以亞洲民族主義代言人身分到訪中國與日本。他運用執政優勢，試圖擴大政府權力，減少對恩庇體系的依賴。[4]假以時日，奎松說不定能有所成，但美國與日本關係益發緊張，他也清楚意識到獨立的菲律賓會有多麼孱弱。他告訴群眾，「除非每一名菲律賓人都拿起現代武器，否則是守不住的」。他造訪東京，希望得到承諾，能在獨立後保持中立地位，但日方不著痕跡無視了。

在本國，奎松與盟友得到廣泛的支持。他們取得的進展包括給予婦女投票權，以及鼓勵使用他加祿語（此時已獲得菲律賓國語地位）。一九三八年，國民黨在議會中贏得百分之九十四的席次。趁著人氣高漲，奎松接著提議以四年為一任期、最多連任一次，取代現行以六年為一任期的做法，設法延長自己的統治期。修改任期與改制為兩院制的提案得到公投同意，接下來就是一九四一年十一月的國會選舉、地方選舉與總統大選。成人人口七百五十萬，總投票人數為一百五十七萬。奎松與奧斯梅尼亞分別以百分之八十一與百分之九十二的得票率再度當選，但兩人沒有多少時間能品嘗勝利。

十九年的憲政發展，固然強化了某種版本的民主，但對穆斯林地區而言，民主幾乎無助於

3-2　總統馬努埃爾．奎松與妻子奧蘿拉（Aurora）望彌撒，1940 年。

民族團結。一九三五年，菲律賓議會只有兩名穆斯林議員。第一位當選參議員的阿勞亞．阿隆托（Alauya Alonto）是拉瑙（Lanao）拉曼（Ramain）的蘇丹。阿隆托長期與奎松合作，也是制憲大會（Constitutional Convention）代表，但許多穆斯林對於那些獲派南方、接受新式教育的基督徒菲律賓官員感到憤恨，同時也不信任由非穆斯林傳遞的教育。穆斯林對奎松的民族形塑措施鮮有忠誠，有些人對於貪求土地的維薩亞斯人進入民答那峨感到不安。至於基層，摩擦並不多。穆斯林與基督徒在敬拜時都融入了過去的信仰，雙方都能享受節慶與音樂，穆斯林女性一般也不會穿戴希賈布（hijab）。儘管如此，美國這四十年的統治幾無增進穆斯林與基督徒之間的共有認同，也未能削弱傳統統治者反教育與開發的影響力。

對於泰半基督教化的菲律賓人來說，美國人帶給他們的感受是衝突的，擺盪在憤恨與欽佩、民族情感與投機行為、貪婪與恐懼之間。一九四一年大選後，還有更多的矛盾情緒將隨著創傷而來。

注釋

1 轉引自 Stanley Karnow, *In Our Image: America's Empire in the Philippines*, New York: Random House, 1989, p. 231.

2 卡洛斯・卜婁杉的《心底的美國》於一九四六年初次發行，但是直到一九七四年，西雅圖的華盛頓大學出版社（University of Washington Press）再版之後才成為名著。卜婁杉最早是在一九四三年以〈免於匱乏的自由〉（Freedom from Want）一文聞名，文章登在《星期六晚郵報》（*Saturday Evening Post*），配上知名畫家諾曼・洛克威爾（Norman Rockwell）繪製的插圖。他後來貧病交加，一九五六年因肺結核死於西雅圖，享年四十五歲。

3 Luis H. Francia, *A History of the Philippines*, New York: Overlook Press, 2014, p. 174.

4 Patricio N. Abinales and Donna J. Amoroso, *State and Society in the Philippines*, revised edition, New York: Rowman and Littlefield, 2017, p. 153.

〔第四章〕擇惡

日本占領菲律賓為時雖然僅三十個月，留下的卻不只是破壞與悲慘的痕跡，還留下許多投機分子與英雄人物的傳說。到頭來，日人的占領還提升了美國在菲律賓人之間的聲望，更實質上終結了奎松推動中央集權的努力。

雖然戰爭的腳步直到一九四一年十二月八日才來到菲律賓家門口，但衝突本身已醞釀多時。日本在一九三四年占領滿洲，一九三七年入侵中國，在中國的戰事拖得愈久，日本就愈需要資源。等到歐戰爆發，德軍在一九四〇年占領法國與荷蘭後不久，任誰都看得出歐洲國家的亞洲殖民地已岌岌可危。日軍進軍北越，將艦艇開入金蘭灣（Cam Ranh Bay），引發美國在一九四一年七月對日本禁運石油，並凍結日方資產。

六月時，德軍入侵俄羅斯，局勢隨之進一步轉變。日本可以進攻蘇聯、幫助德國，也可以推進資源豐富的東南亞，抑或是與美國達成協議以換取石油。美國擔心歐戰情勢，於是走向談判桌，但堅持日本從中國撤出。美方任命道格拉斯．麥克阿瑟為美軍遠東戰區司令，顯示華盛頓對此相當關注，而大批援軍與武器也正在路上。然而，麥克阿瑟對兩件事情過度自信，一是自己的實力，二是他預測日軍在來年四月之前不可能做好進攻準備。

日軍在十二月六日襲擊夏威夷珍珠港的美國海軍，接著在數小時內對菲律賓發動進攻，此時麥克阿瑟仍然應對遲緩。大多數增援的空軍在克拉克空軍基地（Clark Field）地面上被摧毀。日軍在馬尼拉西北方一百公里的林加延灣（Lingayen Gulf）登陸，美軍與人數更多但訓練不足的菲律賓本地部隊則節節後退。

日軍進入馬尼拉，麥克阿瑟的部隊則撤退到巴丹半島（Bataan Peninsula）。麥克阿瑟和菲律賓總統奎松、副總統奧斯梅尼亞人在巴丹外海、馬尼拉灣北口的孤島科雷希多島（Corregidor）。奎松請求美國總統羅斯福讓菲律賓即刻獨立，這樣菲律賓就能宣布中立，「別讓我國成為兩大強權的戰場，以免於進一步的破壞」。麥克阿瑟起先表示這是個「踏實的方針」，畢竟他對菲律賓部隊的忠誠度沒有把握，他們「對美國憤恨不平」。[1]但兩人最後都勉予「堅守作戰」。麥克阿瑟雖然兵敗，但羅斯福需要英雄人物，因此麥克阿瑟得到榮譽勛章（Medal of Honor），各家報紙紛紛刊登關於「呂宋雄獅」（Lion of Luzon）的虛構故事。隨後麥克阿瑟奉命前往澳洲，負責太平洋戰區的美軍，但他留下了「我會回來」的知名承諾；奎松與奧斯梅尼亞則撤離到美國，領導「流亡政府」。

為時三個月的巴丹半島戰役在四月初結束，約七萬五千人被俘，其中有六萬菲律賓人，美軍則有一萬五千人。巴丹防衛戰與隨後的「死亡行軍」（戰俘被迫徒步約一百公里，前往打拉的戰俘營，數以千計的人在途中死於勞累、疾病與飢餓），深深刻畫在菲律賓的記憶中。菲律賓人與美國人共同承受的折磨，確實有助於建立此前所不存在的患難之情，而日軍的舉動則讓人忘記美國征服菲律賓的殘忍過程。日本占領菲律賓，為菲律賓人帶來英雄故事，提振了民族自尊，也為斐迪南．馬可仕等未來領導人提供了墊腳石。

然而，當時的菲律賓菁英對於如何跟新統治者打交道，態度卻大為分歧。奎松的文官長豪爾赫．巴爾加斯（Jorge Vargas）先前獲任命為馬尼拉市長，此時他宣布馬尼拉為不設防城市，留下來盡可能與勝利的日方協商。同一地區也有其他殖民地國家遭到日軍占領，而菲律賓對於日本人的看法也和這些國家的人一樣，會隨著時間，因應日軍的行為與戰事的發展而有改變。

日方宣稱要做亞洲「解放者」，將各國人民從白人統治中解救出來，這樣的說法對於緬甸或荷屬東印度群島（印尼）本地菁英比較有說服力，但菲律賓與其他歐洲殖民地不同，本已處於獨立的當口，因此難以說服菲律賓人。話雖如此，許多人仍然認為必須識時務。當然也有人抱持積極正面態度。

雖然日軍入侵中國，卻仍不乏仰慕者。日本的軍事與工業成就，證明亞洲人並不遜於白人老大哥。雖然實情並非如此，但「亞洲人的亞洲」仍然有其吸引力。過往，日本人在菲律賓展現出勤奮、紀律，對經濟大有助益。在菲日本平民的人數也比美國平民多了三倍。例如在民答那峨，日人投資麻種植園、鋸木廠與漁業。達沃有日僑學校和日本商店。在戰前的菲律賓，有些記者收錢寫日本的好話，還有少數人甚至到日本念書，例如勞瑞爾三世（Jose S. Laurel III）——他的父親小荷西・勞瑞爾（Jose P. Laurel Jr）是耶魯大學法學士，後來成為參議員與最高法院法官。勞瑞爾是泛亞洲派，支持日本，後來在一九四三年十月成為日方扶持下的菲律賓共和國總統。此前，擔任菲律賓行政委員會（Philippine Executive Commission）委員長的巴爾加斯，是菲方與日軍司令官本間雅晴之間主要的中介者。巴爾加斯認為自己的角色在於試圖改善占領下的情況，而他也宣稱自己是奉奎松指示而為之。戰爭結束時，他的身分是魁儡政權駐東京的大使。法學家、參議員克拉羅・雷克托先後成為教育委員與外交委員，他聲稱日軍的勝利，代表「強大東方文明的重生，強大的亞洲在大日本帝國無私領導下覺醒」。[2]奎松任命為代理總統的大法官荷西・亞描・仙杜斯（Jose Abad Santos）則是個硬漢。他在宿霧被捕，拒絕合作，因此遭到處死。

至少一開始的時候，大部分菁英都不覺得該跟日本人正面對抗。大多數參議員加入行政委員會，沒有加入的人則保持低調。少數人表示歡迎，例如勞瑞爾對日方帶來的秩序，乃至於對本國的付出讚許有加。假如勞瑞爾說，為了民眾的福祉，就必須跟日本有一定程度的合作，倒也合情合理。然而，他接受成為所謂獨立共和國的總統一職，就說不過去了，畢竟民選總統與副總統在華盛頓還有個流亡政府。

另一名關鍵協作者是貝尼格諾・艾奎諾（Benigno Aquino），他是出身打拉的律師與地主，曾任奎松的農業部長。日本人讓艾奎諾出任新組織「新菲律賓服務團」（Kalibapi）的總裁。為日本敲邊鼓的還有「菲律賓愛國協會」（MaKaPili），為首者是前控訴運動領導人貝尼格諾・拉莫斯。過去始終拒絕與美國合作的前革命軍將領阿爾特米奧・里卡特（Artemio Ricarte），經歷了在香港與日本的三十年流亡之後，於一九四四年末返回菲律賓。甚至連艾米里奧・亞奎納多也再度浮上檯面，力促與日本密切合作。

西班牙公民（人數依然眾多，以教士或舊菁英的身分發揮影響力）的態度則有分歧。許多人在西班牙內戰期間支持長槍黨（Falangist），因此立場容易傾向日本；不過，像大企業A・索里亞諾公司（A. Soriano Corporation）的創辦人安德列斯・索里亞諾（Andres Soriano），他雖然是西班牙長槍黨的地方領導人，卻擔任奎松的內閣成員。其他人則扮演模稜兩可的角色。

馬努埃爾·羅哈斯（奎松本來傾向找羅哈斯競選副總統，而不是奧斯梅尼亞）被日本人抓到，成了勞瑞爾的顧問。一九四三年，日本人原本希望由羅哈斯當總統，而非勞瑞爾，但羅哈斯拒絕了。戰爭後期，羅哈斯有可能在為美軍提供情報。

無論「亞洲人的亞洲」究竟是什麼意思，軍事占領本身就有好幾個交錯惡化的問題。首先是日軍傲慢而且往往殘忍的行為；菲律賓人隨興的作風讓他們非常不習慣。日軍還要求慰安婦，但幾乎沒有當地人願意。第二是日方索求原物料，但戰時經濟沒有外貿可言，資源難免短缺。日軍需要當地資源，以養活派駐菲律賓的四十萬大軍。日方對資源的索求，以及以美國市場為重心的出口產業崩潰，導致糧食短缺與失業。第三個因素是，對社會中下層來說，「美國」讓人聯想到「進步」與「嚮往」，對於美國人的憎惡多半存在於菁英階層內。流亡中的奎松與奧斯梅尼亞成為抗日活動的焦點，菲律賓人在巴丹的犧牲成為民族光榮，而人們期盼美國人不久後重返菲律賓。

有人發動游擊戰，許多游擊隊是由前軍人率領的，而美軍的潛艇也為他們帶來部分的物資。許多菲律賓人如今渴望美國人歸來，既往不咎，只要美軍能擊敗日軍就好。他們表面上忠於魁儡政權，私底下則為美方提供情報與援助。日軍憲兵隊的報復隨抵抗活動的發展而來，人們也愈來愈害怕憲兵隊。由於敵對家族利用所謂的抗日活動為幌子，實則是解決宿怨，地方的秩序因此蕩然無存。抗日活動催生出許多英雄，但事後也出現許多謊稱抗日過的騙徒。

至少長期來看，抗日最力的是抗日人民軍（Hukbong Bayan Laban na Hapon）——在稻米、製糖與大莊園眾多的呂宋島中部，人們稱之為虎克軍（Huks）。封建、家父長式的佃農體系曾經為各個家庭提供最起碼的穩定，如今則多為分益式租佃（sharecropping）所取代，小農因債務而逐漸變成臨時工。有些反抗運動領袖以毛澤東為靈感，既反日也反地主。虎克軍領導人是路易斯．塔魯克（Luis Taruc）與佩德羅．亞描．仙杜斯（Pedro Abad Santos）；塔魯克本是民族主義者，後改奉馬克思主義，佩德羅則是大法官荷西．亞描．仙杜斯的哥哥。從一九三四年以來，塔魯克先後專職為民主社會黨與共產黨組織農民。他所率領的虎克軍，主要是由來自武拉干、新怡詩夏（Nueva Ecija）、邦板牙與打拉等地的數千名佃農與無土地勞工。然而，虎克軍追根究柢是個農民組織，催生出這個組織的並非意識形態，而是社會的不公義。一九三〇年代晚期，各種農民運動迅速發展，其中又以菲律賓全國農民協會（Kalipunang Pambansa Magsasaka sa Filipinas）最為顯著。各地的分會組織自救行動，支持罷工，扣押存糧，抵制驅逐佃戶，並四處宣傳地主的惡行。農民運動往往與親地主政策和地方當局衝突，當局因此以叛亂為由將部分領導人下獄。大地主找武裝人員對付自己的佃農，農民團體也尋求武力反制。奎松承諾補救，試圖推動一些改革以平撫農民情緒，但中呂宋的情勢還是愈來愈不穩定，直到戰爭來臨時仍不見好轉。總之，日本人來火上澆油的時候，當地農民抵抗運動已經有組織性的骨架，共產黨則提供部分的意識形態血肉。虎克軍除了發動游擊戰以外，還會安排把收成藏起來，不讓日本人得到。日本的入侵有助於中國農村革命運動發展，而菲律賓的農民運動也在戰爭爆發後因為進一步的剝奪感而更加強大。

一九四四年十月，日本動用海軍，試圖阻止麥克阿瑟重返菲律賓，結果引發海軍史上最慘烈的雷伊泰灣海戰（Battle of Leyte Gulf），日軍失去半數艦隊。駐菲律賓日軍指揮官山下奉文本來計畫專心防守呂宋島，如今則被迫參與雷伊泰島戰役。兩個月的戰事過後，美軍有四千人陣亡，但因為美軍火力更為優越，日軍的傷亡人數因此數倍於美軍，大部分的船隻也遭擊沉。美軍先後從林加延灣與那蘇格布（Nasugbu）入侵呂宋，南北夾擊馬尼拉。山下奉文不僅沒有在海岸駐防，甚至為保存兵力而將部隊往北撤，畢竟馬尼拉顯然易攻難守。美軍不費吹灰之力，便解救了聖多默大學校園內與比利畢監獄（Bilibid Prison）內的戰俘，麥克阿瑟也在二月六日宣布馬尼拉已經解放。但實情並非如此。馬尼拉的日本海軍指揮官岩淵三次少將無視山下奉文的指示，帶領麾下一萬兩千人抗戰。麥克阿瑟也很想打一場酣暢淋漓的勝仗，絲毫不顧平民死傷。

美軍並未做好城市戰的準備，但這也不代表為日軍留退路。接下來是一場長達一個月的屠殺，死於戰火的人數只能大略估計，約有十萬平民、八千日軍以及一千多名美軍。這一仗幾乎毀了整個馬尼拉市中心，尤其是王城區（Intramuros）與巴石河南岸一帶。許多平民死於日軍之手，但大部分仍然是美軍炮擊建築的犧牲者。

經常有人以美方的史料作為馬尼拉戰役（Battle of Manila）的佐證，表示若是沒有打這一仗，平民死傷恐怕會更慘重。這種說法啟人疑竇，但多數菲律賓人心中倒也認為，這座號稱「東方瑰寶」、擁有他加祿、西班牙與美國歷史的優雅城市之所以遭受破壞，日本人是罪魁禍首。我們不清楚麥克阿瑟是否曾向奧斯梅尼亞（一九四四年奎松過世後繼任總統）或其他菲律賓人徵求可以拯救菲律賓人性命的戰術方案，勞瑞爾或艾奎諾方也毫無動靜（兩人與山下奉文都在碧瑤〔Baguio〕）。美軍攻占馬尼拉後，接連在維薩亞斯群島與民答那峨島擊敗日軍，菲律賓也變成計畫揮軍日本的重要跳板。但山下奉文仍堅守呂宋島北部，直到一九四五年八月日本投降為止。

菲律賓終於在一九四六年七月四日獨立。戰後關於日人暴行的傳說，以及菲律賓人在占領期間受苦的故事，在獨立初期確實有助於民族凝聚。但是，這種受操弄的歷史底下，其實是菁英階層所認可的現實。他們鮮少不加思索懲罰通敵者。艾奎諾遭控叛國，但獲得保釋，一年後過世。勞瑞爾同樣面臨叛國罪名，但從未起訴。一九四八年，身為總統的馬努埃爾·羅哈斯宣

4-1　戰後的馬尼拉，1945 年。

布大赦（雖然他自己與日本人的合作也有受人質疑的空間）。僅僅五年後，勞瑞爾就代表國民黨競選總統，雖然失利，但也拿下百分之三十七的選票。勝選的人是埃爾皮迪奧．季里諾（Elpidio Quirino），雖然他的家族有許多成員死於馬尼拉戰役，但他赦免了犯下戰爭罪的日本人。一九四五年，巴爾加斯還是魁儡政權駐東京的大使，到了一九四六年已經成為國家計畫委員會（National Planning Commission）主委。

無論是混和了什麼樣的階級凝聚力、親族關係、天主教的寬恕概念，還是共同民族情感，戰後的菲律賓迅速從傷痕中復原，與其他在一九三七年至四五年戰爭期間遭到占領的國家大不相同。幾種潮流彼此交錯。對西班牙與天主教會的殘留情緒，讓部分人偏向於支持西班牙獨裁者佛朗哥（Franco）將軍，作為抵抗無神論共產主義的堡壘，批判極左派民族主義者的反教權主義。華人則受到日本入侵中國所影響，對日本抱持反感。民族主義者則有不同看法，有人希望能維持現狀，但排除美國人。只有極左派才會同時堅持反日帝與反美帝，有時候極左派甚至分裂為兩個陣營，一邊是中產階級馬克思主義革命家，另一邊則是對抗地主的稻農。

由於菁英階級通敵範圍之廣，羅哈斯與季里諾將過去一筆勾銷的做法，在政治上堪稱傑出的一手。與此同時，勞瑞爾、艾奎諾與雷克多等老民族主義者跟日本人合作的事實，削弱了老一輩普遍的反美情緒。年輕一代長大的過程中，聽的是美軍解放與菲律賓人英勇抗日的故事。

各種虛構傳說中最活靈活現的，則來自北伊羅戈（Ilocos Norte）青年律師斐迪南·馬可仕。馬可仕出身具有些許影響力的地方望族，他的父親馬里亞諾（Mariano）曾擔任省議會代表，後來在一九三五年競選失利，但他的對手後來卻遭殺害。斐迪南獲判謀殺成立，但最高法院助理法官荷西·勞瑞爾最終在政治考量下翻了案。馬可仕在日軍入侵後不久從軍，於巴丹被俘，但迅速獲釋，後來在一九四四年十二月加入捲土重來的美軍。

他創作了一段以虛構為主的參戰紀錄，主軸是自己領導一支稱為「馬哈里卡組織」（Ang Mga Maharlika）的游擊隊兼情報組織，還宣稱自己因此獲頒許多獎章。其實，馬哈里卡組織感覺更像是走私貿易組織，但馬可仕版的歷史向來是他政治人設不可或缺的一環，廣為人所接受。真相還需要一段時間才會揭曉，包括他在勞瑞爾為日人擔任魁儡總統時提供協助以報答恩情。總而言之，菲律賓人之所以迫切想忘記日本占領的年間，其實還有許多與苦難無涉的因素。

注釋

1 轉引自 Karnow, *In Our Image*, p. 296.

2 轉引自 David Joel Steinberg, *Philippine Collaboration in World War II*, Ann Arbor: University of Michigan Press, 1967, p. 50.

〔第五章〕

舊酒裝新瓶

太平洋戰爭結束，奧斯梅尼亞執政，菲律賓獨立想必指日可待，但道格拉斯．麥克阿瑟仍然是主要的決策者。人們原以為會有秋後算帳，將通敵的人逮捕整肅，但只有部分人在一九四六年遭到起訴，而且起訴工作一下子就陷入停擺。起訴山下奉文在馬尼拉戰役期間的戰爭罪行，是比較容易滿足復仇心理的做法。軍事法庭判處山下奉文死刑，美國最高法院也維持原判，但有兩名法官提出異議，其中法蘭克．莫菲（Frank Murphy）法官更寫下「以正式司法程序為幌子，掩飾不受控制的報復心理」一語。麥克阿瑟在一九四五年四月立下榜樣，他不僅不追究戰前曾經的愛將羅哈斯（羅哈斯在戰爭之初遭日軍逮捕前，就是擔任麥克阿瑟的聯絡官），甚至幫羅哈斯在解放行動中杜撰出角色。羅哈斯是班乃島卡皮茲的麥士蒂索，家族地位顯赫，與佐貝爾家（Zobels）和阿雅拉家（Ayalas）關係匪淺。在麥克阿瑟眼中，羅哈斯擁有領導人所需的形象與軍事背景。

麥克阿瑟就這麼跳過失望的奧斯梅尼亞，而一九四一年選出卻從未開會的立法機關也終於要開議了。參議員當中有多人曾經與日本人合作，而參議院則選出羅哈斯擔任議長與召集委員會主席。美方觀察到，許多實際抗日過的人感到失望，重要的通敵者則展開「組織嚴密的宣傳活動，以說服世人」[1]他們是出於愛國動機才通敵的。

戰爭結束時，菲律賓經濟一片混亂，糧食短缺。不過，只要有起碼的秩序與運輸設施，菲律賓的農業基礎就能迅速復原。大堡（Davao）的日籍種植園主遭到遣返，短期內雖然帶來損失，但新的拓墾者迅速填補了空缺。對於日人財產的賠償還要十年才能獲得各方同意，但美方為迫切的重建工作提供金錢與設備，這不僅在戰後迅速提升美國作為解放者的聲望，也讓通敵者能盡可能掩蓋自己的作為。

一九四五年八月，麥克阿瑟前往日本擔任駐日盟軍總司令。此時，他為愛居功的羅哈斯提供的非官方支持，讓牛步的奧斯梅尼亞黯然失色——奧斯梅尼亞認為自己的成績人盡皆知，因此沒有在一九四六年的總統大選中安排造勢活動。最後贏得多數選票的是通敵派（百分之五十四的選票），多少是因為他們用負面選戰方式打擊奧斯梅尼亞的年齡、華裔出身，並影射接受虎克軍援助的他有「共產主義者」之嫌。羅哈斯的競選搭檔——來自伊羅戈的律師埃爾皮迪奧·季里諾同樣勝選，他們所屬的自由黨也贏得參眾兩院的多數。兩百五十萬總投票人口當中，大約百分之三十的人投的是人格特質與地方利益，而非政策。

與日人密切合作的特奧菲洛·西松（Teofilo Sison，曾在奎松政府中任職）因叛國受審並獲判有罪。然而，羅哈斯就職不久後就宣布大赦，聲明通敵者之所以這麼做，「是真心相信出於愛國的職責……同胞如今任由敵人宰割，他們要照顧同胞的福祉」。[2]有時候確實如此，但戰時由日方扶植的勞瑞爾政府也確實讓占領方更好辦事。

戰爭為許多國家帶來深刻的社會與政治變化，但在菲律賓卻並非如此，因為對戰前的占領者與戰後的個人及其利益而言，兩者之間是連續的。換作是其他美國人，說不定就會整肅通敵的舊政客，但麥克阿瑟在戰前就跟他們保持關係，因此完全無意展開他在日本實施的土地改革與限制財閥措施。菲律賓在三個方面開倒車回到一九四二年以前的局面，堪稱是所謂「新殖民體制」的模範生。

首先，既有菁英（主要是麥士蒂索）勢力更加鞏固，這一點長期來看影響最大。他們通常有能力確保普選變成家族與個人形象之間的競爭，而非政策乃至於政黨的競爭。大部分農民（尤其是呂宋島中部）感覺菁英階級忽視公義，農村左派運動應運而生，但他們卻又是對抗左派運動的中堅。作為象徵，菲律賓從美國正式獨立的日期訂在七月四日，與一七七六年美國獨立是同一天。

無論多麼擁護民族主義，美國與菲律賓菁英都少不了彼此。選舉所費不貲，不能不謀得一官半職。七十五年來，參議員、眾議員與總統當選名單上不斷出現相同的姓氏。省級的世家大族更多。菲律賓不只社會經濟問題，還有種族問題——不光政壇，連菲律賓小姐選拔的優勝者都反映出種族問題。

戰後最緊要的問題在於與美國的經濟關係。美國國務院雖然大力反對，但國內利益團體、老派帝國主義者與若干追求市場壟斷的企業卻合力讓美國國會通過《一九四六年菲律賓貿易法案》（1946 Philippine Trade Act），旨在菲律賓獨立之前讓雙邊關係有利於美國。菲律賓必須接受貿易法案的條款——包括讓美國人有權擁有礦藏與自然資源，讓美國商品持續不受限銷往菲律賓，但菲律賓椰子油輸美卻有限額，任何有可能與美國製造商形成「可觀的競爭」的新產品也都受限——才能得到美國先前已承諾提供，且菲律賓迫切需要的重建援助。

羅哈斯雖不情願，但仍然說服立法機構中的執政黨同僚在獨立前通過這份仰人鼻息的協定，因為等到菲律賓獨立，這份協定就會成為兩國間的條約，需要國會三分之二多數同意才能通過。獨立後，他仍然必須修改憲法，才能讓美國人得到與菲律賓人同等的所有權。他以編造的理由剝奪許多國會議員的資格（包括虎克軍領袖路易斯．塔魯克），還舉辦了一次大約只有百分之六成年人投票的公投，才成功修憲。

第三個議題是美軍基地。美軍高層不見得都想維持在菲律賓駐軍，例如時任陸軍參謀長的艾森豪，就認為軍事基地會導致不必要的齟齬。關島或沖繩是更好的基地地點，但隨著冷戰腳步逼近，軍方變得不願意放棄正在使用的設施。羅哈斯需要美軍協助以對抗虎克軍，他同樣不希望美軍撤離。因此在一九四七年，他同意將蘇比克灣與克拉克空軍機場租給美軍九十九年，美軍在基地內對菲律賓人有司法管轄權，而菲律賓對基地內的美軍沒有司法管轄權。此外雙方還簽訂共同軍事援助協議（Joint Military Assistance Agreement），設立美軍駐菲軍事顧問團（JUSMAG），作為日常合作的基礎。

總之，這些經濟與軍事協議不只勾勒出羅哈斯對美國的忠誠，也反映了一個百廢待舉的國家多麼仰賴當時全球力量如日中天的美國。

塔魯克與其他左傾的議員遭到排除之後，虎克軍便放棄了選舉制度，化為政府的嚴峻挑戰。虎克軍憑藉抗日活動凝聚實力，多數不在籍地主階級過去的通敵紀錄令人難以苟同，於是他們開始抵抗政府。到了一九四九年，虎克軍至少有一萬名武裝人員，在呂宋中部農村也得到廣泛支持。共黨軍事指揮官塔魯克登高一呼，佃農與農工齊聲響應，但他們有自己的身分認同。女性大量參與虎克軍的行動，地方媒體每每稱她們為「亞馬遜人」，但領導者沒有女性。

加入的女性亦不乏年輕未婚者，她們往往跟已婚的軍隊幹部發展關係，倫理與親情之間的緊張也造成領導上的問題。[3]

羅哈斯因心臟病發作死於一九四八年，副總統季里諾接任後，又於一九四九年總統大選中勝選。季里諾的妻子與三個孩子雖然都死於馬尼拉戰役，但他還是赦免了日本戰犯。這位總統路線中庸，但難稱稱職。美方對於國際上共產主義的恐懼，已經提升到失去理智的地步，而虎克軍的威脅也與日俱增。奎松的遺孀與女兒遭虎克軍伏擊殺害。美國認為季里諾當局腐敗無能，大感失望，於是操作讓拉蒙·麥格塞塞（Ramon Magsaysay）獲任命為國防部長。他出身非菁英家庭，在美國指導下的對日游擊作戰中表現突出，後獲選為眾議員，是前途看好的人選。麥格塞塞有美國情報官員愛德華·蘭斯代爾（Edward Lansdale）出謀劃策。蘭斯代爾的老本行是長袖善舞的行銷專員。自一九四五年以來，蘭斯代爾一直留在菲律賓，他對這個國家是真心感興趣，四處遊歷，甚至穿越虎克軍控制的地方，如武拉干、邦板牙、打拉與新怡詩夏等低地平原，西至三描禮士（Zambales）的蔥鬱山丘，東北至馬德雷山（Sierra Madre），中間的阿拉雅山（Mount Arayat）也不放過。

自從地主與佃農之間的恩庇關係瓦解以來，中呂宋農民的不滿已經醞釀了數十年。以前雖然貧富與影響力差距很大，但佃租期有保障，節日與婚喪喜慶時有津貼，收成不好時還可以無息借款。然而，地主變成唯利是圖的商人之後，恩庇關係於焉崩潰，農民開始借錢維生。許多佃戶遭到驅逐，地主則搬到城鎮，由代理人（katiwala）代為收租。地主出售米糖而致富，農民缺乏保障又欠債，家裡吃飯的口愈來愈多，收成的保留分根本不夠吃。一九四八年的邦板牙，至少百分之八十八的農地都是佃租地，有些大農場的佃戶是向地主繳交現金（inquilinos），然後將承租的土地轉租出去收取實物租。

呂宋中部本來有許多未開發的土地，但隨著人口迅速增加，土地也愈來愈稀有，加上維薩亞斯群島的土地多用於糖種植園，農家需要更多收成保留分才能養家。無地工人的人數也急遽增加。為了因應這種情況，呂宋中部各地巴朗蓋的農民開始合作。他們認清了民主制度中鮮少有人為農民喉舌，曾經的抗日經驗便在此時發揮了作用。然而，農運其實沒有政府（及其美國盟友）所描繪的那麼政治激進。老百姓要的是一家溫飽、人道對待，以及公平的勞動成果分享，而不必然是土地所有權，畢竟擁有土地也不是毫無問題。[4]他們希望彼此的合作不再受到打壓。這些要求並非無理取鬧，連麥格塞塞與蘭斯代爾都表示認可。

麥格塞塞精力充沛，他改組軍隊並擴軍，提升紀律，打擊貪腐。他展現親民作風，與農民會面，與部隊一起行動。他跟美方的密切聯繫對多數菲律賓人來說不成問題，連偏向虎克軍的農民也不在意，畢竟民眾依然對美國幫助趕走日本人相當感激。他正視農民的不滿，談論土地改革，提升收成保留分，並在民答那峨提供免費土地。充沛的美國資金為貧困的村落帶來診所、道路與救濟。蘭斯代爾暗中運作打擊虎克軍聲望，用心戰宣傳嚇唬其農村支持者，用金錢與媒體提升政府形象。這些措施的重要性絕不亞於軍事行動。風向逐漸轉而反對虎克軍的叛亂；雖然虎克軍試圖在比科爾（Bicol）、維薩亞斯群島與民答那峨島發展，但活動主要仍著重在中呂宋。

麥格塞塞當選總統時，虎克軍大勢已去，林間的營地受到麥格塞塞部隊的進逼。他們缺乏武器，意識形態上又跟城市裡出身優渥的理想主義共產黨員有所分歧；好幾名成員被捕，包括共產黨總書記何塞・拉瓦（Jose Lava），以及在前線作戰的塔魯克及其人馬。[5]許多農民覺得政府聽見他們的心聲，情況也正在好轉。叛亂逐漸平息，塔魯克與麥格塞塞的代表，以及一位政商關係良好的年輕記者——「尼諾」小貝尼格諾・艾奎諾（Benigno "Ninoy" Aquino Jr）協商後投降，局勢隨之大致平定。通敵者之子「尼諾」艾奎諾則利用隨之而來的聲望，往自己的政治目標發展。

在外交政策上，麥格塞塞基本上是美國的人馬，他作為一九五四年的馬尼拉會議（Manila Conference）東道主，會上成立了美國主導的反共聯盟——東南亞條約組織（South East Asia Treaty Organization）。雖然他有派外交部長卡洛斯・羅慕洛（Carlos Romulo）參加一九五五年的亞非萬隆會議（Afro-Asian Bandung Conference），但他也與尼赫魯（Nehru）、納瑟（Nasser）與蘇卡諾（Sukarno）等反殖民巨擘保持距離。麥格塞塞對華盛頓的影響力，讓菲律賓得以修改令人反感的《一九四六年貿易法案》的部分條款。荷西・勞瑞爾代表菲律賓，與美國磋商出所謂的《一九五五年勞瑞爾－蘭利協定》（1955 Laurel-Langley Agreement）。菲律賓得以自由設定對美元的匯率，同時透過特惠關稅與配額大幅改善對美貿易通路。《勞瑞爾－蘭利協定》對糖業尤其有利，廠商如今可以在美國以高於全球市場的價格販售商品。美方仍然擁有平等權利，但這份協議將在一九七四年到期。此外，菲律賓終於在一九五五年與日本敲定戰爭賠償，日方將賠償五點五億美元，並承諾對民間另外投資二點五億美元。

美金流入是菲律賓經濟迅速復甦的關鍵，只不過復甦跡象只有在馬尼拉等少數城市比較明顯。日方的賠款與美國私人投資紛至沓來，經濟趁勢而起。菲律賓是當時東亞地區發展前景最為看好的國家，不僅教育水準高，又有美國市場與相對穩定的政局。一九五〇年，菲律賓的人均GDP已經高過日本、台灣、韓國與泰國，此後的GDP年增率也是東亞最高，達到百分之六點五。

一九五七年三月，麥格塞塞在宿霧因飛機失事而身亡，副總統卡洛斯・賈西亞（Carlos Garcia）繼位。他曾是麥格塞塞的外交部長，也是公認的親美反共派，曾主持一九五四年馬尼拉會議，成立東南亞條約組織。賈西亞就任後立即採取措施，簽署法案宣布共產黨為非法組織，但他在其他方面則是強硬的民族主義者，對外國人的商業宰制極為不滿，無論是當地華裔或是美方皆然。一九五七年底，代表國民黨參選總統的賈西亞在幾位優秀的候選人中脫穎而出，拿下百分之四十一的選票，但他的競選搭檔荷西．勞瑞爾三世（日本指派的前菲律賓總統之子）卻輸給最大反對黨自由黨的候選人迪奧斯達多．馬嘉柏皋（Diosdado Macapagal）。國民黨掌握國會，出身伊羅戈斯的議員斐迪南．馬可仕則成為最大反對黨的領袖。

兩大黨之間的交鋒逐漸聚焦於經濟政策。賈西亞推動「菲律賓人優先」的宗旨，他阻擋進口，設定兌換外匯的定額，打算發展國內製造業，將菲律賓人花的錢從消費導向投資。賈西亞的目標在於結合本國公私資本，取代美國與華裔的資本。計畫內容包括國立造船與鋼鐵公司（National Shipyard and Steel Corporation）與民間的哈辛多家族（Jacinto family）結盟，哈辛多家在伊利甘（Iligan）擁有一間軋鋼廠，且有意在當地發展完整的煉鋼產業。有些美方資產被菲律賓人買去，例如尤黑尼歐．洛佩茲（Eugenio Lopez）買下了馬尼拉電力公司（Manila Electric Company，MERALCO）；洛佩茲家是怡朗數一數二的富農，尤黑尼歐的弟弟費爾南多．洛佩茲（Fernando Lopez）曾先後擔任季里諾與馬可仕的副總統。

創造本土資本階級不僅理所當然，也是亞洲其他地方所追求的目標。不過，達成目標卻有三大不可或缺的條件：其一，上層地主運用其資源、財富與政治實力以拓展經濟影響力，但自己卻又不是天生的企業家；其二，華人為了繞過阻擋自己發展的法律，於是設法從中間人的角色轉往新興製造產業；第三則是政府，掌握理論上的發言權，實際上卻沒有制度工具，缺少資金，且對政客與尋租者唯命是從。經濟政策確實有助於把更多本土投資導入受保護的產業。長期而論，反華的《零售業國有法》（Retail Nationalization Act）迫使華人從零售業轉往製造業，但反而讓華人占GDP比例從一九四八年的百分之十點七，提升到一九六〇年的百分之十七。[6]

高關稅壁壘保護了產業，讓新舊商業皆蓬勃發展。新的商業團體能透過菲律賓發展銀行（Development Bank of the Philippines，前身為重建金融公司〔Rehabilitation Finance Corporation〕）與菲律賓國家銀行（Philippine National Bank）等取得政府資金，浮出水面。外國銀行不得加開新分行，私部門銀行從中獲益最多。政治力介入外匯的取得，形同對貪腐開門揖盜，導致外匯配額會在黑市中買賣，作為政治運作的資金與輸入奢侈品之用。雖然健全的中央銀行能夠抑制貸款的整體增長，但付回扣的人還是能取得政府存款，企業則受惠於放款難度的降低。嚴格的外匯管制遭到出口商抵制，糖業鉅子尤其希望保住自己的利益。貪腐與外匯管制議題，導致賈西亞在一九六一年大選失利，以百分之四十五對百分之五十五的選票比例輸給了迪奧斯達多・馬嘉柏皋。

不久後，外匯管制放寬，菲律賓披索貶值，從二披索貶值到三點九披索兌換一美元。貨幣貶值讓若干出口品數量大增，尤其是銅與木材，而關稅提升則有助於製造商，但根本的社會與經濟問題仍然存在。控制少了，行賄自然跟著少了，民眾認為馬嘉柏皋本人相對清廉，但政府中其他側近難免還是有爆發醜聞。

馬嘉柏皋也嘗試透過立法，改善諸多佃農的處境。過往規範地主／佃戶關係、提升佃戶生活穩定的法律，其內容不僅漏洞百出，地主與受到地主左右的地方政府也諸多逃避。一九六三年的《農地改革法》（Agricultural Land Reform Code）有諸多建樹，其中最重要的就數廢止分股租佃制，改為固定租金，並給予佃戶優先承租權，但這部法律仍然是各種豁免與例外所稀釋後的結果。

一九六〇年代成了學者保羅・哈契克羅夫特（Paul Hutchcroft）所謂「搜刮式資本體系」（booty capitalism）大量蔓生的時代。貨幣與美元掛鉤終結之後出現的間接影響之一，就是家族所擁有的銀行數量大增，而這些銀行跟既有的企業關係匪淺。菲律賓中央銀行一貫以協助地方銀行發展為務，但在總裁安德列斯・卡斯蒂嶋（Andres Castillo，一九六一年至六七年在任）任內，央行廣發許可執照，進一步幫助銀行平衡損益，並確保優渥的放款利率。到了一九六五年，私人銀行資產占整體銀行業的百分之五十六，而數字在一九五五年只有百分之三十六。銀行成為家族事務，因此也必須處理家庭失和問題。

馬嘉柏皋試圖激起民族情緒，宣稱北婆羅洲（即沙巴〔Sabah〕）曾是蘇祿蘇丹國的一部分，據此索討北婆羅洲主權。他還提出願景，希望能實現黎剎的夢想，也就是全體馬來民族組成邦聯「馬菲印度」（Maphilindo）——馬來西亞、菲律賓加印尼，但馬來西亞、印尼為了婆羅洲各邦而起的衝突，以及馬嘉柏皋對於沙巴的主張，都讓黎剎之夢無處著力。在他執政下，反美情緒捲土重來，批判英語霸權的論調也開始出現。有個小小的改變：菲律賓國慶日從七月四日改為六月十二日，也就是亞奎納多在一八九八年宣布菲律賓從西班牙獨立的日期，但語言議題引發的共鳴有限。

儘管媒體圈與民間存在民族主義與左派情緒，政壇主流仍然是菁英的個人競賽，他們所屬的群體彼此競爭，但群體界線也在不斷變化。馬嘉柏皋輸給了其中最聰明、最狡猾的一員。斐迪南·馬可仕自一九四九年起出任北伊羅戈的眾議員，用曾經的戰績謀取私利——後人證明所謂的戰績泰半出於虛構。身為自由黨員的他在一九五五年參議員選舉中勝選，成為少數黨領袖；後來自由黨在一九六三年成為參議院多數黨，馬可仕出任參議院議長。馬可仕與出身伊羅戈望族的選美皇后卡門·奧特嘉（Carmen Ortega）育有數子，卻又在一九五四年與伊美黛·

羅慕阿爾德斯（Imelda Romualdez）結婚。伊美黛來自雷伊泰島大族中家道中落的一系，這位脫俗佳麗起先純粹是個低調的配偶，但一次因精神衰弱到紐約接受治療之後，便脫胎換骨成為自信滿滿的人物。等到一九六五年總統大選時，她已經成為輔選活動的人氣助選員，用自己的歌聲與穿著特爾諾（terno，造型獨特的菲律賓連身裙，袖子有如蝶翼）的吸睛身影捕捉民眾的目光。她的姓氏也幫助丈夫在奧斯梅尼亞家族的傳統票倉維薩亞斯群島瓜分部分選票。

馬可仕在戰爭時期學到的商業手腕，充分展現在他的眾議員與參議員任期。事實證明，他是從體系中榨取資源的好手，掌控菸草進口與影響外匯取得是他的兩大法寶。他也善於運用與華人商界的關係，這是因為他與北伊羅戈大家蔡家關係良好，蔡家和他是巴塔克（Batac）的同鄉。

一九六五年，馬可仕改變陣營加入國民黨，在黨內初選擊敗時任副總統的伊曼紐爾・佩拉茲（Emmanuel Pelaez）與前任副總統費爾南多・洛佩茲，獲得提名參選總統。財富無邊的洛佩茲家族亟於擺脫馬嘉柏皋，洛佩茲因此按捺自己的自尊心（也是拜倒在馬可仕之妻伊美黛的魅力之下），同意再度競選副總統。馬可仕獲得百分之五十五的選票，擊敗馬嘉柏皋；洛佩茲則是險勝對手，前總統馬努埃爾・羅哈斯之子赫拉多・羅哈斯（Gerardo Roxas）。

赫拉多的妻子茱蒂・阿拉內塔（Judy Araneta）出身內格羅斯的西裔麥士蒂索糖業大族，

她的祖父格雷戈里歐．阿拉內塔曾協助起草《馬洛洛斯憲法》，後來卻成為第一批加入美國政權的菲律賓人。她有親戚與奎松總統過從甚密，也有親戚任職於麥格塞塞的政府，或者在內格羅斯經營糖廠與其他生意。阿馬多．阿拉內塔（J. Amado Araneta）蓋了阿拉內塔市（Araneta City）——馬尼拉一處占地廣大的商場兼轉運站，也是阿拉內塔運動場（Araneta Coliseum）所在地；運動場於一九六〇年完工，是當時全球最大的室內運動場館。阿拉內塔家族的格雷戈里歐．阿拉內塔三世（Gregorio Araneta III），則是在一九八一年娶了馬可仕總統之女艾琳（Irene）。一九五七年，薩瓦多．阿拉內塔（Salvador Z. Araneta）與何塞．孔塞普西翁（Jose Concepcion）共同創辦RFM公司（RFM Corporation），是上櫃的食品飲料大廠，現由何塞．孔塞普西翁三世（Jose Concepcion III）經營。第三位創辦人是祖籍福建的薛敏佬（Albino Z. SyCip）。這位華裔金融家的兒子薛華成（Washington SyCip）成立了SGV會計集團（SyCip Gorres Velayo），業務在馬可仕執政時蒸蒸日上，至今仍是菲國數一數二的會計公司。阿拉內塔家跟出身內格羅斯的荷西．雅羅育（Jose Arroyo），亦即菲律賓前總統雅羅育的先生也有親戚關係。對於菲律賓政商大族之間的恩怨情仇來說，這些細節相當重要。

馬可仕的狡猾與決心人盡皆知。美方雖有警惕，但也認為他是一位堅忍不拔、口若懸河的領導人，何況蘭斯代爾的故舊也支持他。他的就職演說讓聽眾注意到政府乃至於全民的大問題，像是貪贓枉法、混亂無序、行政怠惰、缺乏資源等等。當然，馬可仕的崛起本身就是若干問題的最佳例證，尤其是暴力、賄賂與買票，但精明的他意識到能利用美國在越南的戰事來牽制華盛頓。他以派工兵營的形式提供協助，從迫切希望爭取亞洲盟友的美國總統林登・詹森（Lyndon Johnson）手中獲取大量經費。

其實，菲律賓在越南貢獻甚微，但除去直接援助（美國稱之為援助，馬可仕則說是租借基地），因為越戰而湧現的軍人的確讓菲律賓榮景一時，尤其是呂宋中部靠近克拉克空軍基地與蘇比克灣海軍基地的幾座城市。截至一九七三年，數以萬計口袋滿滿的軍人前往馬尼拉、天使城（Angeles City，靠近克拉克空軍基地）與奧隆阿波（Olongapo，蘇比克灣邊）的酒吧和按摩院享受休整（R&R）假期。

新成立的亞洲開發銀行（Asian Development Bank）選擇將總部設在菲律賓，也為菲國打了一劑強心針；一九六六年，亞銀總部在馬尼拉濱海的羅哈斯大道（Roxas Boulevard）開始營運。然而，這些利多無法掩蓋當時菲律賓已落後東南亞鄰國泰國與馬來西亞，也落後韓國和台灣的事實。整個一九六〇年代，ＧＤＰ成長率平均只有百分之五點一。不像鄰國，菲律賓農業生產力進步緩慢，製造業也無法為增加的勞動力提供足夠的就業機會。

一項間接但影響長久的經濟激勵措施，在一九七五年出爐——馬可仕降低了華人移民及其子弟歸化為公民的難度。他之所以這麼做，部分是為了因應美中關係融冰，此外也是為了把數以萬計華人的忠誠心從台灣或北京導向菲律賓。這些新公民因此得以打入原先不得其門而入的廣大經濟部門。

一九六〇年代，世界各地的激進活動與反美聲浪水漲船高，越戰是部分原因。這些情況鮮少影響菲律賓的主流政黨，但「喬馬」何塞・馬利亞・西松（Jose Maria (Jo Ma) Sison）倒是趁勢而起。西松生於一九三九年，父親是通敵的麥士蒂索地主與前班詩蘭省長。本在大學教文學的他在一九六四年成立「愛國青年」（Patriotic Youth）組織，奉行毛主義。西松排斥拉瓦領導下走莫斯科路線的共產黨，最後他成立新的菲律賓共產黨（Communist Party of the Philippines，CPP），聲勢迅速壓過老共產黨。西松與打拉年輕農運分子貝爾納貝・布斯凱諾（Bernabe Buscayno，化名指揮官丹特〔Komander Dante〕）率領的虎克軍殘部結合，組織新人民軍（New People's Army，NPA）。（西松自一九八六年以來便流亡荷蘭。他的妻子茱莉葉塔・德利瑪〔Julieta de Lima〕跟後來遭杜特蒂總統逮捕下獄的參議員萊拉・德利瑪〔Leila de Lima〕是親戚。德利瑪家是比科爾伊利加市〔Iriga City〕的望族。）

一九六九年總統大選的銀彈消耗之多可謂前所未有，馬可仕在各省還有手握私兵的軍閥盟友；金錢與「槍跟惡棍」（guns and goons）的結合，確保馬可仕成為第一位連任的菲律賓總統。但連任成功的代價卻是貨幣危機，披索重貶，通貨膨脹嚴重，引發馬尼拉人與中呂宋佃農的不滿。一九六九年的大選確實是所謂「夫妻獨裁」（Conjugal Dictatorship）的前奏。[7]

注釋

1 轉引自 Karnow, *In Our Image*, p. 328.

2 轉引自 Steinberg, *Philippine Collaboration in World War II*.

3 Vina A. Lanzona, *Amazons of the Huk Rebellion*, Madison, WI: University of Wisconsin Press, 2009.

4 Benedict J. Kerkvliet, *The Huk Rebellion: A Study of Peasant Revolt in the Philippines*, New York: Roman and Littlefield, 2002. 該書堪稱最全面、立場最公允的研究。

5 拉瓦家有五兄弟，皆受過高等教育。何塞、黑素斯（Jesus）與文森特（Vicente）都當過菲律賓共產黨總書記。

6 Paul D. Hutchcroft, *Booty Capitalism: The Politics of Banking in the Philippines*, Ithaca: Cornell University Press, 1998, p. 74.

7 一九七六年，普利米提沃．米哈雷斯（Primitivo Mijares）以此為書名，出了一本講馬可仕夫婦的書。米哈雷斯原本是馬可仕的發言人，後來在一九七五年叛逃。出書不久後，米哈雷斯就人間蒸發，他的兒子也遭人殺害。雖然一般認為該書內容不精確，是為自己說話，但米哈雷斯的下場顯然能殺雞儆猴。

〔第六章〕

馬可仕：絕對權力，絕對腐化

總統任期限制雖然白紙黑字，但若缺少憲法與體制的穩固支持，面對強勢總統的挑戰，白紙黑字也是空談。斐迪南·馬可仕就是這樣，他把國家在一九七二年面對的明顯問題，成功化為挾持憲法的機會，利用戒嚴帶來的權力遂行個人統治並修憲，繼續掌權將近十四年。

一九七二年的菲律賓不乏宣布警急狀態的託辭。由於可以取得武器武裝政治人物的隨扈，政治暴力已成常態。馬可仕和如此政局糾葛太深，加上他必須仰賴國會同僚的票，因此無法解決這些問題。勞工與農民的不滿，與越戰造成的反美情緒再現相結合，催生出「喬馬」西松的毛主義路線共產黨與新人民軍。一九七〇年初，馬尼拉發生一連串暴力衝突，數名學生被殺，人稱「第一季風暴」（First Quarter Storm）。

伊美黛·馬可仕則追求自己的渴望，她不只要跟馬尼拉社會的頂端平起平坐，更要以藝

6-1　總統斐迪南．馬可仕與伊美黛．馬可仕結婚 30 週年慶，1984 年。

術贊助者的身分得到國際認同，畫風與激烈的示威可謂天壤之別。菲律賓文化中心（Cultural Center of the Philippines）是第一項所費不貲的重大建設，是一座位於馬尼拉灣岸的大量體建築，由本國建築師李昂德羅．羅克信（Leandro Locsin）設計，一九六九年落成。時任加州州長隆納．雷根（Ronald Reagan）參加了啟用典禮。伊美黛的弘願是留下不可磨滅的痕跡，成為國際名流，與影星、導演、名媛同出共入。伊美黛「統治」期間，她的「廣廈情節」（edifice complex）不斷帶來高昂的建設。

馬可仕夫妻的野心人盡皆知，但洛佩茲家和勞瑞爾家離棄了馬可仕，導致馬可仕失去參議院多數。[1]反對黨領袖艾奎諾認為可以在一九七三年的大選中獲勝，畢竟馬可仕不能角逐第三任期，得由伊美黛來參選。然而早在一九七一年五月，美國國務院內部文件就指出：「他已決心用或此或彼的手段延長任期，縱使現今任期結束後也不下台。」

馬尼拉的暴力不斷升溫。一九七一年八月，自由黨在米蘭達廣場（Plaza Miranda）造勢時遭人丟擲手榴彈，多人重傷，其中包括一九六五年成為參議院議長的霍維托・薩隆加（Jovito Salonga）；由於馬可仕派的候選人多半失利，薩隆加在十一月的選舉本能再度拿下議長寶座。自由黨譴責馬可仕，馬可仕則怪罪共產黨。多年後來看，新人民軍顯然是罪魁禍首，但人們不免懷疑馬可仕正計畫戒嚴，只欠理由。他藉口國防部長胡安・龐塞・恩里萊（Juan Ponce Enrile）車隊遭到攻擊，就是為了證明需要戒嚴。一九七二年八月，洪水重創呂宋中部，糧食價格騰貴，連大自然也為他提供託辭。

想要繼續執政，顯然得透過制憲會議修改一九三五年的憲法。國會通過召開制憲會議，三百二十名代表也在一九七〇年十一月選出，但等到制憲會議於一九七一年召開時，風向已經轉為反對馬可仕，結果通過的決議文是禁止第三任期。其他的選項又慢又複雜。他斷定抄制度的捷徑比較容易，有信心透過恩里萊所掌握的軍方不會挑戰總統，華盛頓方面也不會干預，因為尼克森總統正忙著競選連任，且越戰巴黎和談處於關鍵階段。

馬可仕在九月二十三日行動，宣布進入警急狀態以因應所謂的陰謀。艾奎諾與左右手迪奧克諾（Diokno）立刻遭到逮捕，好幾百乃至於好幾千人步上他們的後塵。政治人物的私兵遭解除武裝，當局繳獲五十多萬把槍枝；國會終止集會，幾乎所有媒體管道都遭到管制，政府並實施宵禁。

美方並未譴責戒嚴為侵害民主制度之舉，反而多半支持，認為是讓施政更有效的必要舉措。美國國會兩黨與馬尼拉美國商會都支持馬可仕，認為他恢復秩序與商界信心。至於菲律賓國內，戒嚴反而讓許多人從示威活動中喘一口氣。雖然是人民選舉出來的國會，也有不少人對於逮捕議員與關閉媒體感到不安，但懷念國會的人並不多。

馬可仕保有技術官僚的支持，讓人感覺他的政府具備專業能力。著名者如經濟部長塞薩爾．維拉塔（Cesar Virata），農業部長阿圖羅．坦科（Arturo Tanco）；德高望重的卡洛斯．羅慕洛（Carlos P. Romulo）曾擔任麥格塞塞政府的外交部長，如今再度出任，而阿列杭德羅．梅爾霍（Alejandro Melchor）則是文官長。這些官員相信，就算貪腐難免，但既有政治體制已經腐敗到無以復加，沒有能力帶來發展。馬可仕為他們與整個國家帶來前進的機會。他們雖有技術長才，卻沒有相應的政治影響力，於是依附馬可仕。

起初，各界都接受這起政變，畢竟和平與安寧看來是恢復了。世界銀行願意重新放款，美國軍事援助增加，馬可仕也恢復了美國人的零售交易權（先前被親馬可仕的最高法院取消）。馬可仕深知對華盛頓而言，比起留給菲律賓的民主制度，有個可靠盟國比較重要。更有甚者，馬可仕的反對者當中，有不少人是理論上會為了美帝大動肝火的民族主義者或左派。

雖然馬可仕高喊反對「寡頭」，還奪走洛佩茲的馬尼拉電力公司、媒體資產與內格羅斯糖廠，但商業界一般而言喜聞樂見。他承諾大力推動土地改革，成立新的農業改革部，但只處理面積大於七公頃的租賃稻田與玉米田。

身為律師，他以合憲的方式奪權。一九七〇年的制憲會議在少了被關的反對黨成員之後重新召開，通過新憲法，由單院制的國民議會選出總統與首相。同時根據最高法院（他挑的自己人所組成）決議，仍由他擔任總統，頒布命令以統治。為了提倡所謂的新社會，他成立了新政黨──新社會運動黨（Kilusan Bagong Lipunan），以建立所謂的新社會。

雖然一九七三年爆發稻米供應危機（伊美黛還在馬卡蒂〔Makati〕的洲際飯店〔Intercontinental Hotel〕鼓勵同胞拿玉米粒跟米加在一起吃），但宣布戒嚴的一年後，商界與外商圈子裡的樂觀情緒依然高漲。《遠東經濟評論》（*Far Eastern Economic Review*）嗅到某些領域的喜氣洋洋，刊登出長文〈下一個亞洲奇蹟？〉（Asia's Next Miracle?）。[2]文章提到外資對投資委員會（Board of Investments）提供的新契機與司法與治安改善帶來的利多相當樂觀。菲律賓外匯存底在一年內翻倍。據說，技術官僚文森特・帕特諾（Vicente Paterno）領軍的投資委員會已經被各方洽詢塞爆，而同為技術官僚的國家經濟發展署（National Economic Development Authority）署長赫拉多・西卡特（Gerardo Sicat），則是表示「對我國來說，百分之十的成長率不是不可能的事」。

然而，文章也提到馬可仕運氣很好，強勁的出口價格拉升收入，大幅改善向來搖搖欲墜的貿易平衡。但幸運恐怕只是一時。位居出口第一名的木材是很快就會消失的資產，第二名的糖則是靠美國的貿易優惠待遇所保障，而不久後是項優惠即將到期，而排名三、四的椰子副產品與銅都對經濟循環非常敏感。

文內對菲律賓前景有一番觀察，例如農產量貧弱，木材出口正在摧毀無可替代的森林，過度保護製造業反而限制了出口製造業的進步，菲律賓幾乎錯過了日本紡織與電子製造業的第一波出走潮。高樓林立的馬卡蒂商業區看似繁華，不僅銀行同業市場活絡的，還有對礦產興趣濃厚的外國掮客來到，但銀行業對前述問題仍然抱持疑慮，對菲律賓整體並不看好。

一九七三年末，油價提高四倍，全球經濟衰退，馬可仕的好運也到了頭。不過，其他商品的價格仍強勁支撐著菲律賓。此時，外商仍然認為戒嚴有其好處，加上有美國的支持與技術官僚的管理，都讓菲律賓能輕易從如今石油出口國的巨額盈餘中借得美元。外國銀行家湧向馬尼拉成立國際金融業務分行。菲律賓因此能取得美金，但政府也為本國銀行提供保護，讓外商銀行不得從事披索業務。

對於必須存進馬可仕與側近帳戶裡的比例，或是他們從合約中收取的回扣，外資銀行（包括世界銀行與亞洲開發銀行）都視若無睹。

除了跟菲律賓政界打交道的老方法之外，馬可仕也運用總統令的力量，試圖擴大總統府與馬尼拉各部會的經濟與行政力量。這種做法正合技術官僚的心意，讓他們得以在不受地方政治利益左右的情況下制定預算與發展政策。

在專業出身的農業部長坦科主導下，靠著投資灌溉系統、提供農村貸款，以及採用綠色革命的改良種子、肥料與殺蟲劑，農產量持續提升。當局展開「盛產99」（Masagana 99）計畫，目標是將每公頃稻米產量從四十合萬（cavans）[3]提高到九十九合萬。後人批評這項計畫讓農民欠債，導致農村銀行破產，還造成破壞環境的農法大行其道。不過，就提升產量而論，計畫仍然是成功的。

農業改革的確讓部分佃農得以成為地主，但還不足以遏止新人民軍在呂宋中部、比科爾與民答那峨部分地區益發活躍的勢頭，同時也有愈來愈多無地農民改打零工，稻田則改生產不在改革範圍內的糖與其他作物。政府透過全國農糧署（National Grains Authority）來控制糧食與糖的交易。農糧署本該協助糧食供應與平穩價格，實際上卻阻礙了產量的提高，導致在全球農產價格普遍下跌的時候仍無法滿足國內糧食需求。美國對於糖產的優惠也逐漸縮水。與此同時，政府以高於國際的價格保護稻米，苦了消費者，而生產者則苦於進口肥料與機械的關稅，以及效能不足的批發體系。

政府有發展重工業的雄心，像是在一九七四年全國鋼鐵公司（National Steel Corporation）將伊利甘煉鋼廠（Iligan Steel）併入，後來又取得埃利薩爾德集團的冷軋廠與鍍錫設備。由於地方私部門缺乏資金與技術知識，國家便以政府的經費強推工業化，而上述合併過程可謂其先聲。推動工業化的高峰期，政府宣布了十一項重大工業計畫，包括石化製品、柴油引擎與銅、鋁、鎳提煉廠，多數都未能實現，但技術官僚工業部長羅伯道．王彬（Roberto Ongpin）仍然躋身為國內數一數二的富翁。

外方對菲律賓的興趣，表現在對若干出口製造業的投資，以及從純汽車組裝開始升級為使用本地製造零件組裝之上。日用品出口也持續成長——至少數量上如此。從世界銀行與國際貨幣基金組織選擇在馬尼拉舉辦一九八六年的會議，就能看出外界對菲國態度的轉變。各國代表下榻在新落成的五星級飯店，在雄偉又優雅的菲律賓國際會議中心（Philippine International Convention Center，PICC）開會，銀行家們整整一星期的磋商與宴會，這些都讓代表們留下深刻印象。儘管政治異議之聲不斷，不為繁華所惑的人也看出許多問題，但年會活動仍有助於金流持續流入。經濟成長率達到百分之六，但出口在一九七四年就過了高峰，此後出口製造業得到的投資也令人失望。這是個「債務問題嚴重，但不至於無法化解的國家」。[4]

這場世界銀行／國際貨幣基金組織年會，其實也是不祥之兆。花了數百、數千萬美元蓋奢華的飯店與菲律賓國際會議中心，在經濟上其實不切實際，畢竟馬尼拉觀光客不多，大型會議也很少。一九七〇年代提高的投資，泰半也像上述硬體建設，是投入收益甚微的浮誇建案。另一個例子是長達兩公里的聖胡安尼可橋。這座銜接雷泰伊島獨魯萬（Tacloban，伊美黛的故鄉）到沙馬島的大橋，是用日本的開發援助經費建造的，但大家都認為是蓋給伊美黛的生日禮物。

有些正面的施政，像是成立馬尼拉大都會（Metro-Manila），讓各個構成國家首都區的城市與自治市能夠更加有序。但連好的施政也有壞的一面。伊美黛·馬可仕成為第一任區長，結果把下水道與大眾運輸建設的經費導向富麗堂皇的建築物。

參與世界銀行／國際貨幣基金年會的代表，多半也沒有看到馬可仕政權陰暗面的凶兆。年會舉行的一個月前，馬可仕本人就在一家小石油公司——濱海石油公司（Seafront Petroleum）的投機之舉中軋了一角，把一處藏量甚微的油氣探勘結果，說得彷彿是重大發現。[5]伊美黛的親戚艾爾米尼歐．迪西尼（Herminio Disini）因此獲益，馬可仕推升他的商業利益，倒不見得是為了取代舊寡頭，而是增加新寡頭——他的朋黨——為自己提供金錢。迪西尼的艾爾迪西集團（Herdis group）獲得製造香菸濾嘴的專利、林地開採權，旗下公司透過「遵命」（總統之命）從政府銀行得到借款，甚至以西屋電器（Westinghouse）代表的身分，從在巴丹島興建核電廠的協商過程中收取回扣。

馬可仕不像南韓總統朴正熙，朴正熙是以官方的力量，為少數有志於建立新型出口產業的人提供支援，馬可仕則是專注於把專賣權與輕鬆的獲利交出去，讓對方把球做回來給他。正因為如此，伊羅戈的小菸商陳永栽（Lucio Tan）才能透過操弄稅法的方式，讓自己的福川菸廠（Fortune Tobacco）得以稱霸，然後再把不用交給馬可仕的利潤，拿去投入銀行業與釀酒業。與馬可仕同為伊羅戈人的高爾夫球友，菲律賓營建發展公司（Construction and Development Corporation of the Philippines，CDCP）董事長魯道夫．奎納（Rudolfo Cuenca），則是靠灌了水的政府契約致富。（奎納後來為文，對這些年間的事情直言不諱。）馬可仕的法學院友人羅貝托．貝內狄托（Roberto Benedicto），得到糖出口專營權與菲律賓國家銀行（Philippine National Bank）的董事長職位。伊美黛的弟弟「科科」羅慕阿爾德斯（Benjamin 'Kokoy' Romualdez）獲得各種公司的股份，並歷任若干大使職。最誇張的是對椰農的收成開徵椰子稅（Coconut Levy），椰農多半是小地主，將椰子稅繳納給椰農聯合銀行（United Coconut Planters Bank）。銀行本該用這些稅收協助產業發展，實際上卻用來為馬可仕多年的政治盟友，打拉人「丹丁」許寰哥（Eduardo 'Danding' Cojuangco）開拓商業利益。

有些真正的企業家為國付出，像是里卡多．希爾維利歐（Ricardo Silverio），他的三角洲汽車（Delta Motors）直到一九八四年破產之前，一直是本地最傑出的汽車製造商。偏偏裙帶關係與門面人物清單卻有一長串，個個都是千萬富翁：馬可仕與羅慕阿爾德斯家的多位成員、香蕉大王安東尼奧．弗羅連多（Antonio Floirendo）、能源部長格洛尼莫．貝拉斯科（Geronimo Velasco）、奢侈品進口商比恩維尼多．坦托科（Bienvenido Tantoco）、官方藥品供應商姚祖烈（Jose Yao Campos），以及採礦權大戶馬努埃爾．埃利薩爾德（Manuel Elizalde）。這些朋黨跟銀行都有利益糾葛，靠著中央銀行的貼現機制，或是伐木特許權換來過度的放款。

政治上，戒嚴的頭幾年，國內多半沒有異音。地方政治人物雖然不受干擾，但也沒有他們可以發揮的全國性舞台。菲律賓保安部隊（Philippine Constabulary）與地方警力合併為菲律賓國家警察（Philippine National Police），中央政府權力於焉提升。戒嚴實施後，少數年輕理想派逃往山區或投靠新人民軍，都市知識界也低聲表達不滿，但顯然沒有大規模抗議的施力點。

艾奎諾人在監獄，一九七七年遭軍事法庭判處死刑，但美方施壓確保死刑不會執行，一九七九年美國簽訂新的基地租借協議後，艾奎諾也獲准前往美國保外就醫。

一九七八年，全國議會（Batasang Pambansa）終於成立，但議員多為新社會運動黨；不過，希拉里奧・達維德（Hilario Davide，未來的菲律賓大法官）領銜的維薩亞斯反對團體，倒是大勝奧斯梅尼亞家與其他大家族在背後撐腰的一位新社會運動黨候選人。在馬尼拉，有跡象顯示地方投開票所[6]開出的反對派候選人得票數，比官方公布的還要多。

與此同時，軍方主要把注意力擺在國內衝突上。衝突起先多半發生在穆斯林民答那峨與蘇祿。早在戒嚴實施前，當地已經因為穆斯林與來自維薩亞斯群島的基督徒墾戶之間的衝突，而有獨立成立摩洛人政府的呼聲。雙方的緊張關係在一九六八年加劇，來自蘇祿的陶蘇格人應募加入軍隊參與祕密行動，代號「賈比達」（Jabidah），後來卻在科雷希多島的軍營遭到軍方屠殺。戒嚴實施後，當局試圖解除穆斯林與當地達圖麾下民兵的武裝。以陶蘇格人為主體的摩洛民族解放陣線（Moro National Liberation Front，ＭＮＬＦ），在努・密蘇阿里（Nur Misuari）領導下，以蘇祿為根據地，從馬拉那峨人與民答那峨本島的馬京達瑙人之間尋找戰友，發起武裝反抗。馬來西亞沙巴在檯面下為他們提供若干援助，部分是因為同情穆斯林同胞，部分則是回應馬可仕持續宣稱握有沙巴主權的做法。不久前因石油而發財的阿拉伯國家也參與其中。到了一九七五年，反抗軍已控制鄉間，想前往馬拉威（Marawi）、哥打巴托（Cotabato）等城市必須有軍隊護送才能成行。

軍方終究占了上風，雙方在利比亞的調停下表面停火，透過人稱《的黎波里協定》（Tripoli Agreement）承諾給予穆斯林自治權。然而，摩洛陣營在一九七七年分裂，部分人在哈希姆．薩拉馬（Hashim Salamat）的摩洛伊斯蘭解放陣線（Moro Islamic Liberation Front，ＭＩＬＦ）領導下繼續戰鬥，不久後摩洛民族解放陣線也重新拿起武器。摩洛伊斯蘭解放陣線以馬京達瑙為根據地，宗教成分比摩洛民族解放陣線更高。間歇性的小規模行動成了常態。

摩洛議題地理範圍有限，而且與馬尼拉相距太遠。新人民軍則是另一回事。新人民軍原本的大本營距離馬尼拉很近，但是在戒嚴時代很難與地方政治人物打交道，也很難抵擋集中力量的軍事行動，想要茁壯發展就必須遍地開花。儘管西松與布斯凱諾已被捕下獄，新人民軍仍漸漸吸收新人、儲備武器——泰半從軍方手中繳獲。除了呂宋中部之外，新人民軍在科迪勒拉、比科爾、沙馬島、內格羅斯島與民答那峨島中部、南部也很活躍。截至一九八〇年代初期，據估計約有百分之十五的菲律賓人口生活在新人民軍控制或影響力極大的地區，商界會定期繳稅以獲得保護。

天主教聖秩體系對世俗民族主義與社會主義感到憂心，因此起先頗為支持馬可仕，但隨著辛海棉（Jaime Sin）在一九七四年成為馬尼拉總主教（後為樞機主教）之後，教會開始抱持更加批判的態度。與此同時，地方上若干教士深知窮人受的苦難，變得同情新人民軍。

然而，馬可仕政權垮台的根本原因，仍然是經濟的失敗——為了支持馬可仕家族、朋黨的事業，加上伊美黛對於排場和吸睛建物不停歇的熱情，導致菲律賓內外債台高築。技術官僚就和外國銀行業者一樣，他們長久以來認為現有政權雖然有其缺點，但並不比舊社會腐敗，甚至還更有效能。他們也會反對錯誤的政策，但除了阿列杭德羅・梅爾霍之外，就沒有人會批評到讓自己丟官的地步。一九七六年世界銀行年會的鋪張過後，人口年增百分之二的菲律賓，GDP成長率卻放緩到不起眼的百分之五。一九七九年至一九八〇年，全球經歷又一場石油危機，每桶原油價格在一年內翻了倍。這次危機重創菲律賓的程度不亞於一九七三／七四年的石油危機，因為其他商品價格並未因此上揚，而菲律賓早已債務累累，無法抵銷油價上漲的負面衝擊。

還有更嚴重的問題：本國銀行業過度放款給朋黨。華裔金融業者杜威・狄（Dewey Dee）的中型銀行集團在朋黨圈子的邊緣發展，但集團在一九八一年破產，留下大筆債務，債權人包括艾爾迪西集團。紙牌屋逐漸崩塌，艾爾迪西集團、奎納的菲律賓營建發展公司與希爾維利歐的三角洲集團先後被政府收歸國有。乍看之下，技術官僚獲得抵制朋黨的理由，有些銀行因此

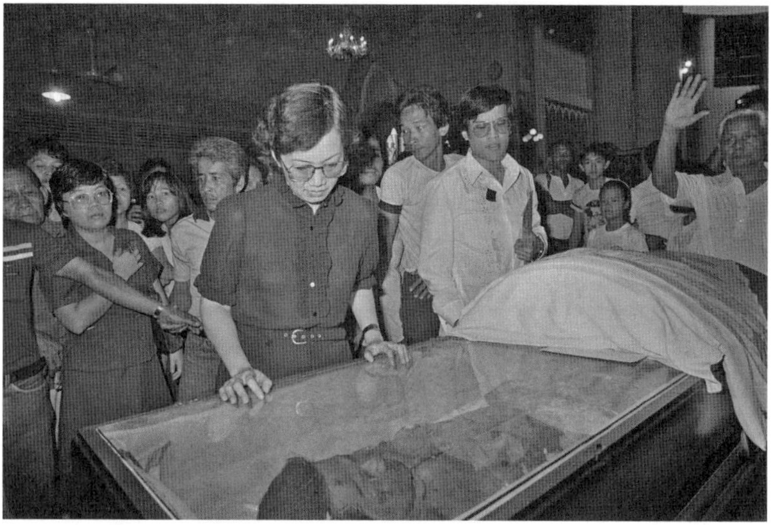

6-2　柯拉蓉看著遭暗殺的丈夫艾奎諾，1983 年 8 月。

結束營運，但朋黨的債務多半是借自亞洲開發銀行的美元，這下子實際上等於是國家買單。

雖然菲律賓經濟已經苦苦掙扎，但若不是因為一九八三年八月的震撼彈，說不定國家還能撐得住這個重擔。艾奎諾決定返回菲律賓，卻在馬尼拉機場停機坪遭槍殺身亡。這場由軍方成員以拙劣手法執行的暗殺行動，幾乎可以肯定出自菲律賓參謀總長兼馬可仕死忠派法比安・貝爾（Fabian Ver）將軍的計畫，至於是貝爾自己採取的行動，還是受到馬可仕（當時正在洗腎）抑或是伊美黛的指示，就不得而知了。

艾奎諾身亡，導致各方對馬可仕政權的態度急轉彎，尤其是華盛頓。此時菲律賓國內不時發生小規模的爆炸案，主導犯案的「點火運動」（Light a Fire movement）跟流亡美國的菲律賓人頗有關聯，但老套的「槍殺」讓人想起舊社會的政局，加上掩蓋手法之粗糙，連不支持艾奎諾的人都感到震驚。馬可仕在事前仍擁有多數民意的支持，但情況在事後發生巨變。

迫於壓力，馬可仕只得任命獨立調查團。調查團多數意見認為確有一場軍事陰謀，貝爾牽涉其中，但馬可仕所指派的法官卻把指控盡數撤銷。這段時間的菲律賓逐漸拮据，經濟在一九八四年與八五年緊縮了百分之七，新人民軍日益茁壯，天主教會則透過真理電台（Radio Veritas）公開表達批判與敵意。失勢的豪強宣洩著自己對新豪強的怒意。此前風平浪靜的馬尼拉中產階級開始波濤洶湧，連上班族與公務員都願意加入示威。

若干青年軍官一方面對暗殺行動感到難堪，一方面對馬可仕派的將領缺乏職業操守感到不滿，於是組成了「軍中改革運動」（Reform the Armed Forces Movement，RAM）。他們跟羅慕斯（Ramos）與向來見風轉舵的恩里萊在檯面下保持接觸；恩里萊擔心，假如馬可仕過世（此時已經歷兩次腎臟移植），伊美黛與貝爾恐怕會試圖奪權。

新人民軍活動益漸頻繁，加上軍事援助落入朋黨的口袋中，華盛頓方面對馬可仕愈來愈厭惡，但人在病中的馬可仕並不打算辭職。他以高傲姿態回應美方壓力，提前舉行總統大選，對上如今以艾奎諾的遺孀——毫無從政經歷的柯拉蓉（Corazon（Cory））為首的反對黨。他胸有成竹，深信自己能透過官方計票單位「選舉委員會」（Commission on Elections，COMELEC）來操縱結果。然而，選舉委員會此時得面對反對黨、中產階級與教會團體組成的民間組織「全民自由選舉運動」（National Citizens' Movement on Free Elections，NAMFREL）的監票。

選舉委員會宣布馬可仕勝選，「全民自由選舉運動」則表示當選的是艾奎諾夫人。「軍中改革運動」於是試圖發動政變，恩里萊與羅慕斯都加入了。反對黨與教會呼籲民眾走上乙沙大道（EDSA，艾皮法諾．德洛桑多斯大道〔Epifanio de los Santos Avenue〕的縮寫），以身為盾，守護軍隊司令部亞奎納多營（Camp Aguinaldo）與羅慕斯麾下菲律賓保安部隊總部克拉梅營（Camp Crame）的譁變者。雙方僵持兩天，愈來愈多部隊倒戈，而馬可仕在貝爾的促請下仍不願全面動武。最後馬可仕接受美方盡速出境的建議，一架美軍直升機將他從馬拉坎南宮（Malacanang Palace）載往克拉克空軍基地，然後轉往夏威夷。馬可仕時代結束了。

最能映照出馬可仕失敗之處的人，並非民主派或上層社會批評者，而是將他與同為獨裁領袖的人相比。印尼總統蘇哈托為一片更遼闊的島群帶來中央集權，更將印尼經濟從低收入國家拉抬到中低收入國家。朴正熙則是全力推動現代化，讓南韓踏上邁向世界一流國家的坦途。此時的菲律賓相較其鄰國，幾乎是全面落後。蘇哈托與朴正熙都讓本國社會改頭換面，此後的

6-3　1986年乙沙起義紀念碑，馬尼拉艾皮法諾．德洛桑多斯大道。

兩國政局不僅大不相同，而且還更加民主。菲律賓的政治則倒退回一九七二年以前的處境，同一批人，同樣的議題與和平秩序的困局。

從一九七六年世界銀行年會後的十年間來看，菲律賓GDP的成長數字就能道出這段失敗的歷史，而失敗的主因泰半要歸諸於馬可仕政權，而非外部事件。其實，這十年對於菲律賓的多數東南亞鄰國，乃至於全球經濟都是快速成長的年代。但菲律賓的GDP成長卻從一九七六年的百分之八點八（年會的提振是部分因素），落到一九八四年與一九八五年的負百分之七。

將馬可仕二十年的執政（一九六五年至八四年）加起來看，菲律賓人均所得年增率

1973	8.9
1974	3.5
1975	5.6
1976	8.8
1977	5.6
1978	5.2
1979	5.6
1980	5.1
1981	3.4
1982	3.6
1983	1.8
1984	-7.3
1985	-7.2

只有百分之二點六，印尼則有百分之四點九，馬來西亞為百分之四點五，泰國為百分之四點二。[7]

注釋

1 轉引自 Sandra Burton, *Impossible Dream: The Marcoses, The Aquinos and the Unfinished Revolution*, New York: Warner Books, 1989, p. 81.

2 Philip Bowring in *Far Eastern Economic Review*, 2 September 1973.

3 一合萬大約為一百公升或四十五公斤的未脫殼稻穀。

4 Philip Bowring in *Far Eastern Economic Review*, 8 October 1976.

5 Andrew Davenport and Lindsay Vincent in *Far Eastern Economic Review*, 1 October 1976.

6 筆者當時人在馬尼拉，曾親自走訪數個投開票所。

7 *World Development Report* 1986, World Bank/Oxford University Press. *Development Report* 1986, World Bank/Oxford University Press.

〔第七章〕蛇隨棍上

馬可仕政權結束，許多人額手稱慶。雖然他的倒台追根究柢是一場軍事政變，但國內外都把此事譽為一場人民力量革命（People Power Revolution）。菲律賓人能夠拿回失去的自由，過往以非法途徑取得的資產也要物歸全民，或是戒嚴之前的原主。菲律賓得以展望新局，有憲法、國會與獨立的司法，竊者要連本帶利賠償。

然而，新局說比做容易，畢竟新政局的起頭就是舊名字的復歸，像是霍維托．薩隆加、薩瓦多．勞瑞爾（Salvador Laurel），以及艾奎諾家等眾多世家大族。在這個框架中有兩位戒嚴時期的要人——恩里萊與羅慕斯，而「軍中改革運動」系的軍官則在背後運作。教會、馬尼拉中產階級、馬卡蒂商業菁英、非共產黨的左派、民族主義者、反美知識分子——來自四面八方的人齊聚乙沙大道，個個希望對未來有發言權。省籍、家族、法學派，加上過往國民黨、自由黨的分野，友好、敵對與義務，錯綜複雜。

菲律賓總統柯拉蓉個人備受各界讚譽。她真心投入改革，為人誠實，追求自由大業，對政治也有一些天分，但她不是行政長才，也不善於讓閣員專心致志、誠正信實。她不是呼風喚雨的人物，而是試圖在彼此衝突的利益中穿梭領航的人。與此同時，馬可仕派與因為馬可仕而受益的人，則挾其龐大財富，阻撓歸還不當得利的艱鉅任務。

柯拉蓉履行了言論自由的承諾，並設立委員會以起草新憲法。新憲法以微小差距勝過議會制方案所提出的新憲法，與一九三五年憲法出奇相似——設置兩院，正副總統分開選舉，任期為六年——於一九八七年初經公投通過。總統握有大部分行政權，並掌控「配合款」（'discretionary' funds，其實就是特別費）。最高法院有權審查法律是否合憲。眾議院有百分之二十席次將保留給功能團體，而非區域代表。這種所謂的政黨名單（Party List）比例代表制，是為了讓農、工與各種專業利益團體有更廣泛的代議能力。新政府對農業改革有正式但不明確的承諾，嚴格限制外資，此外對財富均分、終結政治世家亦有口頭承諾。

新憲法之下的選舉，基本上就是前戒嚴時期的大族捲土重來，導致農業改革實質上罕有進展。椰子稅與糖業專營等馬可仕時代的無度需索畫下句點，政府為了將不當取得的資產物歸原主，成立了總統府廉政委員會（Presidential Commission on Good Government，PCGG），但社會結構大致不變。

柯拉蓉特赦新人民軍，促使許多人放棄武裝抗爭。有些共黨幹部因為遭懷疑是政府間諜（但通常不是事實）而遭暗殺，這種偏執心態也傷害了共黨活動。不過，軍方仍舊視共產黨為重大威脅。一九八七年初，農民在馬拉坎南宮附近的門迪奧拉（Mendiola）示威，結果遭到軍方強力鎮壓，導致約十二人身亡，五十人受傷。農民的訴求是加速農業改革的進程，他們也得到學生等各界的支持。這些死傷令柯拉蓉的總統任內始終無法甩開陰影，人們懷疑早已根深蒂固的地主利益團塊（包括艾奎諾家）是否真會接受大幅改革。門迪奧拉發生的事情導致全國民主陣線（National Democratic Front，NDF，代表菲律賓共產黨、新人民軍與相關左派人士）立刻退出與政府的談判。如今回顧，門迪奧拉的鎮壓形同終結了數十年來左派與民主政治徹底整合的機會。

對柯拉蓉來說，迫在眉睫的威脅來自軍方內部。一九八六年與一九八七年幾次政變未遂，羅慕斯都堅定站在反政變的陣營。一九八七年，心有不滿的「軍中改革運動」軍官格雷戈里歐．洪納山（Gregorio Honasan）兵變，據信恩里萊牽涉其中。這場造成五十多人死亡的政變，發生在菲律賓共產黨領袖西松獲釋之後。幾次的震撼，把柯拉蓉推向叛亂軍官要求的強硬反共立場。新人民軍停火結束，軍方與左派展開新一輪的惡戰，義警民團再度出現（類似馬可仕時代的平民鄉土自衛隊〔Civilian Home Defence Force〕）。未遂的政變與對政變主謀者的寬大處理，顯示柯拉蓉的人氣並未化為實權。

一九八七年根據新憲法舉辦的大選中，反對派只有兩名參議員當選——向來雄心勃勃的恩里萊與影星約瑟夫·艾斯特拉達（Joseph Estrada）。眾議員的選舉結果基本上是地方大族的回鍋。以政黨論，執政的人民力量黨（Lakas ng Bayan）聯盟贏得國會多數席次。舊有的自由黨、國民黨稱霸局面已然消失，好幾個新政黨出現，許多無黨候選人當選。未來的政治模式就此成形，自利的、比拚人氣的政治勝過了穩定的政黨體系。左派則是透過政黨名單代表制，由人民黨（Partido ng Bayan，後來的人民優先黨〔Bayan Muna〕）發出微小的聲音。

當局起草了一部相當激進的土地改革法案，將糖業與椰農地納入，但一般認為施行這項法案太難，成本也太高。國會內的地主利益階級對此亦強烈反對，內格羅斯的糖業大亨們抵制尤甚。國會通過了修正版，但不僅把糖業與椰農用地排除在改革之外，內容更有其他漏洞。資金的缺乏阻止了法案的實施，而柯拉蓉也未能帶頭把自己家族在打拉的大莊園——路易西達莊園（Hacienda Luisita）的土地分配出去。

整體來說，由於主流經濟學家與央行總裁把重點擺在重振既有體系，大規模經濟改革很快就不在施政目標中。柯拉蓉從馬可仕政府手中接下的經濟並不穩定，技術官僚盡了力，卻仍然債務累累。執政之初，政府面對是否要拒不履行因馬可仕收取回扣而欠下的外債。這種做法雖然站得住腳，但也意味著政府必須配合美國銀行業者、世界銀行與國際貨幣基金，一般認為後兩者的協助必不可少。此外，一旦這麼做，恐怕也會讓未來的外資感到卻步。

外界批評政府在債務協商時態度不夠堅定，而此說也並無不妥。外債重壓本國經濟十年，吃掉了政府半數的歲入。由於避稅普遍，稅收力道始終孱弱。在巴丹核電廠即將完工時中止興建，不僅讓菲律賓多了一筆龐大債務，也造成電力短缺。各方原本預期外資會隨著乙沙人民革命而來，資金卻姍姍來遲，這一部分是因為新憲法對外資的限制。國債讓利率維持在高點，造成國內貨物與服務需求蕭條，導致產業失靈。

為有別於馬可仕時代，當局一方面對於政府干預抱持謹慎態度，同時放寬關稅限制，雖然耗費許多時間，但終究有助於為出口製造業吸引投資。整體GDP成長表現平平，減貧方面的進步也不大。

雖然利益團體與恩庇關係仍過度影響部會的決策，但某些政府部門也反映了中產階級教育程度的成長，展現出高度的政治中立與專業。相較於伊美黛及其朋黨的年代，專業女性的表現如今更為突出。

事實證明，解決不法財產問題可謂難如登天，而假扣押資產（如菲律賓航空與食品業龍頭生力集團〔San Miguel〕股份〕的控制也引發各方角力與貪腐。一開始，總統府廉政委員會由參議員薩隆加擔任主席，態度積極，假扣押了許多企業，並與佛倫多、貝內狄托與姚祖烈等少數朋黨達成協議，讓他們交還部分不法之財。政府在紐約與瑞士發起司法行動，但兩國法院幫助不大，追討進度緩慢。馬可仕家族不僅錢藏得好，又有律師團的保護。馬可仕與伊美黛在紐約被控詐欺與勒索，但馬可仕在一九八九年九月過世，連帶促成伊美黛後來得到無罪開釋。

在社會上層，一旦洛佩茲家、奧斯梅尼亞家與幾個遭扣押的家族拿回原本的財產之後，他們對於前政權的憤慨與全面追討的主張也就消退了。菲律賓是個寬以待人的社會，家族與其他紐帶顯然比原則更有力。馬可仕時代獲利頗豐的陳永栽與「丹丁」許寰哥等人，把自己的財富妥妥藏在境外。他們同時關注本國的新契機：菲律賓披索貶值，從一九八五年的十四披索兌一美元，貶值到一九九〇年的二十八披索兌一美元。對於手中握有美元的人來說，他們的購買力也就更強了。馬可仕時代的人物逐漸回歸，像許寰哥與伊美黛便先後在一九八九年與一九九〇年回到菲律賓。

後馬可仕時代的自由，足以讓大多數國民服服貼貼；雖然大族政治與買票依然盛行，但民眾仍積極參與巴朗蓋村里與省級選舉。國際社會對於乙沙人民革命後建立的新民主體制抱持善意，對菲律賓情勢幫助不小。滾滾流入的外援通常是經由非政府組織與社區組織而來。在政府資金短缺的情況下，外援與地方非政府組織仍然透過合作，取得若干社會福利的進展。

出口額與僑匯穩定成長，但整體經濟仍因債務負擔而成長緩慢。政府對於興建新電廠態度猶豫，又取消了巴丹核電廠，因此不時供電減壓，影響生產與整體經濟士氣。寬鬆的貨幣政策，加上波斯灣戰爭引發油價上漲，導致披索在一九九〇年重貶。

柯拉蓉時代的 GDP 成長率

1986	3.4
1987	4.3
1988	6.7
1989	6.2
1990	3.0
1991	-0.5
1992	0.3

柯拉蓉的任期以一連串的天災作結。一九九〇年，呂宋島地震造成約一千五百人喪生；一九九一年六月，皮納圖博火山爆發，是全球二十世紀規模第二大的火山爆發。除去立即的生命財產損失，後續因颱風豪雨引發的火山泥流（從山坡上沖刷下來的火山灰）不僅淹沒上萬公頃的良田與村落，死者更是數以千計。

此外，柯拉蓉也在政治上遭遇生涯最大挫敗，而這次挫敗也帶來長遠的影響。參議院否決了美軍基地的延租。她過去曾反對延長租期，但如今身為總統，加上有羅慕斯的支持，她轉而爭取締新約。不過，由於對「美帝」的舊有民族情緒，加上見風轉舵的恩里萊與崇拜馬可仕的艾斯特拉達聯手反對，延租以十一票對十二票遭到否決。這場表決投的是情緒，而非國防議

7-1　巴科洛爾（Bacolor）的教堂，在皮納圖博火山爆發後遭火山泥流掩埋。

題。少了美國支出的軍費，菲律賓經濟更是雪上加霜。

不過，柯拉蓉依舊拿下最後一場勝利，然後才帶著清廉的名聲卸任，留下民主的空間。她猶豫片刻後，還是支持羅慕斯為自己的繼任人選。羅慕斯僅以百分之二十三點五的選票勝選，稍微領先第二名的米莉安・迪芬索－桑迪亞哥（Miriam Defensor-Santiago，一位口若懸河但反覆無常的律師），第三名則是捲土重來的「丹丁」許寰哥。連伊美黛都拿到了百分之十的選票。霍維托・薩隆加、拉蒙・米特拉（Ramon Mitra）與薩瓦多・勞瑞爾等舊政黨候選人都被拋在後頭。雖然羅慕斯屬於保守派，但柯拉蓉的支持為他帶來自由派與反馬可仕派的選票。同時，擁有媒體知名度的政壇新人和政治大族競爭副總統與參議院席次，反映了新型民粹政治的出現。前影星艾斯特拉達輕鬆擊敗一名奧斯梅尼亞家與兩名麥格塞塞家的候選人，贏得副總統選舉。

擔任總統的羅慕斯事必躬親，迅速解決用電問題（只是代價高昂），並著手經濟自由化，試圖吸引新一批外資。他深知菲律賓已遠遠落後若干鄰國，並把原因歸結於體制讓「擁有政治影響力的人得以輕鬆榨取財富」。羅慕斯與國家安全顧問荷西·阿蒙特（Jose Almonte）將軍攜手合作，力圖透過與世界貿易組織（World Trade Organization，WTO）和東南亞國協（Association of Southeast Asian Nations，ASEAN）的協議，推動貿易自由化與國營企業民營化，以國家的力量挑戰寡占。

菲律賓始終難以登上「虎經濟體」（tiger economy）的層級，但在羅慕斯執政下，菲國經濟確實有所好轉，不僅私人投資回流，央行經歷完全重建，銀行體系的改善隨之而來。雖然固定匯率是為了吸引外國借款，但也帶給人一種穩定的感覺。羅慕斯也對專營發動第一波攻擊，開放電信業競爭。截至一九九八年，新加入的電信業者已經為菲律賓帶來國際電話交換機、固網、手機、網際網路、衛星電視等服務。電信革命刺激了BPO產業的發展，對政治影響深遠。不過，私有化也讓既有菁英有機會擴張勢力，像陳永栽就收購了菲律賓航空。

關稅的降低也扼殺了若干長期受到保護的本國製造業。以汽車製造業而言，支離破碎的菲律賓很難與泰國等中央集權、位置有利的國家競爭。菲律賓也不像馬來西亞，國內沒有石油與天然氣收入能支持重工業。正式部門的薪資遠高於中國與越南。菲律賓糧價更貴，正式與非正式部門之間的薪資差異也更大。本國經濟的另一個問題是走私，而商人遭到綁架（多半是華裔商人）也傷害了投資信心。

從樂觀面看，部分政府收入與職能的去中心化，有助於宿霧、三投斯將軍市（General Santos City）等若干二線城市的發展。然而，這也意味著整體貪腐的分散。對羅慕斯而言，跟國會打交道仍不免得政治分肥，而他的「大政府」在收稅方面也沒有比前任有效多少。政府與摩洛民族解放陣線（MNLF）達成新的協議，成立民答那峨穆斯林自治區（Autonomous Region of Muslim Mindanao，ARMM），從而減少民答那峨的暴力情事，但亦有新的聖戰與綁架犯組織——以蘇祿群島為大本營的阿布沙耶夫（Abu Sayyaf）出現。農業改良進展不多，而對於緩慢的土地改革究竟是幫助抑或妨礙農業發展，各界莫衷一是。貧窮與社會福利議題的先後順序，也比柯拉蓉執政時來得低。不過，羅慕斯堅持推動計畫生育的權利，他在一九九三年推行的措施，為十九年後的《生育健康法》（Reproductive Health Act）鋪好了道路。

羅慕斯年代隨著一九九七／九八年的亞洲金融風暴畫下句點。與鄰國相比，菲律賓的存活

羅慕斯時代的GDP成長率

1993	2.1
1994	4.4
1995	5.8
1996	5.2
1997	-0.5
1998	3.1

表現更好，只有GDP在一九九八年小跌。後馬可仕時代十年的恢復與勵精圖治，意味著菲律賓外債少，銀行體系相對健全。羅慕斯時代的後半出現經常帳赤字增加與寬鬆貨幣政策，披索兌美元匯率在亞洲金融風暴期間從二十八比一跌落到四十比一，但跌幅相較於亞洲多國貨幣已屬輕微，而且沒有造成嚴重違約。

羅慕斯亦得因應基地條約結束後的預期反應：中方搶占明顯的權力真空。一九九四年底，中國占領距離巴拉望海岸一百三十五海里的美濟礁（Mischief Reef）；菲律賓宣稱擁有美濟礁主權，而美濟礁也確實坐落在菲國的兩百海里專屬經濟區範圍內。菲律賓強烈抗議，但此外卻無行動。有人提議在呂宋島外海的斯卡伯勒灘（Scarborough Shoal，菲國稱為寧靜礁〔Panatag〕）興建燈塔與其他設施，以彰顯菲方權利，但提案被內閣擱置。外交部長多明戈．西亞松（Domingo Siazon）反對最力。據阿蒙特表示，西亞松有望獲選為下一任聯合國祕書長，因此不想觸怒中國。[1]

羅慕斯的另一大敗筆，在於未能培養出能勝選的繼位者。當權派認為，輕鬆贏得副總統一職的前影星艾斯特拉達，並不適合擔任總統。「修憲」的想法開始浮現——有人提倡調整國會制度，讓羅慕斯能獲選擔任首相。羅慕斯自己的立場則模稜兩可。到頭來一切照舊。羅慕斯屬意自己的參謀總長雷納托．德比利亞（Renato de Villa），但他所屬的人民力量黨卻選擇眾議院議長何塞．德貝內西亞（Jose de Venecia）。總之，在這場有十人參選的總統大選中，艾斯特拉達以百分之三十九的選票大勝其他對手。人民力量黨的副總統候選人，前總統之女葛羅莉亞．馬嘉柏皐－雅羅育（Gloria Macapagal-Arroyo）贏得選戰。

艾斯特拉達的人氣，是從過去出演影集、電影所累積起來的。他總扮演伸張正義、替天行道的正派角色。現實中的他很討人喜歡，平易近人，喜歡參加派對，是個有點痞的人物。他的外號「Erap」，其實就是把地方俚語對「朋友」或「兄弟」的稱呼「pare」倒過來拼。他宣稱要為都市裡的窮人代言，窮人們也相信他的話，但在背後支持他的其實是馬可仕的朋黨許寰哥與陳永栽。在大眾傳播時代掛著這張面具，足以勝過名流大姓。其他娛樂圈與運動界名人也紛紛在一九九八年的選舉中勝選。以艾斯特拉達的情況來說，理想與實際實在相去甚遠。他對友人太過放縱，結果讓人不貪白不貪；他也不夠堅持，難以領先自己的政敵。選舉時，各式各樣的利益團體紛紛集結在他的陣營，讓他在不需要政黨奧援的情況下當選，但曾經的優勢卻成了致命傷。

政策方面改變不大。景氣逐漸走出亞洲金融危機，ＢＰＯ部門與僑匯恢復強勁成長。艾斯特拉達承諾更加自由化，成效不大，但也沒有退步。從宏觀層面而論，雖然在貧窮與社會問題上沒有實質進步，但經濟體足夠健全。他對民答那峨的摩洛伊斯蘭解放陣線（MILF）與蘇祿的阿布沙耶夫發動攻勢，讓美軍返回菲國提供訓練與支援。外交政策一如既往，外交部長也仍舊是西亞松。

艾斯特拉達的問題，在於把自己擔任仙範市（San Juan，馬尼拉大都會的一部分）市長的做法拿來治國。任職總統之後，他對超過五千萬披索的合約都有決定性的影響，從馬拉坎南宮把合約交給各式各樣的友朋故舊與商人，期待他們投桃報李。許寰哥得以拿回先前用椰子稅基金取得的生力集團股份，另外陳永栽也得到不少好處。

許多人對這類陋習司空見慣，但認為其他的舉動就有失總統的體統。艾斯特拉達不只懶惰出了名，而且酗酒嗜賭，還用友人的房子跟自己的眾多情婦幽會。他最後敗在酒友的背叛之下——南伊羅戈省長「查維特」幸森（Luis ‘Chavit’ Singson）宣稱自己曾經給艾斯特拉達數百萬的非法賭金。

這番自白引發國會對總統的彈劾案，但在提交關鍵證據時，參議院以一票之差否決了證據的提交，彈劾因此沒有通過。教會、非政府組織、馬尼拉中產階級與左派隨後組織另一場人民力量示威，人稱「二次乙沙」（EDSA 2），大批群眾要求他下台。軍方與最高法院支持罷黜總統，馬嘉柏臯－雅羅育於是在二〇〇一年成為總統；但對支持艾斯特拉達的都市窮人來說，這不過是菁英的報復。

艾斯特拉達後來因各種罪名遭到起訴，結果又有大批群眾重回乙沙表示對他的支持。這場「三次乙沙」（EDSA 3）持續了好幾天。雅羅育宣布國家進入「戡亂狀態」（state of rebellion），以武力驅散了群眾，數人喪生，多人受傷。二次乙沙與三次乙沙凸顯出遠比艾斯特拉達更嚴重的問題——憲政體制脆弱，群眾與中產階級改革派之間又存在一道鴻溝。左派當年未能支持一次乙沙，如今又錯挺二次乙沙，顯見他們跟都市裡的窮人關係並不融洽。二次乙沙出發點雖好，卻未能長久改善施政問題，反而顯示制度如何受到操弄。（二〇〇七年，艾斯特拉達的經濟掠奪罪名成立，但雅羅育一下子就特赦他。）

二次與三次乙沙中大獲全勝的其實是社會與經濟現狀。馬可仕時代的朋黨毫髮無傷，而艾斯特拉達的妻子、他的警察總長潘費洛·拉克森（Panfilo Lacson）、恩里萊的側近埃德加多·安加拉（Edgardo Angara），以及曾經譁變的格雷戈里歐·洪納山甚至在二〇〇一年五月選舉中盡數當選參議員。由於二次乙沙聯盟分裂，馬可仕派勢力仍強，雅羅育必須在國會中集結各種勢力，而主要則是透過「政治分肥」——將總統的裁量款分給國會選區。連幸森都獲得國家安全副顧問一職作為回報！

經濟學家出身的雅羅育，為總統一職賦予一絲專業氣息。菲律賓經濟溫和成長。二次乙沙時，披索兌美元匯率曾驟跌至四十比一，但之後相對穩定，持續二十年，這是因為中央銀行徹底改造，加上政策制定者以保守態度管理的成果。二〇〇三年，時為海軍中尉的安東尼歐・特里蘭斯四世（Antonio Trillanes IV，未來成為參議員）兵變不果，無法激起民眾或上級軍官的支持。雅羅育努力與穆斯林民答那峨尋求和解，以求在二〇〇一年美國九一一攻擊事件餘波中，能夠阻擋蓋達組織（al-Qaeda）的新聖戰主義威脅。雅羅育試圖擴大民答那峨穆斯林自治區以確保局勢穩定，但因地方的反對意見與最高法院而受阻。

雅羅育積極參與後九一一時期美國的「反恐戰爭」，根據《軍事訪問協議》（Visiting Forces Agreement）擴大與美方的軍事合作，但她也不敵中國的魅力，同意與中國海洋石油公司（National Offshore Oil Corporation，CNOOC）共同探勘菲律賓經濟海域。基本上，《聯合海洋地震工作協議》（Joint Marine Seismic Undertaking，JMSU）在繞過外交部的情況下簽訂，等於對中國大開後門。協議於二〇〇八年到期時，雅羅育呼籲國會迅速展延協議，但國會內的左派主張協議違憲，向最高法院上訴。[2]

當權派對雅羅育的表現感到滿意，足以讓他們在二〇〇四年大選中支持她再任完整任期。她在這次大選的對手，是另一位一心想模仿友人艾斯特拉達的影星。費爾南多・波伊

（Fernando Poe）的優勢，在於他的妻子是影壇巨星蘇珊．羅塞斯（Susan Roces），但他自己倒沒有艾斯特拉達那種威風凜凜的形象。參選的人還有拉克森（此時擔任參議員的他，正身陷艾斯特拉達執政時法外處刑的指控中）、改革派參議員勞爾．洛可（Raul Roco），以及富有的福音派布道師艾迪．比利亞努埃巴（Eddie Villanueva）。

雅羅育以百分之三十九點九的選票，勝過波伊的百分之三十六點五。雅羅育與選舉委員維吉利歐．加西利亞諾（Virgilio Garcillano）之間的對話遭到錄音——人稱「哈囉加西」（Hello Garci）錄音——似乎坐實了操弄計票的指控。其實她能夠勝選，或許主因還是她深耕與地方勢力把持者的關係，例如不久後暴得惡名的民答那峨安帕圖安家（Ampatuan clan）。「哈囉加西」的汙點始終無法抹除，期間還有其他各種醜聞涉及政府中人，但彈劾的力道仍然不足，民眾對於乙沙式的行動也已不抱期待。

究竟要恪守憲政體制，還是走其他途徑追求權力？全國上下表現出大不相同的態度。參議員的看法相當分歧，何況他們更關心個人仕途而非政策原則，而曾經兵變的洪納山與特里蘭斯甚至在二〇〇七年成為參議員。眾議院裡有少數堅定不移的左派，是透過政黨名單制度入選的全國民主陣線成員。有時候，政壇會形成非正式的聯盟，通過有效的改革法案，但雅羅育政府整體施政品質遠遜於羅慕斯時代；儘管她承諾改革，但她也是問題的一部分。她的丈夫「米奇」雅羅育（'Mike' Arroyo）同樣有所牽連。

兩名市長在這樣的背景之下以效率脫穎而出。大堡市長羅德里戈・杜特蒂融合家族影響力、巧妙的結盟手法以及無情於一身，打擊政敵與罪犯，標榜自己治理的城市是秩序與發展的第一名。另一位是林炳智（Jesse Robredo），他憑藉在那牙市（Naga City）施政成績，成為全國市長會會長。林炳智出身尋常人家，是眾人心中非政治世家的新領導人典範。天秤另一端的杜特蒂，則反映出法外私刑依舊持續且廣泛施用的現實。新人民軍仍活躍於若干鄉村，牽制了大部分的軍隊。全國與地方層級的政府都參與了暗殺左派組織者的計畫。光是二〇〇六年，據報就有超過八百起法外處決，死者多半是菲律賓共產黨與全國民主陣線同路人，像是工運人士、學生、非政府組織活動者與記者。菲律賓共產黨遭受嚴重打擊，不過非共產黨的左派卻也未能取得進展。左派的全國性主張在選區得到的支持有限，而政黨名單席次數量也不足以讓他們在眾議院中成為一股勢力。傳統政治勢力漸漸掌握多數的政黨名單席次。

某些地區的政壇大老仍保有私兵，與軍警往往達成默契。二〇〇九年，馬京達瑙的安帕圖安家殺害五十八人，其中大部分是記者，以及政敵曼古達達圖家（Mangudadatu family）的成員與支持者。儘管證據確鑿，當局卻花了十年才將部分涉案者定罪。軍閥掌權的現實展露無遺。

整體來看，菲律賓經濟表現穩定，但上揚的勢頭卻在二〇〇八年全球金融危機的打擊下告終。過去留下的公債還款緩慢，歲入卻難以累積到基礎建設或社會發展所需的大筆資金。海關與稅收部門貪腐知名遠揚，稅收比應收數額短少百分之二十至四十。與此同時，選區議員可以左右地方層級的建設，而中央預算中為此直接支付的款項，則有不少百分比落入政客的口袋。

一九九七年至二〇〇二年間，稅收占GDP的比例從百分之十九跌至百分之十二，然而行賄並非影響稅收的唯一問題。無論是國會通過的稅收減免，或是提供之後從未收回的投資獎勵，還是未能因應通貨膨脹而對稅率、規費做出調整，統統都是導致稅收無力的原因。整體而論，得益的是富人，而窮人則因為健康、教育與基礎建設缺乏支出而蒙受損失。

僑匯與BPO服務持續成長，讓標題GDP與美元收入表現亮眼，但這兩者多半是個人的努力，而非政府政策的成績。僑匯金額從二〇〇一年的六十億美元成長到二〇一〇年的一百八十億美元。同樣十年間，工齡人口總共增加百分之二十五，相當於年增百分之二。整體勞動力參與率穩定保持在百分之六十一，不過女性的就業率有所提升。

任期的結束愈來愈近，雅羅育也和當年的羅慕斯一樣，為了繼續掌權而起心動念，想改總統制為議會制。但一起涉及她丈夫與中國企業中興通訊（ZTE）有關的電信合約弊案，加上不久後二〇〇八年全球金融危機，都對經濟造成短暫但嚴重的震撼。二〇一〇年大選逼近，政治遊戲再度翻盤。地位崇高的柯拉蓉在二〇〇九年八月辭世，提醒菲國人兩件事情：一是對抗獨裁的鬥爭，二是不見得所有政治人物都是騙子與小偷。

實質 GDP 成長率

2001	2.9
2002	3.6
2003	4.9
2004	6.7
2005	4.7
2006	5.2
2007	6.6
2008	4.1
2009	1.1

注釋

1 荷西．阿蒙特的說法，轉引自 Marites Danguilan Vitug, *Rock Solid: How the Philippines Won its Maritime Case Against China*, Quezon City: Ateneo de Manila University Press, 2019, p. 18.

2 Ibid., pp. 70–6.

〔第八章〕

直線與路障

柯拉蓉過世後，人們對於她的無私與誠實迸發出懷念的情緒，進而期待她的兒子——野心有限的自由黨參議員艾奎諾三世，能夠匡正風氣，多少恢復被艾斯特拉達與雅羅育所玷汙的總統職位。自由黨本來的候選人，前總統羅哈斯的孫子「馬爾」馬努埃爾·羅哈斯（Manuel 'Mar' Roxas）則讓賢給艾奎諾三世，改選副總統。

艾奎諾三世輕鬆以百分之四十二的選票勝選，但先前黯然下台的艾斯特拉達也展現自己的人氣根柢，以百分之二十六的選票名列第二。雅羅育屬意的人選，也就是她的國防部長吉爾伯托·特奧多羅（Gilberto），則僅獲得百分之十一的選票。不過，對於操守的要求卻沒有涵蓋到副總統選舉——馬卡蒂市的大老傑衷瑪·比奈（Jejomar Binay）雖然被控瀆職，培植家族勢力，卻仍然擊敗羅哈斯，當選副總統。

艾奎諾三世顯然渴望政府能更廉潔。受到自己大勝的鼓舞，這位新總統著手對雅羅育時代一些最嚴重的不法行為提起訴訟，最引人注目的就屬雷納托・科羅納（Renato Corona）彈劾案。雅羅育在任期即將結束時任命科羅納為首席大法官，此舉不無違憲爭議。由於科羅納無法揭露其資產來源，只有三名參議員對彈劾投下反對票。

雅羅育任命的監察使梅塞迪塔斯・古鐵雷斯（Merceditas Gutierrez），則是因為積欠眾多案件而遭到眾議院彈劾，但她在審理前就辭職了。陸軍將領卡洛斯・加西亞（Carlos Garcia）遭到軍事審判，因掠奪而獲判十一年徒刑。雅羅育則被控掠奪國家資產，在二〇〇七年選舉中用於資助其候選人。從二〇一二年至二〇一六年，她在各家醫院間輾轉監禁，直到杜特蒂當選後不久，最高法院才判處她掠奪罪名成立。

這些反貪腐行動，讓都市中產階級與外國輿論津津樂道。以國際透明組織（Transparency International）的清廉印象指數（corruption perceptions）排名而論，在一百七十五個國家當中，菲律賓從二〇〇九年的一百三十九名，爬升到二〇一五年的九十五名。政府與半官方組織內的用人之所以有更多專業人士，而非政治酬庸，一般認為是艾奎諾政府的功勞。艾奎諾三世任內，財政部長都是塞薩爾・普利斯馬（Cesar Purisima，因為對「哈囉加西」事件不滿而從雅羅育政府中辭職），而曾經調查杜特蒂「大堡行刑隊」（Davao Death Squads）的人權委員會

（Human Rights Commission）前主席萊拉．德利瑪則出任司法部長。幹練的內政部長林炳智頗有人望，卻在二〇一二年死於飛機失事。

馬卡蒂商會（Makati Business Club）調查顯示起碼有若干部會運作良好，但不包括警方、上訴法院或海關。稅收工作有所改善，菲律賓國稅局（Bureau of Internal Revenue，ＢＩＲ）也對更多逃漏稅案件展開調查，但定罪程序相當緩慢。稅收占ＧＤＰ比例，從二〇一〇年的百分之十四點八，提升到二〇一六年的百分之十七點〇。海關部門則繼續抵抗改革行動。關稅在艾奎諾三世任期後半提升，但菲國本身與出口國的數據之間有嚴重落差。

不過，政府自稱廉潔，卻也不見得禁得起檢驗。總統的立意是一回事，現有政治體制就是要給立法者回饋。二〇一〇年與二〇一三年的選舉，雙雙顯示政壇大族仍牢牢掌握眾議院，掌握省市長的選舉。兩院中守舊派的姓氏，就有恩里萊、艾斯特拉達、馬可仕、雅羅育與幸森。

想在眾議院達到可以實際運作的多數票，就需要給億元回饋。議員配合款已行之有年。這種資金的正式名稱叫「優先發展援助基金」（Priority Development Assistance Fund，ＰＤＡＦ），但一般人稱之為「政治分肥」（pork barrel）。款項的支出掌握在總統手中——總統自己也有一筆獨立的基金供其運用。據信，這類基金有百分之二十至百分之五十入了議員的口袋。早在一九九六年，《每日詢問者報》（*Inquirer*）曾報導本應用於興建學校、修築道路的資金中有多少成了回扣。直到二〇一三年，情況依舊如此——《每日詢問者報》詳細報導女商人珍妮．納布禮斯（Janet Napoles）如何憑藉捏造不存在的建設計畫，獲得數百、數千萬的ＰＤＡＦ資金。參議員恩里萊、雷比利亞（Revilla）、艾斯特拉達、馬可仕與洪納山都涉及這起醜聞。審計委員會（Commission on Audit）調查後，少數人遭到委員會以搜刮掠奪的罪名起訴，包括恩里萊在內；這項罪名按理上不能保釋，但恩里萊卻沒有入獄。雷比利亞與艾斯特拉達遭執，直到在杜特蒂執政時才上訴到最高法院並獲釋。最高法院裁定ＰＤＡＦ不合法，但這種做法仍以其他形式存在。

納布禮斯詐欺案雖然眾所矚目，但只有樂觀的人才會認為菲律賓正往善治大步邁進。許多人認為逮捕涉案者是出於政治動機。政治分肥太過猖獗，光是關注納布禮斯名單還不夠，而艾奎諾三世的支持者也免不了醜聞。改革派與技術官僚的想法，跟政治的現實產生衝撞，而現實的基礎是人情網絡，是在政壇上較勁所需的花費。行政與立法的勾結，傷害了後者的監督角色，但雙方互通有無的做法是政治圈資金的重要來源，很難完全杜絕。

艾奎諾三世過度縱容友人與親戚，判斷力不佳又缺乏決心，削弱了已經展開的若干改革，對此他責無旁貸。幾名部長表現差勁卻能留任。農業部長普羅塞科．阿爾卡拉（Proceso Alcala）被控為大有問題的計畫背書，交通部長約瑟夫．阿巴亞（Joseph Abaya）簡直無能；

身為自由黨資深黨員，兩人都不動如山。

重人情甚於程序，為艾奎諾三世帶來最大的失敗。政府與摩洛伊斯蘭解放陣線（ＭＩＬＦ）就摩洛民族區（Bangsamoro region）的成立簽訂框架協議，這是艾奎諾三世的重要政績。針對摩洛民族區與馬尼拉政府的關係，以及摩洛伊斯蘭解放陣線解除武裝等重要議題的細節，菲國政府得到馬來西亞、美國與印尼的支持。隨後協議進入國會審查。

接著在二〇一五年一月二十五日，馬京達瑙發生馬馬薩帕諾大屠殺（Mamasapano massacre），菲律賓警方特別行動部隊（Special Action Force，ＳＡＦ）有四十多名員警喪生，震驚全國。ＳＡＦ此次行動，是為了逮捕一名馬來西亞伊斯蘭主義者，此人當時正處於摩洛伊斯蘭解放陣線的分離團體「摩洛民族自由鬥士」（Bangsamoro Islamic Freedom Fighters，ＢＩＦＦ）的庇護下。糟糕的情報工作，導致ＳＡＦ部隊遭遇摩洛伊斯蘭解放陣線與摩洛民族自由鬥士的戰士。主持這次行動的是艾奎諾三世的友人，警察總長亞倫・普利斯馬（Alan Purisima），雖然此時他正因為收賄嫌疑，遭到監察使公署（Ombudsman）停職當中。普利斯馬與總統都沒有知會軍方，更別說諮詢了。艾奎諾三世此前的高支持度在此次事件中瓦解，《摩洛民族基本法》（Bangsamoro Basic Law）的推動就此擱置，國會裡的反穆斯林情緒高漲。警方與軍方的關係進一步惡化。

艾奎諾三世在社會問題方面比較成功，只不過步調比新聞標題所表示的還要慢。其中最重要的是《生育健康法》的通過，政府雖表示支持，但艾奎諾三世本人的態度則相當矛盾。根據《生育健康法》，政府必須為「所有有效的自然與現代避孕方法」提供協助。墮胎依然不合法，但政府必須為墮胎婦女提供照護——許多人因為墮胎而死。

對許多中產階級民眾來說，使用避孕藥與保險套已是常態，但中低收入戶對於這些避孕方法所知有限，不易取得也難以負擔，人們認為這是生育率居高不下的主因。雖然菲律賓生育率已經緩降，平均每名婦女生育數從二〇〇〇年的三點八胎降到二〇一〇年的三點二胎，但菲國仍然是巴基斯坦以東的所有亞洲國家中數字最高者，讓減少貧窮與提升教育水準變得難上加難。

這部法案主要是作為抗貧措施來推動，倡議者指出赤貧者其實並沒有想生這麼多孩子。但天主教會與部分人則反對法案，主張政府不該提供避孕措施，而貧窮有其他的原因，尤其是糟糕的施政。法案最終在二〇一二年順利通過，但遭最高法院擱置到二〇一四年才宣布法案合憲，只有部分施行細則因影響信仰權而遭裁定違憲。

《生育健康法》的影響不容易評估，因為菲律賓的生育率早已因為婦女海外工作人數、都市化、天主教會影響力下降等因素而穩定下降。法律的實施也因為缺乏資金，以及地方衛生官員的推動而受限。不過，菲律賓生育率從二〇一五年的二點九胎降到二〇一九年的二點五胎，看來《生育健康法》仍有一些實益。

非婚生子的高比例則保持原樣——非婚生子占生育的比例從二〇〇八年的百分之三十八，增加到二〇一九年的百分之五十四，國都區（National Capital Region）與東維薩亞斯（Eastern Visayas）的比例尤高。雖然離婚仍屬非法（穆斯林除外），但實質的分居與非正式的姘居非常常見，也和過去一樣不會有什麼汙名。雖然職業婦女愈來愈多，避孕措施也容易取得，但人們多半還是把養兒育女當成福分，而非負擔。一般預期離婚終將合法，法案也在二〇二〇年通過眾議院委員會審查階段送院會。不過，法案是否能生效，乃至於能否對社會習俗帶來重大影響，仍有待觀察。

艾奎諾政府宣稱在解決貧窮問題上有一定成效，尤其對於貧窮帶來最負面的影響——營養、健康與教育方面改善甚多。菲律賓有條件現金入帳計畫（Pantawid Pamilyang Pilipino，PPP）是一大利器。PPP計畫始於雅羅育執政時期，得到世界銀行金援，計畫在艾奎諾三世執政下廣為推行，至二〇一五年已援助四百萬赤貧家庭。計畫提供的金額預計為家戶收入的百分之十一，但這筆錢只能用於公共衛生、教育與社會服務。PPP無疑提升了就學率（尤其是民答那峨女孩的就學率）、疫苗接種與生育前後的照護。杜特蒂執政後，PPP計畫仍在進行。

以傳統角度而論，艾奎諾三世執政時菲律賓經濟表現穩健，二〇一一年至二〇一六年間平均年成長百分之六點一。外匯存底稍有增長，經常帳順差讓外債對GDP比例降到百分之十九，成績斐然。提升稅收效率的努力有部分成功，稅收對GDP比例提升到百分之十五點二，保守的預算制定讓政府赤字保持低於GDP百分之二的水準。整體出口成長（包括服務業）雖然低於雅羅育執政時，但平均仍有百分之三十。企業利潤與外資投入增加，資本形成占GDP比例隨之從百分之二十提升到百分之二十四。

然而，政府改善基礎建設的努力，花了很久的時間才得以實現。增加的歲入泰半導入社會與國防開支，政府支出占GDP比例也從百分之九點七提升到百分之十一點二。計畫的實施也一直有些類似的問題，例如政府部門力量有限，中央與地方政府彼此衝突，資金流入「分肥」建設，土地徵收問題與訴訟造成的延誤等。反貪腐的審查力道提升也是個問題。不過，建設既然已有規劃，艾奎諾三世的繼任者也就更容易做事，初期的成果就展現在杜特蒂的「建設，建設，再建設」（Build, Build, Build）計畫中。

對於眾多都市居民與外國觀察家來說，艾奎諾三世執政那些年似乎同時帶來了穩定成長與施政的提升。然而，若要全面改善貧窮問題，就必須更快、更好地分配經濟成果。若以馬尼拉如雨後春筍般冒頭的高樓大廈與購物中心為評判標準（宿霧的發展程度則稍低於馬尼拉），可以看出BPO產業正創造出一批受過相當教育的中等收入新階級，但還沒有證據顯示中等收入群體整體有擴大。

從基層的角度來看，貧窮與匱乏的程度整體並無多大變化。儘管保護措施仍在，或許就是因為還在保護，所以農業表現仍然掙扎。各方持續針對農業改革幅度究竟是太少還是太多而辯論，但怎麼辯都不會改變產量低迷的現實。人口增加，土地供應卻近乎停滯，導致人口往都市遷徙，但由於缺乏典型就業機會，大量移入者只能從事低薪非典型工作。就業機會創造不足額，進一步推升了海外就業人數。僑匯促進消費者對飲食與營建部門的需求，但工業對本國經濟的貢獻，卻從百分之三十二點六滑落到百分之三十點七。由於菲律賓人口成長率、貪腐程度、經濟所有權結構，以及區域與族群分歧所使然，即便處於國內與國際情勢穩定的情況下，脫離貧窮仍然是一條漫漫長路。

艾奎諾三世執政年間最值得大書特書，乃至於可能對整個區域帶來深遠影響的決策，是決定針對中國在南中國海的主權主張及活動，一狀告上海牙常設仲裁法院。雖然大獲全勝的仲裁結果很快就被艾奎諾三世的繼任者掃到一邊，但此次仲裁仍然是決定性的判決，不只對菲律賓如此，對其他南中國海周邊國家亦然，畢竟中國也對它們的專屬經濟海域與海島、礁岩、淺灘提出類似主張。

然而，二〇一六年的司法戰勝利，起因卻是一場挫敗，顯示這個國家在面對中國挑戰時準備多麼不足，又是多麼輕信乃至於怯懦，才會讓中國在自家門口插旗。二〇一二年本是兩國之間的「友好交流年」，但對中國來說也是變遷之年，從胡錦濤時代過渡到習近平時代，正是需要宣揚國威的時候。四月，中國海警船與漁船聚集在斯卡伯勒灘（寧靜礁），開始騷擾菲律賓漁船與考古研究船。一艘菲律賓海軍巡防艦馳援，但面對海警與漁船，巡防艦表現讓步並撤退。中國的船隻更大、更快，菲律賓船隻在兩個月中忍受對方的騷擾與危險駕駛。直到六月，也就是颱風季節將近時，美國才出來促成雙方達成撤退協議。菲律賓遵守協議，但中方立刻掉頭，否認雙方曾有過協議。菲律賓等於失去寧靜礁。

即便完全站得住腳，菲律賓的抵抗意志卻顯然不足。菲國軍方每年因為與新人民軍和摩洛人的衝突而死傷成千上百，卻沒有一人因這座重要島礁而傷亡。毫無疑問，中國在軍事上有壓倒性的優勢，但在外交上，即便是跟存有宿怨的弱小鄰國打一場小規模戰爭，中國也承受不起，何況東協國家都跟對方同一陣線。

菲律賓外交上向來展現妥協態度，明明雙方不可能達成和解，中國的態度也不會在政權過渡完成之後改變。相較之下，越南面對中國的態度顯然積極許多。美國看起來也是個靠不住的盟國，東亞助理國務卿庫爾特・坎貝爾（Kurt Campbell）只想跟中國談出一紙所謂的協議，背後卻沒有任何支持的力量。

一八九八年《巴黎條約》（Treaty of Paris）的地圖上明確畫出西班牙移交給美國的領土範圍，寧靜礁雖然不在其中，但包括在隔年《華盛頓條約》（Treaty of Washington）所描述的群島範圍內，只是沒有明確提及名稱，因此不算是《美國－菲律賓共同防禦條約》（US-Philippine Mutual Defence Treaty）所協防的領土。然而，美國在一九三八年的通郵中承認寧靜礁為菲律賓領土，而一七三四年西班牙製圖師穆里利歐．韋拉德（Murillo Velarde）製作的著名詳盡地圖上，名為「Panacot」的寧靜礁也是菲律賓的一部分。寧靜礁顯然位於菲律賓專屬經濟區內，雖然美國並未簽署《聯合國海洋法公約》（United Nations Convention on the Law of the Sea，UNCLOS），但也接受這一點。《共同防禦條約》對象也涵蓋太平洋島嶼領土、武裝部隊與公用船隻，亦即南中國海也在範圍內。美方在《共同防禦條約》中明確排除菲律賓對斯普拉特利群島（Spratly Island，南沙群島）的主權主張，但寧靜礁不屬於斯普拉特利群島。坎貝爾模稜兩可的角色尤其啟人疑竇，畢竟身為前海軍軍官的他，想必深知寧靜礁與蘇比克灣有多近，而美國根據《軍事訪問協議》是可以使用蘇比克灣的。

不過，失去寧靜礁一事，確實震撼了少數菲律賓要人，讓他們尋求反擊中國的方法。打頭陣的是外交部長艾伯特．德羅薩里奧（Albert del Rosario），以及最高法院大法官安東尼奧．

卡爾皮奧（Antonio Carpio）：中國在一九九五年占領美濟礁時，時任羅慕斯總統法律顧問的卡爾皮奧就研究過相關議題。對於東協是否能為爭議國制定可行的行為準則，卡爾皮奧長期抱持懷疑態度。早在二〇一一年，他就提議把爭議提交常設仲裁法院，以《聯合國海洋法公約》的定義和規定為準，尤其著重與經濟海域相關的條文、島嶼定義，以及島群規則。

德羅薩里奧在二〇一一年成為外交部長後，得立即面對中方騷擾在卡拉延海域（Kalayaan region，大部分的斯普拉特利群島位於此海域）作業的菲國漁民，以及在禮樂灘（Reed Bank）石油鑽探的舉動。出席東協會議後，德羅薩里奧認為這個組織毫無用處，只能在全體意見一致時行動，中國可以仰賴柬埔寨與寮國代言，讓投訴完全無效。

艾奎諾總統起先對於中國崛起抱持正面態度，但很快就失望了——菲律賓杯葛中國異議作家劉曉波出席諾貝爾獎頒獎典禮，希望中國能網開一面，不要處死菲律賓毒販，但卻沒有效果。接下來，中方對雷克托攤（Recto Bank，即禮樂灘）採取行動，艾奎諾三世則聲明雷克托攤「之於菲律賓就如同雷克托大道（Recto Avenue，馬尼拉主要道路）」。[1]

因此，在失去寧靜礁之後，卡爾皮奧和團隊提出縝密的法律立場，德羅薩里奧則是迫切需要反制中國勢力與金錢的措施，雙方齊心協力，輕鬆說服艾奎諾總統，表示菲律賓應該把這個案件推上國際司法舞台。菲方在二〇一三年提起仲裁。不出所料，中國拒絕仲裁，對此前自己曾支持的《聯合國海洋法公約》程序展現不屑一顧的態度。

菲律賓必須向法院提出根據，但即便中國沒有提出陳述，菲方也必須考量中方的立場。法院接著用了三年半爬梳議題，中國則繼續騷擾菲律賓漁船與補給船，同時在先前占領的地方「創造事實」，填海造陸。相關情勢經記錄在案、呈交法院，影響了法院對於中國行徑的結論。

判決直到二〇一六年七月，也就是艾奎諾三世任期結束後幾天才出爐（見第二十一章）。結果對菲律賓是酣暢淋漓的大勝，對越南、馬來西亞、印尼與汶萊的意義亦然，畢竟這次的判決確立了各國共同利益的關鍵。

- 判決結果否定中國的「歷史」權利主張。中國從未對南中國海及其資源行使獨占控制。九段線納入了菲律賓、馬來西亞與越南大部分的經濟海域，與《聯合國海洋法公約》賦予的經濟海域範圍牴觸。
- 南海島嶼與礁岩皆無法支撐常住人口。因此，無論是由中國或其他國家占領，都無法產生自己的專屬經濟區，只能產生十二海里的領海。（雖然菲方主張中沒有提到台灣所占領的太平島是否位於菲國專屬經濟區之外，但法庭仍將太平島納入仲裁結果內。）

•中國在菲律賓專屬經濟海域強行干擾漁業活動，進行石油探勘，已侵犯菲律賓權利。菲律賓與中國在斯卡伯勒灘皆有傳統漁業權利，但中國妨礙了這些權利，引發船隻碰撞的危險。

•中方興建人工島的做法，不僅傷害珊瑚礁及生態系，中國漁民還撈捕瀕危物種。

•爭議提交仲裁，過程尚在進行時，中方仍持續造陸、興建，讓爭議惡化。

由於《聯合國海洋法公約》只涉及海洋及其資源，因此仲裁庭並未處理島嶼與礁岩的所有權問題。然而，決議排除了南海諸島擁有其專屬經濟海域，因此原則上相關爭議只跟各國的經濟海域邊界有關。整體而論，爭議區域面積很小，可能只占整個海域的百分之二。雖然部分菲國官員力陳不要把南沙群島最大島——台灣占領的太平島帶進仲裁，但卡爾皮奧主導的菲律賓團隊仍然這麼做。此舉的風險在於太平島的大小，但仲裁庭裁定各島與礁岩之大小均不足以主張專屬經濟區。判決出爐時，台灣執政黨的立場多少跟北京有些差異。雖然當年就是中國的國民黨政府畫出了九段線的前身，但現在的國民黨只主張擁有上開島嶼，而沒有主張海域本身。

等待國際法庭做出裁決的漫長等待中，民眾早已忘了海權問題。二〇一六年，選民投出了急轉彎——有人認為，事實證明艾奎諾當局是羅慕斯以來最穩定、最清廉的政府，但二〇一六年的選舉結果對他們來說簡直是震撼彈。自由黨及其總統候選人馬爾・羅哈斯的競選口號「繼續直線前進」（Continue the Straight Path），具體而微展現出這種自我肯定與自滿。但民眾想要更多，想要新花樣，想要刺激。

老樣子，他們一開始看到的還是些老面孔。馬爾・羅哈斯受人尊重，但身為當權者門面的他難以吸引民眾支持。葛蕾斯・波伊（Grace Poe）有著響亮的姓氏，但僅止於此。另外還有兩組令人無言以對的組合。所謂的打貪鬥士與萬年候選人米莉安・迪芬索－桑迪亞哥，跟馬可仕的兒子小馬可仕組隊。理論上反貪腐的前政變者洪納山，跟傑袞瑪・比奈搭檔——比奈這位馬卡蒂大老曾在二〇一〇年副總統選舉中擊敗羅哈斯，但此後卻擺脫不了貪腐嫌疑。

比奈一開始領跑，但在貪腐指控的壓力下褪色，明顯落後羅哈斯與波伊。羅德里戈・杜特蒂發現機不可失。多年來，他以大堡市長身分為人所知，是眾所公認的行動派，同時也是全國舞台上的新面孔。他出身民答那峨，但家族出自宿霧。他固然素有殘忍之名，但他也靠著粗魯的言詞，表現得像是無情但高效的持槍條子，成為許多人心目中的反菁英主義者。比賽場地很大，對手素質卻很平庸，所以這位顯眼的候選人才能以百分之三十九的選票，擊敗羅哈斯的百分之二十三、波伊的百分之二十一，以及比奈的百分之十二，贏得場上的勝利。

注釋

1 Vitug, *Rock Solid*, p. 153.

〔第九章〕

持槍男子杜特蒂

羅德里戈．杜特蒂不是電影中人，他看得見摸得著。他競選總統的手法，其實就是凸顯他的殺手扮相，專門對付大堡毒販與其他所謂低端人口。人家說，他已經讓大堡清潔溜溜，接下來就是對全國如法炮製，戰勝毒品與貪腐兩大害，對付舊有的寡頭。他所標榜的大堡成就其實半真半假，而且多是靠恐懼達成，而非善治，但這無足輕重。民眾似乎已經習慣政治中的暴力，杜特蒂總統的真實挺合他們的胃口。關於杜特蒂，每個群體的人都能忽略自己討厭的點，專注於自己喜歡的部分。

也就是說，他粗魯、髒字連篇的說話方式（連教宗和歐巴馬總統都不放過）讓他顯得貼近庶民、反菁英，卻不至於有富人害怕的社會主義傾向。他的仇美心態多半出於個人，而非意識形態，許多左派與傳統民族主義者因此可以忽略他對馬可仕家族的支持；他的厭女心態與到處留情能讓大男人主義者為他豎起大拇指，卻不至於讓希望有個民族領導人的女性菲律賓海外勞工（Overseas Filipino workers，OFWs）感到疏離；他抨擊天主教會，但虔誠上教堂的人可以專注於他守護窮人的承諾；他主張要為各省利益喉舌，推動聯邦制的憲法以對抗「霸道的」馬尼拉，從伊羅戈到宿霧、大堡都很吃這一套，但又不至於影響首都圈的民意。

這樣的支持，反映在他就職時的高人氣，甚至後來從地方主教、許多外國領袖到非政府組織都對他的殺戮行徑感到憤慨，但他卻依舊人氣不墜。事實上，這些批判似乎只會強化他強人領袖的形象，讓菲律賓憑藉殺戮盛宴在世界地圖上占有一席之地。就職後不過幾天，他其實就把菲律賓在海牙仲裁法庭取得的勝利掃到一邊去。中國的錢能帶來繁榮，繁榮能帶來巨大的收益，而讓步是必須付出的代價。

杜特蒂瞄準毒品之惡堪稱精明的政治算計，原則上誰都不會反對這個目標。然而，杜特蒂主張毒癮盤據了整個國家的說法，卻沒有事實根據。根據官方數字，毒品施用者人數從二〇〇四年的高峰急遽下降，而這得歸功於勒戒與康復治療。杜特蒂宣稱有三百多萬人吸毒，比官方估計的最新數字——一百二十萬人多了兩倍多。接著他在二〇一七年炒了危險藥物委員會（Drug Board）主席班傑明・雷耶斯（Benjamin Reyes），因為杜特蒂說有四百萬人吸毒，他卻說二〇一六年的官方數字為一百七十萬人——以總人口論，這個數字不算高。多數吸毒者來自低收入群體。

杜特蒂戮力把毒品打成反派，此舉相當虛偽，因為他自己長年使用吩坦尼（fentanyl）；市面上流通的雅巴（shabu）是甲基安非他命藥物，價格便宜，而吩坦尼是合成鴉片類藥物，藥效遠比雅巴強烈。從區域層面來看，菲律賓的毒品問題其實不算特別嚴重。從毒品、賭博與偷渡得來的收入是非常重要的財源，許多政客根本無法放手。然而，涉毒指控可以當作武器，對付惹杜特蒂不開心的政治人物。

大堡行刑隊升級成全國版。行刑隊展開行動之前，他人幾乎都不在總統府。警方在逮捕行動期間所謂的槍戰中殺了成千上百的人，還有更多可能的藥販子被騎著摩托車的人射殺。菲律賓全國警察總長「巴托」羅納德・德拉羅薩（Ronald 'Bato' dela Rosa，曾經是杜特蒂在大堡的警察總長）發動「敲門認罪行動」（Operation Tokhang）——Tokhang是個複合字，描述警方破門把涉毒之人抓出來「消滅掉」的意思。「敲門認罪」涉及單方面的槍殺與栽贓。受害者幾乎清一色是下游的藥頭、吸毒者或無辜民眾，而非上游毒梟。遭到鎖定的多半是貧民窟，而非有門房守門的富人社區。

法外處刑（extra-judicial killings，EJKs）的總死亡人數一下子就數以千計，幾乎都是底層藥販子或吸毒者。不到幾個月，法外處刑死亡人數就遠遠超過馬可仕十五年威權統治。杜特蒂對外國批評者的粗魯回懟（他在東協峰會期間稱歐巴馬是「妓女生的」），對他的強人形象只會加分。這番發言在亞洲外交可謂罕見，東協國家領袖瞠目結舌，一句話都沒說。

外國觀察家說不定會想起，泰國民選首相塔克辛・欽那瓦（Thaksin Shinawatra）執政時，對於販毒嫌疑人也有類似的法外處刑。以泰國的例子來說，連塔克辛也在數千人被殺之後悄悄放棄了這項政策。繼任的軍政府撻伐塔克辛，表示半數受害者不是因為涉毒而被殺。軍方在二〇一六年承認安非他命過於氾濫，難以根除，但這樣的事實也無法阻止發生在菲律賓的濫殺。

幾次「意外」過後——包括一名無辜少年與一名五歲孩童在一場單方面的掃射中遭流彈擊中——殺戮的人數暫時減少了，但一位大堡行刑隊退休員警承認拿錢殺人時，大多數人也不意外。在馬尼拉，警方送去醫院的傷患有百分之八十五都在到院時死亡。警察綁架一名韓國商人，並且在贖金已經支付的情況下，仍在國家警察總部克拉梅營將之殺害，幕後主使則是緝毒警司拉斐爾・杜佬（Raphael Dumlao）。消息曝光，卻鮮少有人感到訝異。

二〇一七年初，國內批評濫殺最力的人——參議員與艾奎諾政府的司法部長萊拉・德利瑪被捕。二〇〇九年，時任人權委員會主席的德利瑪，對大堡行刑隊展開調查。司法部長任內，她試圖整頓馬尼拉惡名昭彰的新比利畢監獄（New Bilibid Prison）。二〇一四年，德利瑪下令突襲檢查在獄內生活闊綽的囚犯（多半因販毒入獄），發現獄區奢華，而且還能取得奢侈品、槍枝、毒品和女色。

杜特蒂翻案，把「正義」的矛頭指向德利瑪，指控她涉及販毒。批評者認為這些指控充分說明杜特蒂的無情，以及司法體系有多麼容易受到操弄。德利瑪在國內持續得到少數參議員同僚和副總統萊妮．羅布雷多的支持，在海外也受到國際特赦組織與歐盟議會的致敬，但民眾仍然推崇「杜特蒂哈利」（Duterte Harry），國內外的支持影響甚微。

國際刑事法院（International Criminal Court，ＩＣＣ）在二〇一六年注意到這些殺戮。二〇一八年，國際刑事法院追蹤與法外處刑有關的細節證詞，有意跟進此事。杜特蒂因此用民族主義掩蓋自己的殘酷行徑，於二〇一九年讓菲律賓退出國際刑事法院。國際刑事法院仍調查這個時間點以前的事件，檢察官在二〇二〇年十二月宣布正在調查「反人道罪的證據」。

儘管國際一片撻伐，但殺戮依然繼續，死者包括被杜特蒂列名毒梟榜上的民選地方官。確切被害人數始終難以確定。根據官方在二〇一九年提供的資料，從二〇一六年七月到二〇一九年十一月間共有五千五百五十二人被殺，但有另一份官方資料宣稱人數超過六千七百人。這個人數並不包括警方攻堅行動以外被殺的數千人，多半是半官方來源暗示他們涉毒之後，便遭到機車黨槍手殺害。根據人權委員會調查，總人數恐怕高達二萬七千人。相較於一年共約九千件的蓄意殺人，法外處刑的數量高得嚇人。[1]

各地的殺戮率差異很大，而數值關係到的不見得是毒品生意的影響程度，而是各省警察總長的狂熱程度。殺戮計畫本意在幾個月內掃除毒品問題，但過了三年半之後仍然是大殺特殺，只有在二〇二〇年因 COVID-19 疫情與封城而放慢腳步。此外，沒有充分證據能證明這些大屠殺能減緩毒品的消費。[2]雅巴的市占率年年不同，儘管當局在二〇一九年逮捕了六萬人，雅巴的價格仍保持穩定，只是純度有所下降。被捕的人泰半得到寬大處置，可見這些殺戮的起因多為政治因素、個人怨念或警方野心。聯合國報告提到安非他命的流通在二〇二〇年上半年下降，隨後就因為找到新通路而強力回升。

毒品戰爭為殺害政敵、個人對手或商業競爭者提供掩護，因此無法明確得知有多少尚未破案的謀殺案跟毒品有關。懸案數字中包括農運與魯馬德原運人士、遭「抹紅」（把自由派或反政府的個人或團體跟「親共」畫上等號，他們也因此成為潛在的報復目標）的左派、環保人士與記者。相較之下，馬可仕獨裁期間的法外處刑人數少、不著痕跡且目標明確。感覺杜特蒂很享受殺人的數量，還提拔最積極的劊子手們。

美國因為法外處刑而撤銷德拉羅薩的訪問簽證，杜特蒂便宣布取消《軍事訪問協議》作為回應。二〇一九年，杜特蒂出人意料，任命批判自己最力的副總統羅布雷多領導反毒專案，但她宣稱杜特蒂掃毒三年只繳獲百分之一的雅巴，結果旋即遭到解職。羅布雷多雖然受人歡迎，民眾也擔心自己的朋友與親戚（無論是否有罪）死於槍口之下，但他們還是支持殺毒犯。

德利瑪與瑪麗亞・羅爾德斯・塞雷諾（Maria Lourdes Sereno）特別反對杜特蒂在民答那峨宣布戒嚴的做法，而杜特蒂對兩人的回懟不只言詞粗魯，而且充滿厭女情緒。二〇一八年，杜特蒂的總檢察長提出所謂的「權力濫用之訴」（quo warranto petition），親杜特蒂的多數大法官背書，讓塞雷諾在二〇一二年得到的大法官任命失效，而塞雷諾就在這種有違憲之虞的操作下遭到免職。在此之前，唯一能免職大法官的方式是彈劾，而前述的法律詭計能免去困難重重的彈劾程序。行政權與司法權的分立形同具文。

監察使與前任大法官孔奇塔・卡爾皮歐－莫拉雷斯（Conchita Carpio-Morales）是另一位批判甚力的女性。卡爾皮歐－莫拉雷斯成功任職至二〇一八年任期結束時，曾起訴恩里萊、雅羅育的高官，並以在馬馬薩帕諾事件中濫權的罪名起訴艾奎諾政府與艾奎諾三世本人。卸任後，她仍針對毒品戰爭濫殺和當局未能守護西菲律賓海的失職直言不諱。

國會與司法部門對總統幾無制衡。眾議院的多數議員一如既往，向行政部門靠攏，以確保自己的選區能取得經費。杜特蒂任期前半，參議院的自由黨勢力較強，比眾議院更能制衡，但局面在二〇一九年生變，杜特蒂支持的九位候選全數當選。九人中包括此前名氣沒那麼響亮的人物，像是來自大堡的密切支持者「蒙」克里斯多福・吳（Christopher 'Bong' Go）、德拉

9-1　羅德里戈．杜特蒂與即將卸任的全國警察總長德拉羅薩，2018年。

羅薩、馬可仕的女兒艾米（Imee），以及曾為影星的前參議員雷比利亞——雷比利亞曾因納布禮斯政治分肥醜聞而被控掠奪罪，後於二〇一八年獲判無罪，但他必須繳回部分資金。杜特蒂從二〇一九年起掌握參議院，外界因此預料他將推動其聯邦制憲法計畫。然而五年過去了，修憲藍圖方面也沒有多少進展。疫情才是當務之急，修憲不是。

不少人猜想，杜特蒂說不定會走馬可仕路線，宣布戒嚴並解散國會。不過，國會對馬可仕來說是個障礙，但杜特蒂的權力卻鮮少受到國會約束。最高法院同樣不是問題。長久以來，大家都知道大法官通常不願意挑戰當局的決策，而且他們通常會支持任命自己為大法官的人。由於退休年限為七十歲，大法官要更迭並不容易。就時機上來說，杜特蒂可謂非常幸運。艾奎諾三世任內只任命四名大法官，因此繼任的總統不僅可以立即任命幾位大法官，還能接收幾位從雅羅育時代任職至今，且與他大方向通常一致的大法官。所有重要裁決都稱了杜特蒂的意，包括讓馬可仕遷葬英雄墓園、續押參議員德利瑪、對法外處刑袖手旁觀，以及容許菲律賓退出國際刑事法院。

最令人不可置信的一次裁決，就屬多數大法官應當局的權力濫用之訴，將首席大法官塞雷諾免職。即便用最低的標準來評判，此舉也是不得了的卑躬屈膝，等於顯示法院並非獨立政府機構。塞雷諾的首席大法官一職，旋即由三名當年由雅羅育指派，對杜特蒂態度友好的大法官前後接任，他們分別是特蕾西妲・德卡斯特羅（Teresita de Castro）、盧卡斯・貝薩明（Lucas Bersamin，他從首席大法官一職退休後，成為菲律賓公職保險局〔Government Service Insurance System〕局長），然後是迪奧斯達多・佩拉爾塔（Diosdado Peralta）。佩拉爾塔影響反貪腐法庭（Sandiganbayan）判決，將生力集團百分之二十的股份交給「丹丁」許寰哥，而不是撥給原本繳納椰稅的椰農。有一位雅羅育任命的大法官沒有按照杜特蒂的意思做事，他是安東尼奧・卡爾皮奧，而這三回本該由他擔任首席大法官才是。他當年推動在海牙狀告中國，如今則多次投下反對票，尤其反對塞雷諾的免職與德利瑪的關押。卸任之後，他成為自由派、捍衛法治觀念與西菲律賓海的標竿人物。

杜特蒂就職的第一年就高調打貪，提升了自己的聲望。總統府反貪腐委員會（Presidential Anti-Corruption Commission）成立，公共工程部（Department of Public Works）與司法部隨後也成立專案小組，調查特定指控，但外界卻感覺前任總統期間減少的貪腐又開始增加——至少從菲律賓在國際透明組織的貪腐排名來看是如此。疫情期間，衛生部發生數起嚴重醜聞，像是透過有政治關係的中間人，用過高的價格採購備品。

杜特蒂也成功讓部分獨立媒體噤聲。他運用參院多數，投票剝奪最大廣播網 ABS-CBN 的電視執照。獨立線上新聞平台「拉普勒」（Rappler）創辦人兼總編瑪麗亞・雷薩（Maria Ressa）因刑事毀謗罪被判刑，此舉也是為了讓「拉普勒」噤聲。提起訴訟的人是一位中國商人的合夥人，這名商人捐了錢，在全國最大軍事基地麥格塞塞堡（Fort Magsaysay）之內興建勒戒中心。

仍然有許多都市中產階級大力支持新聞自由，尤其是不會因為做了報導，就遭受從逃漏稅到誹謗等控訴威脅的自由。但普羅大眾仍然支持杜特蒂，有人是因為渴望強人領袖，有人則是對乙沙以來的民主政治型態感到厭倦。杜特蒂的權力網，可謂利用社交媒體鋪天蓋地宣傳並散布假消息的專業戶。即便他的統治顯然結果不比艾奎諾三世執政年間，即便社會調查反映出多數人對於殺戮的規模感到憂心，同時希望對中國採取更強硬的態度，但人民對於領導人的信任依舊穩固。民眾也泰半認為警方的嚇阻讓犯罪減少了。確實有統計數據能支持這種想法，至少馬尼拉情況如此，但犯罪案件數字並不包括法外處刑的案件。輕罪顯著減少。不過，官方資料的準確度也是個問題，畢竟各省省長希望用成效打動杜特蒂。

杜特蒂打擊ABS-CBN，主要是出於他對洛佩茲家的私怨，而不是一以貫之的反寡頭計畫。他不能直接跟阿亞拉家拚人氣，也很難把第一太平集團（Metro-Pacific group）的水公司搶過來，畢竟菲律賓政府在遵守合約的國際聲望上備受質疑。杜特蒂打倒某個大家族的原因就跟馬可仕很像——因為有用，而鮮少是為了試圖改變社會。世家大族與寡頭之間的關係從未如此緊密。

總之，打擊寡頭只會妨礙杜特蒂「建設，建設，再建設」大業中的營建工程。菲律賓的實體基礎建設顯然需要大幅改善，「建設，建設，再建設」著重於如此的需求，稱得上是一流的口號。艾奎諾三世並未忽略基礎建設，只是他的社福項目在預算中的順位排得更前面。重大建設需要時間才能落實，尤其是涉及多邊借款或公私合作的計畫。土地徵收問題與技術人才短缺往往拖慢了建設的速度。

杜特蒂視中國為經費與執行力的來源，能大幅推進營造工程。實情卻大相逕庭。任期開始時所宣布的一百大建設當中，恐怕有一半無法在二〇二二年完成。中國承諾的援助與借款姍姍來遲，而呂宋島卡利瓦水壩（Kaliwa Dam）興建計畫甚至面臨環保人士的強烈反對。另一個障礙則是中國承包商雇用中國勞工的做法。中國人湧入國內，經營菲律賓離岸博彩營運商（Philippine Offshore Gaming Operators，POGOs），讓民眾愈來愈敏感。不過，杜特蒂的親中倒也刺激日本帶來自己的提案，包括為馬尼拉地鐵提供五十億美元的建設經費。其他資源則導向修復基礎建設受到的破壞。呂宋島與民答那峨島分別有多項與一項鐵路鋪設計畫，雖有進展但相當緩慢。

幾個機場建設計畫之間彼此競爭資源，像是在武拉干新建大型機場以供應馬尼拉的需求，以及擴建生理岬的機場，升級克拉克空軍基地與現有的尼諾．艾奎諾國際機場（Ninoy Aquino International Airport，NAIA），結果導致上述計畫統統延誤。總之，直到二〇二〇年疫情爆發前夕，杜特蒂政府延續艾奎諾三世執政時便開始的基礎建設投資，逐漸加大力道，但沒有大躍進。其實，亞洲開發銀行在二〇一七年核准一筆一億美元的借款，以便為建設的規劃與實施提供專業資源。即便杜特蒂威權如斯，也無法克服法律與政治障礙，劍及履及。資本形成占GDP比例，從二〇一〇年的百分之二十點五，提升到二〇一六年的百分之二十四點四，以及二〇一九年的百分之二十六點四，但大部分的資本形成多半投入住房，而非支持基礎建設。杜特蒂執政下，政府歲入占GDP比例僅稍微上升，國防費用激增，大型基礎建設計畫高度依賴私人部門與外國資金。菲律賓的基礎建設發展逐漸成長，直到疫情影響了建設的目標與建設能力。製造業也是一樣的情況——因為僑匯流入支撐了部分的消費者需求，金額在二〇一九年持續成長，而後因疫情而突然收緊，但仍有彈性。

儘管有「建設，建設，再建設」的努力，菲律賓經濟與貨幣政策仍泰半保持原狀。財政部長卡洛斯・多明戈斯三世（Carlos Dominguez III）是杜特蒂在大堡的同學，有多年商務經驗，曾在柯拉蓉執政時擔任部長級官員。預算管理部長班傑明・迪奧克諾（Benjamin Diokno）在時任央行總裁過世後繼任。迪奧克諾過去曾推動稅改，並主持二〇一七年實施的《加速和包容稅改法案》（Tax Reform for Acceleration and Inclusion，TRAIN）。所得稅率根據是項法案調降，而消費稅則大幅提升。此後當局採取多項措施，以期提升政府歲入，作為基礎建設經費。稅改造成短暫的通貨膨脹，但也達到預期的稅收效果。央行政策保持謹慎，披索幣值相當穩定。國際經常帳收支在數年來首度出現赤字，但幅度不需要擔心。外匯存底穩定，國債占GDP約百分之二，無須提高支出也能因應。杜特蒂的快人快語固然讓商界和中產階級感到不安，但財政方面的保守能安撫其信心。雖然有封城的不利影響，立法過程通常也很緩慢，但經濟部會、商界所推動的改革在杜特蒂支持下，也在其任期將盡時朝通過的方向邁步。改革的內容包括外國投資與零售業自由化，允許大部分外資參與新的基礎建設與服務業領域。

菲律賓離岸博彩營運商是提升稅收的另一種產業。營運商不盡然完整盡了納稅義務，但為菲律賓帶來外匯收入，來自中國或菲律賓本國的營運商與支援團隊也需要辦公與住宿空間，一度吸收了大興土木時多餘的辦公空間與住房。菲律賓離岸博彩營運商加上穩定發展的BPO，讓都會中產階級繼續成長，而照顧中產階級所需的大賣場則讓首都的若干行政區往小康邁進。然而，菲律賓離岸博彩營運商面臨的挑戰不只疫情。太多中國人入行，讓菲律賓離岸博彩營運商變成政治議題，而中國本身也開始打擊境外博弈。

杜特蒂跟中國商人關係匪淺，加上他討厭美國，兩者一拉一推，提升了他對中國的熱情。唐納・川普（Donald Trump）就任美國總統後，拋棄了本意在於鞏固美國與東亞、太平洋經濟關係的《跨太平洋夥伴關係協議》（Trans-Pacific Partnership），讓菲律賓更容易與美國保持距離。川普防衛亞洲盟國的決心遭到質疑，他對中國的政策也反覆不定。川普與杜特蒂頗為相像，自戀、言詞粗魯，不時天外飛來一筆。川普也不覺得杜特蒂的掃毒殺戮或打壓媒體有什麼問題。

然而，隨著任期進行，中國夢卻漸漸褪色。先前擱置常設仲裁法庭對於南海的決議，是為了說服北京放緩行動，並吸引中國資金，但預期的結果都沒有達到。資金承諾到位速度緩慢，中國在菲律賓專屬經濟海域（Exclusive Economic Zone，EEZ）與南中國海的活動也沒有停止。

川普的對中政策往對抗發展，區域內的其他國家對中國的野心也愈來愈擔心。菲律賓軍方向來不喜歡反美論調，施壓杜特蒂，要他收回取消《軍事訪問協議》的成命。行動層面上，美國與菲律賓軍事互動始終緊密。民族主義者開始改變關注焦點，從抨擊菲軍與美軍的合作，轉而聚焦於中國的威脅。

威脅就在家門口的，杜特蒂不能沒有軍方支持，於是用加薪與增加員額、提升軍備開支培養與軍方的關係。然而，他對警方的照顧還是高於軍方。軍費占GDP百分比保持在接近百分之一，考慮到菲國國內外面臨的挑戰，這個數字可謂非常低。軍隊持續吃掉百分之七十的個人服役預算，以因應與新人民軍和若干穆斯林團體的零星衝突。

杜特蒂在任期開始時尋求與共產黨協商，宣稱自己同情左派，過往跟「喬馬」西松也有交情；只要新人民軍不在大堡惹事，他願意讓新人民軍低調留在這座城市。他起先甚至安排幾位左派在自己的政府中任職，並任命傑蘇斯·杜瑞薩（Jesus Dureza）為使節與全國民主陣線和談，但杜瑞薩在二〇一八年遭到免職，杜特蒂更聲明要用「行刑隊」對付新人民軍那些暗殺特定個人的「麻雀」（sparrow）小隊。雙方對話斷斷續續維持四年，停火協議多次落空，未能達成長久的結果。

度過災難性的二〇一七年之後，摩洛地區的情勢有了好轉。那一年，南拉瑙的馬拉威市經歷了五個月的圍城戰。軍方試圖逮捕一名阿布沙耶夫的領袖（阿布沙耶夫已經與跨國組織伊斯

9-2　圍城戰後的馬拉威市，2017 年。

蘭國〔Islamic State，IS〕結盟），結果導致拉瑙地區頗有影響力的聖戰團體——以馬巫德（Maute）兄弟為首的馬巫德集團（Maute group）占領馬拉威。經過數個月的地面進攻、轟炸與炮擊，叛軍非死即逃，但馬拉威市中心、大清真寺與大學校園也化為廢墟，居民淪為難民。

城市的重建將是非常緩慢的過程，但馬拉威悲劇或許也加速了《摩洛民族全面協議》（Comprehensive Agreement on Bangsamoro）的實施；艾奎諾政府在二〇一四年達成這項協議，但遭到國會擱置。由於杜特蒂挑動聯邦制議題，協議似乎將繼續推遲。不過，經歷馬拉威危機之後，國會在二〇一八年通過合憲性仍有待商榷的《摩洛民族組織法》（Bangsamoro

Organic Law，BOL），給予摩洛民族地區高度的自治權。新的摩洛民族實體在二〇一九年二月成立，取代民答那峨穆斯林自治區。新實體結構複雜，因為各地可以決定是否加入。巴西蘭選擇加入，但首府伊莎貝拉（Isabela）則否。哥打巴托省選擇不加入，但少數巴朗蓋則選擇加入。摩洛民族區因此由南拉瑙（Lanao del Sur）、馬京達瑙、蘇祿省、塔威塔威、巴西蘭（伊莎貝拉市除外）等幾個省，加上哥打巴托市，以及分布於哥打巴托省六個市的六十三個巴朗蓋所構成。小型民兵與／或綁架集團依舊在某些地區活動，因此治安仍有賴國家的軍警維持。民答那峨穆斯林摩洛民族自治區（Bangsamoro Autonomous Region in Muslim Mindanao，BARMM，以下簡稱摩洛民族自治區）未來或許會獨立建軍，但這一點就跟自治區組織與權力的許多環節一樣，仍有待發展。整體而論，二〇二一年末的局面是多年來最和平的時候，但自治區的發展依舊面臨許多阻礙。

杜特蒂總統任期的末兩年，主軸都是疫情。至少以亞洲鄰國為標準而論，菲律賓的防疫成果堪稱災難。對此，各界並未特別歸咎於杜特蒂，但這種結果的確暴露出菲律賓政府的弱點，以及杜特蒂對許多重要部會與行政單位的政治任命品質之低——尤其是一團混亂、負荷過度的衛生部（Department of Health）。杜特蒂自己的個性也加重了疫情問題。他的直覺反應是控制與封城，而非篩檢與追蹤。菲國取得疫苗的時間相當晚，而且杜特蒂顯然對中國科興疫苗情有獨鍾，遠甚於西方的疫苗。二〇二〇年的大力封控，導致經濟縮水百分之七，幅度遠甚於東南亞其他地方，非正式部門數以百萬計的人尤其難以度日。印尼封城沒有菲律賓那麼嚴格，但遏止病毒流行的成績卻優於菲律賓。菲律賓學校關閉的時間幾乎也是各國中最久。不過，僑匯只有在二〇二〇年小跌，接著在二〇二一年大漲，進一步強化菲國對勞力出口的仰賴。

二〇二〇年GDP表現慘烈，二〇二一年的復甦也因為新一波封城而只有百分之五。同時，政府的債務一如預期，即便保守的財政團隊設法撙節，但依然從一年前的九點六兆披索提高到二〇二一年七月的十一點六兆披索。舉債幅度還不至於過度擔心，畢竟二〇一九年的債務水準仍低，尤其只有三分之一是外幣。不過，債務增加的速度確實顯示封城的綜合代價。

杜特蒂把自己的施政風格從大堡帶來馬尼拉，但一個國家遠比一座城市複雜，而他對於細節或是各種議題並不耐煩——少數像毒品戰爭等議題例外。對於細節，他希望都聽他的。內閣會議通常無足輕重，部會跟總統之間的溝通也不暢通。有能的部會首長自然可以保住工作，但無能的人只要徹底的忠誠，往往也可以留任。除了來自大堡的故舊，退役將領也容易得到任命，畢竟他們已經習慣聽令。[3]政壇就是這樣，友人與恩人能得到官職與合同作為回報，菲律賓也不例外，但杜特蒂把這種情況提升到前任總統所未及的程度。他的行事方式彷彿自認為凌駕法律，高高在上進行統治。

然而就連他也有極限。疫情期間，審計委員會對於將數十億披索防疫經費，分配給總統的中國友人楊鴻明（Michael Yang）成立的新公司提出質疑。這筆資金繞過了衛生部，由預算管理部的處室管理，主掌該處室的人跟總統也有關係。杜特蒂怒噴委員會，但此前袒護杜特蒂的若干參議員則希望展開調查。無論真相為何，從參議員的反應便能看出杜特蒂的個人力量，終究會隨著任期將屆，政界與商界開始對繼位人選押寶而減弱。

二〇二二年大選將近，杜特蒂認為必須設法自保，以免反對派勝選並起訴自己。起先他選擇競選副總統，此時有眾多潛在的總統人選浮上檯面：莎拉．杜特蒂、萊妮．羅布雷多、小馬可仕、萬年候選人潘費洛．拉克森、人稱伊斯科．莫雷諾的馬尼拉市長法蘭西斯柯．多馬哥索（投入馬尼拉政壇之前，多馬哥索曾是電視人物），以及出身基層的拳擊冠軍曼尼．帕奎奧（Manny Pacquiao）。杜特蒂自己則提議由多年的忠誠助手吳蒙參加選戰。但經過一系列峰迴路轉後，杜特蒂選擇角逐參議院席次，後來甚至決定完全不參選。與此同時，莎拉．杜特蒂則出人意表，同意轉投副總統選戰，並支持小馬可仕競選總統。悄悄退場。這套舞碼究竟是誰設計的還很難說，畢竟杜特蒂此前曾公開對小馬可仕的能力與人格表示輕蔑，但這個組合很合他的意，何況黯然下台的前總統艾斯特拉達與雅羅育也都支持兩人的聯手。對於反對派的重點候選人羅布雷多和競選搭檔，自由黨參議員法蘭西斯．彭吉利南（Francis Pangilinan）而言，小馬可仕與莎拉・杜特蒂的組合是艱困的挑戰。比銀彈與網路宣傳，小馬可仕局面占優——年輕人不了解當年實情，習慣從社交媒體而非傳統新聞媒體獲取資訊，小馬可仕顯然已經成功改寫年輕人所理解的馬可仕治國歷史。

選舉結果端視拉克森、帕奎奧與多馬哥索是否繼續參選，分化反馬可仕／杜特蒂的選票——不過，帕奎奧在自己的故鄉民答那峨島，倒是能搶走馬可仕／杜特蒂組合的選票。這三人都曾經支持杜特蒂，只是支持力道各異。羅布雷多素有頭腦冷靜、思想自由、富同情心之名，但面對如此情勢，她的這些特質能否像當年柯拉蓉一樣，激起群眾的支持？偏偏她的名氣不比柯拉蓉響亮，而名氣往往能左右菲律賓的選舉結果。不過，菲律賓素來不缺風向突變、選情豬羊變色的紀錄。

注釋

1 Statista, 2020.
2 Synthetic Drugs in Southeast Asia: UN Office on Drugs and Crime, 2021.
3 Sui Generis, Marites Vitug in Rappler, 30 August 2021.

第一大區

伊羅戈大區

北伊羅戈省
★佬沃
•巴塔克
美岸★
南伊羅戈省
•坎東
聯合省
★聖費爾南多
•阿拉明諾
林加延
•達古班
•烏達內塔
•聖卡洛斯
班詩蘭省

CAR

科迪勒拉行政區

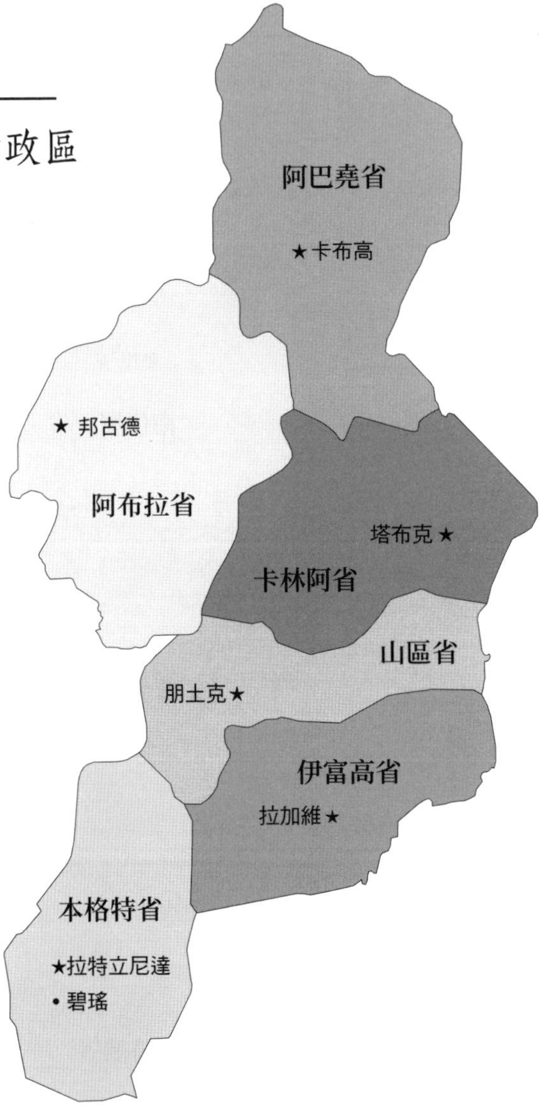
阿巴堯省
★卡布高
★ 邦古德
阿布拉省
塔布克★
卡林阿省
山區省
朋土克★
伊富高省
拉加維★
本格特省
★拉特立尼達
• 碧瑤

第二大區

卡加揚河谷

第三大區

中呂宋

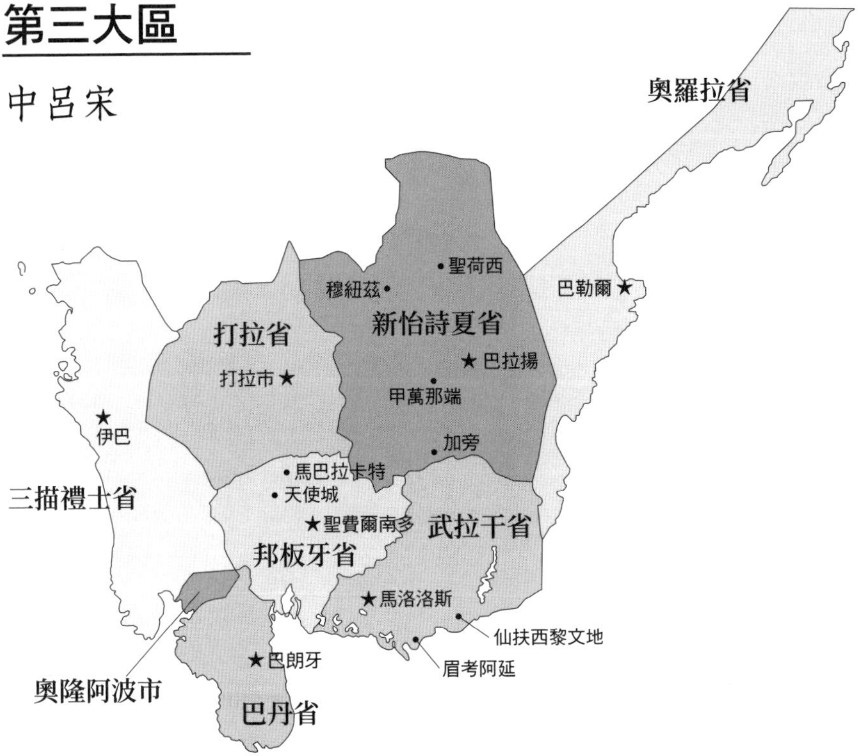
奧羅拉省
聖荷西
穆紐茲
巴勒爾
新怡詩夏省
打拉省
巴拉揚
打拉市
甲萬那端
伊巴
加旁
馬巴拉卡特
天使城
三描禮士省
聖費爾南多
武拉干省
邦板牙省
馬洛洛斯
仙扶西黎文地
眉考阿延
巴朗牙
奧隆阿波市
巴丹省

NCR

國都區

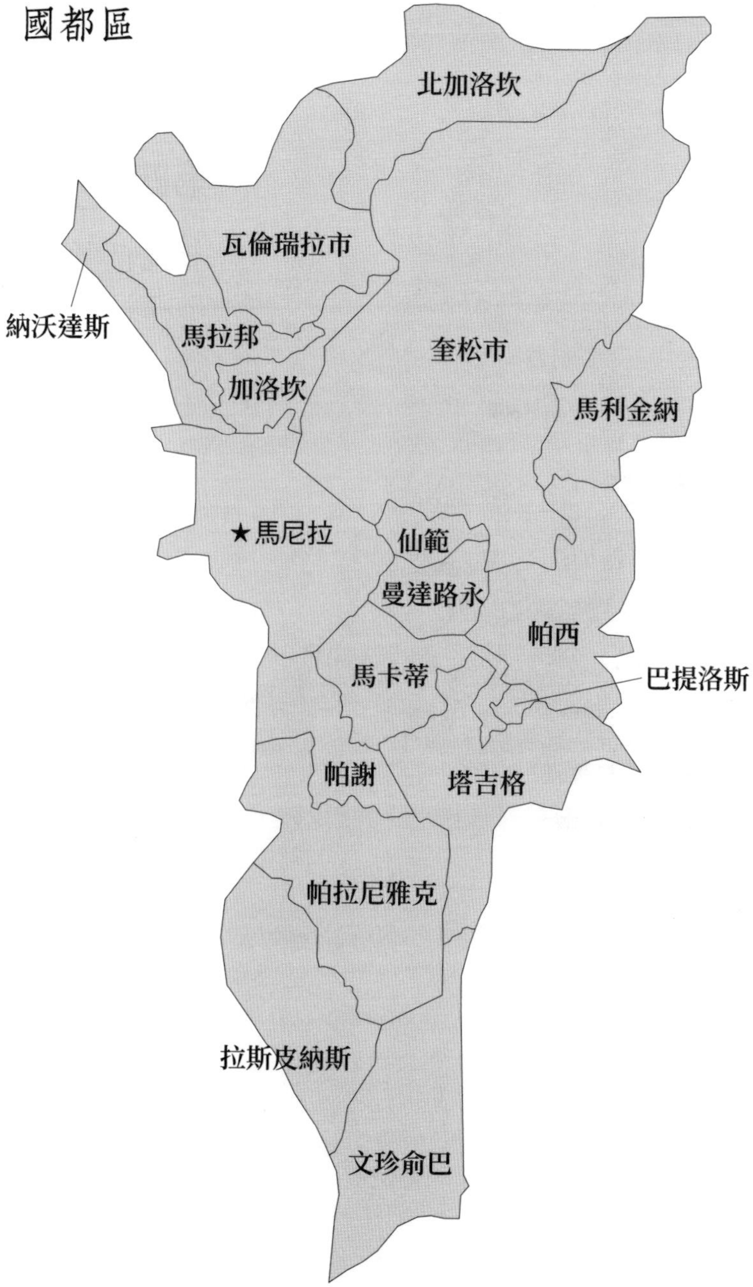
北加洛坎
瓦倫瑞拉市
納沃達斯
馬拉邦
加洛坎
奎松市
馬利金納
★馬尼拉
仙範
曼達路永
帕西
馬卡蒂
巴提洛斯
帕謝
塔吉格
帕拉尼雅克
拉斯皮納斯
文珍俞巴

第四A大區

卡拉巴松

梨剎省
安提波羅
利帕
甲米地市
巴科奧爾
伊姆斯
垂亞斯將軍城
聖佩德羅
達斯馬里尼亞斯
比尼安
特雷塞馬蒂雷斯
聖羅沙
聖克魯斯
卡布堯
甲米地省
卡蘭巴
內湖省
大雅台
塔亞巴斯
聖托馬斯
聖帕布羅
利帕
盧塞納
八打雁省
奎松省
八打雁市

第五大區

比科爾大區

北甘馬仁省
達耶特★
南甘馬仁省
•那牙(南甘馬仁)
皮利★
伊里加•
塔瓦科•
里高•
奥拜省
黎牙實比市★
卡坦端內斯省
比拉克★
★索索貢市
索索貢
★
馬斯巴提市
馬斯巴提

民馬羅巴

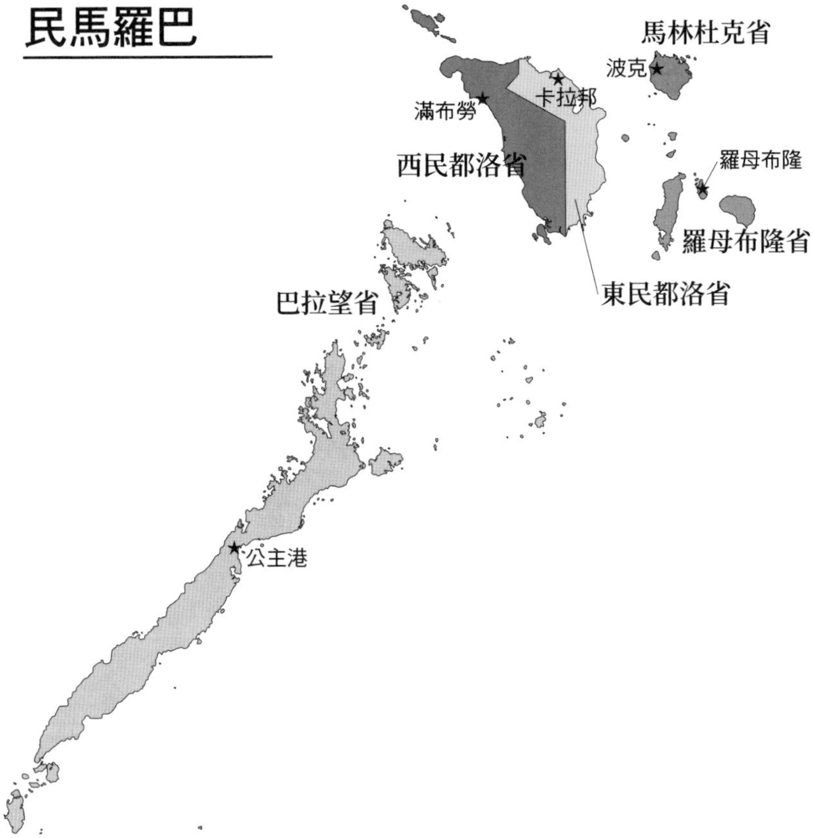

阿克蘭省
卡利波
羅哈斯
卡匹斯省
帕西
安蒂克省
怡朗省
卡利波
怡朗市
喬丹
基馬拉斯省
維多利亞
卡迪斯
沙蓋
西來
艾斯卡蘭提
塔里薩伊(西內格羅斯)
巴科羅德
巴戈
聖卡洛斯
卡洛塔
西內格羅斯省
希馬麥蘭
卡班卡蘭
錫帕萊

第六大區

西維薩亞斯

第七大區

中維薩亞斯

波哥
達瑙
宿霧市
曼達威
托萊多
拉布拉布
塔里薩伊(宿霧)
那牙(宿霧)
康拉昂
吉胡爾岸
卡卡
宿霧省
保和省
東內格羅斯省
塔比拉蘭
拜斯
巴雅萬
坦哈伊
杜馬蓋提
錫基霍爾
錫基霍爾省

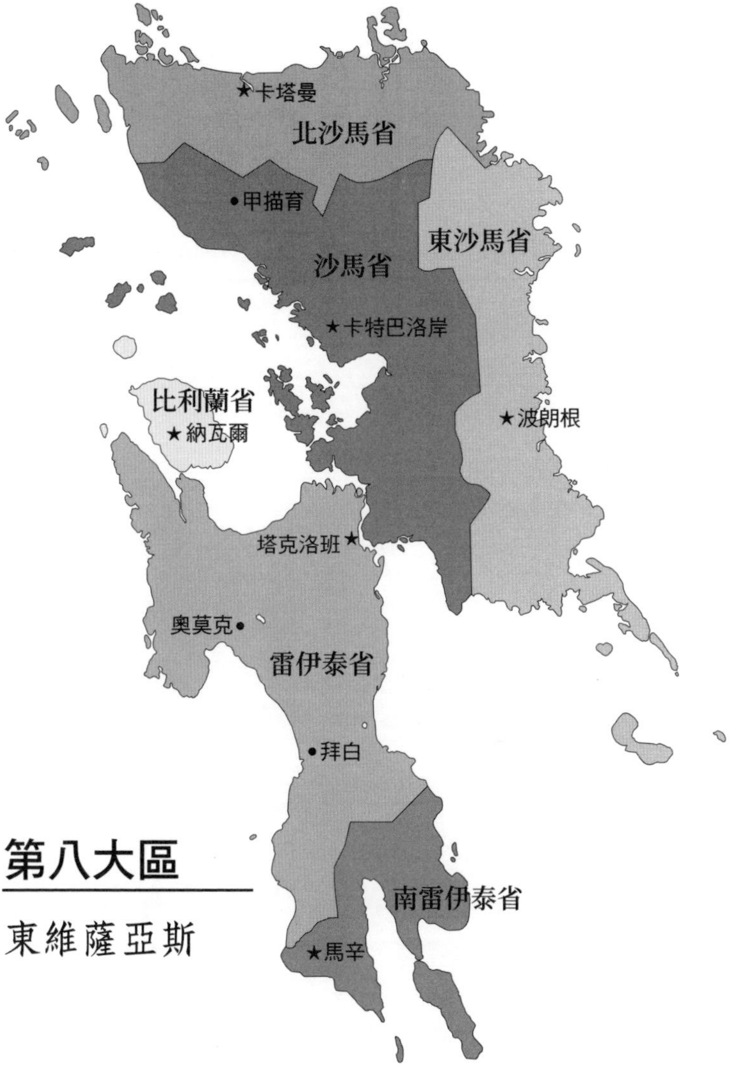
★卡塔曼
北沙馬省
●甲描育
東沙馬省
沙馬省
★卡特巴洛岸
比利蘭省
★納瓦爾
★波朗根
塔克洛班★
奧莫克●
雷伊泰省
●拜白
南雷伊泰省
★馬辛

第八大區

東維薩亞斯

〔第十章〕
外強中乾的「天龍馬尼拉」

菲律賓的治理，圍繞著「中央的力量究竟是太大還是太小」的問題。官僚體系以馬尼拉為大本營，掌握多數的歲入，這是否扭曲了經濟，導致國都區及鄰近周邊握有霸權，進而使遙遠的民答那峨島、沙馬島、卡加揚河谷等地的發展遭到忽略？還是說，問題主要在於組成政治體系的各省規模太小，受到地方大族與其他利益所把持，無視孱弱的馬尼拉行政部會？目前，菲律賓的行政制度雖然統一，但缺乏強大的中央公務體系，因此推動政務的力量很弱。預算的分配往往因政治操作與代議士的政治分肥而扭曲，資金因此流向政治活動與無用的建設。

杜特蒂總統上台時主打要終結「天龍馬尼拉」（imperial Manila）的宰制，承諾將政體轉為聯邦制，但執政五年過後，顯然在政治或行政的去中心化上並無多少改善。有時候，聯邦制的討論也涉及菲律賓是否應從總統制轉為議會制的議題。至於哪一種聯邦制最適合菲律賓，也是熱議的話題。是否應由呂宋島、維薩亞斯群島、民答那峨島與摩洛民族自治區這四大容易辨識的區塊，作為組成聯邦的單位？或者組成單位應該更小，類似中央為了行政而劃分的十七個地區（這些地區目前缺乏政治基礎或徵稅的權力〔除了摩洛民族自治區〕）。

一個地理形勢破碎的國家，要怎麼樣管理最好？這個問題的歷史相當悠久。扶西・黎剎曾寫道：

> 根據反作用力定律……一旦歷來承受著暴政的各地擺脫了桎梏，菲律賓群島就有可能成立聯邦共和國。[1]

黎剎希望將他加祿語發展為國語，隱含著暗示了權歸中央的想法，但歷來人們經常拿這段話作為民族英雄黎剎偏好聯邦制的證明。總之，從菲律賓民族主義伊始時，聯邦思想便已準備展翅翱翔，這多少也是受到美國等國聯邦制實例的鼓舞。近年來，杜特蒂總統重振了聯邦制的想法，但想歸想，實施又是另一回事。在二〇一八年以前用公投決定是否採取聯邦制的承諾並未實現，但相關討論不會消失，畢竟有一邊的人希望照顧到多樣性，另一邊則擔心多樣性會削弱民族認同與國語的影響力，兩邊仍在拉鋸。

馬尼拉之所以居主導地位，主因並非作為首都，而是因為其歷史、口岸、居於中呂宋的地理位置——這裡是全國人口最密集的地方。相較於曼谷之於泰國，馬尼拉對於菲律賓的支配沒有那麼強烈。馬尼拉的發展速度，其實也比不上宿霧等其他幾座港口城市，或是新興的大堡與卡加揚奧羅（Cagayan de Oro），有高附加價值服務業和原有的貿易角色相輔相成。反抗西班牙的革命分子偏好中央集權與總統制。然而，實際上從美國的征服中浮現的體制，以及從自治領時代實施到獨立時，乃至於後馬可仕時代再度實施的體制，卻是奇妙的混種。一方面下到省長上到總統，他們手中都掌握廣泛的行政權，幾乎所有稅收與開支都是由中央控制。另一方面，政治權力卻又高度去中心化。從一開始，美方希望呈現出透過代議政府進行統治的形象，只不過擁有投票權的人少之又少。先前我在第三章提到，這種做法確保地主及相關經濟利益者握有地方勢力。後來選舉權範圍擴大，但行政區劃仍然很小，同一批勢力則進而掌握眾議院的多數席次。

印度與香港雖然大不相同，但老牌帝國不列顛都在當地創造強而有力、菁英主導的有序公務體系。不過，美國本來就採取分權體制，對地方倡議抱有信心，因此沒有學習不列顛的做法。十九世紀晚期，泰王朱拉隆功（Chulalongkorn）運用民政與軍事菁英，在曾經鬆散的王國實現中央集權。即便採行民主制，省長與行政首長仍然是由中央，也就是由泰國內政部官派。

菲律賓也沒有印尼總統蘇哈托執政下的那種軍力。蘇哈托運用軍方在獨立戰爭中獲得的威望，把中央的權力、單一的語言投射出去，並塑造國家高於地區與宗教的觀念。

實施戒嚴後，馬可仕總統本可像蘇哈托的例子看齊。他確實採取初步措施，削弱地方大族勢力並解除其私兵武裝，但馬可仕是法界出身，而非軍人，且軍隊地位不高，注意力都擺在摩洛人與新人民軍叛軍，難以推動民政。不過，他的一九七三年戒嚴時期憲法確實推進了中央集權，不只是擴大總統權力，同時也把權力交給一院制立法機構——全國議會，而總統與議員任期皆為六年。這個代議機構的代議士，是以大區為主體進行選舉，而非省或其他行政區。戒嚴時期憲法帶有一絲議會制的味道，以首相為行政首長，沒有副總統；首相由議會選出，對議會負責。體制後來改回以總統為行政首長，副總統一職也重新設立。這套制度是馬可仕為了達成自己目的而創造，也隨著他的垮台而遭棄，但其中的若干元素至今仍有吸引力。取而代之的一九八七年憲法與一九七三年以前的憲法相當類似，只是以總統任期六年、不得連任的規定，取代了過往的一任四年、最多連任一次。參眾兩院則與先前大致相同。

一九八七年憲法旨在促成「最大的分權，但還不到聯邦化」。該憲法對於公共財政的分權語焉不詳，只提到「公平分配」，並允許地方根據國會制定的法律去收稅。此外，該憲法也大幅下放職能，一九九一年的一部法律規定菲律賓國稅局將稅收的百分之四十分配給地方政府單位（local government units，LGUs），讓地方得以推動政務。這百分之四十則根據複雜的公式，其中省與市各得百分之二十三，自治市得百分之三十四，巴朗蓋則獲得百分之二十。同一部法律中也為財產稅、礦稅與其他地方經濟活動的稅收確立規則。

然而，去中心化之後，不少義務變成推給地方政府單位去承擔，但前述財稅分配通常滿足不了其需求。由於城市數量激增，更小的地方單位財政情況因此進一步惡化。為了回應地方利益而成立新省分，讓公務的分配更形複雜。地方確實可以加稅，尤其是財產稅與礦稅，以支持公衛與教育開銷，但有錢人就不願意了，畢竟稅主要是他們在繳。結果，菲律賓的政府支出不僅已經比泰國更去中心化，甚至比聯邦制的馬來西亞與澳洲更加分散。

在菲律賓，行政決策權歸中央，但施政所必須的肌肉卻很軟弱。同樣的問題，也存在於深受西班牙與美國影響的司法體系中。司法體系理論上權歸中央，所有法官（包括最基層的市級初審法院〔Municipal Trial Courts〕承審法官）都是由馬尼拉選任。然而，地方政治其實對法官的人選有相當的影響力。法院貪腐、無效率的形象，進一步阻礙了行政的效能。

一直以來，聯邦制的討論都受到阻撓，因為人們認為改制涉及修憲。有人擔心一旦修憲，總統就有可能改制為議會制，或是為連任開門，試圖長久掌權。既有憲法容許在穆斯林地區與北呂宋科迪勒拉（眾多原住民的原鄉）成立自治區。然而，由於科迪勒拉並未團結一致，自治始終沒有成真。根據憲法，國會可以將更多的行政權與財政權授予各大區或各省。原則上雖然為人所樂見，但人們也會擔心一旦權力下放，會讓大族的宰制更加長久，甚至是強化。究竟這種做法，是讓全國的財富分配更優，抑或只會加深都會輻輳、資源豐富地帶與其餘各地之間的分歧？

有人主張菲律賓需要提升中央集權的程度，而非分權。馬尼拉制定的政策與政策的推行間之所以會有落差，部分確實涉及中央部會的不適任，但也跟地方政府規模太小、泛政治化與經常性的貪腐有關。大區議會可以蒐集資料與建議，並制定涵蓋省市的計畫，卻沒有決策權或施政權力。當然有眾議員希望馬尼拉能增加撥給地方政府單位的資金，但對於由地方支出究竟是否更有成效，看法則各有不同。

現有的大區區劃可以作為討論聯邦制度的起點，但十七個大區（包括摩洛民族自治區與科迪勒拉）會不會太多了？或者不夠多？像蘇祿群島就希望從摩洛民族自治區脫離，自己構成一個單位。根據地理形勢劃分，會不會不符真實世界的認同感？現有的大區劃分也不平均，比鄰的國都區、中呂宋與卡拉巴松（Calabarzon，即南他加祿〔Southern Tagalog〕）人口遠多於其他大區。二〇一五年的卡拉巴松有人口一千四百萬，卡拉加（Caraga）則是三百萬。

有關聯邦制的討論，鮮少觸及原住民（在民答那峨稱為「魯馬德人」）相關議題。原則上，保護原住民土地權與母語權的必要性早已為人所接受，但這些權利實際上仍受到侵蝕，面臨衝突。原住民的人數多到無法忽視，但從科迪勒拉自治區無法成立就能看出，各族之間的差異之大，讓他們難以形成有凝聚的單位。話雖如此，北呂宋的原住民，其實就和來自打拉的普通農民一樣是土生土長的菲律賓人（只有前南島語族群體在此居住的時間比他們更長）。但原住民往往被人當成次等公民，認為他們不像那些經過數世紀殖民統治衝擊的人那樣，而是缺乏「文明」。他們的學校被人「抹紅」，共有的土地遭拓墾者與種植園主侵占，他們的領袖則遭人指控支持新人民軍。不然就是有熱情過頭的非政府組織抱持「為你好」的家父長心態對待原住民，凸顯他們與一般菲律賓人的差異，而不是強調共同點。使用英語從事教育、撰寫正式文書的做法也削弱了國語的地位，連帶影響對區域語言的認同——無論是使用者眾多的宿霧語，還是限於小型原住民社群的語言皆然。

聯邦制支持者的基本主張，在於菲律賓地形破碎，讓中央集權所費不貲又缺乏效率。中央集權不僅難以回應地方各自不同的需求，影響地方自發性行動的動能，而且無法在這個區域認同強烈的國家裡運用並發揮各地區的自豪之情——從參議員選舉就能看得出來。中央集權限制了大區之間的競爭，影響資源開發的速度。

反對者則主張：

- 現有的行政能力不足以讓區域得到成功治理。
- 如果沒有相應的國會制度搭配，既有的世家大族就會將權力基礎由省擴大到大區，凌駕其上，引發比今日更嚴重的問題。
- 即便有一套能裨益貧困大區的衡平機制，聯邦制仍然會加劇收入的不平等。
- 一旦民答那峨與維薩亞斯大部分地區採用宿霧語，國語的發展將更加遲緩。

從這些論點至少可以推論出，假如要實施聯邦制，則政治實體的數量最好不要太多，但實體若是太大（例如整座維薩亞斯群島，或是不包括摩洛民族自治區的整座民答那峨島）又會引發國土分離疑慮。

本世紀初，政治學家兼菲律賓大學（University of the Philippines）前校長荷西・阿布埃瓦（Jose Abueva）便提出一套架構縝密的聯邦體系。他把聯邦制與議會制度的改變聯繫起來，主張此舉能促成政黨體系發展，以各種利益的平衡作為施政基礎，而不是選誰的名氣大，並且可以人民力量以外的方式讓貪腐或無能的領導人下台。也有人指出，雖然議會制也會有威權強人出現，例如新加坡的李光耀或泰國的塔克辛，但他們都是先籌組政黨，不像菲律賓過往的總統候選人是靠名氣或家族姓氏勝選。阿布埃瓦的聯邦模式靈感取自澳洲、印度與德國，這些國家都是議會制。

他的構想是成立十一個州，各邦有農業、環境、警察、司法、公共建設與社會福利的管轄權，但「州」的地位並非憑空得來，而是要先展現出行政能力才行。各州有一院制的州議會，正副州長由議會選出。聯邦與各州皆有其專業公務體系，以確保行政專業與施政延續。[2]

近年來，第一份由政壇要人所提出的聯邦制提案，是二〇〇八年由時任參議員的阿奎利諾·皮門特（Aquilino Pimentel）提的方案——十一個州，加上摩洛民族區、科迪勒拉與兩個聯邦行政大區（Federal Administrative regions），一是馬尼拉，一是蘇祿群島（蘇祿區〔Bangsa Sug〕）加上未實際掌握的沙巴。部分政府職能將由馬尼拉轉移到各州首府。皮門特（出身卡加揚奧羅）的提案獲得若干支持，不過他本人的意思並非建立議會制。根據提案，參議院將擴大為八十七個席次，其中各州與馬尼拉各六席，海外菲律賓人九席。國家歲入有百分之八十分給各州，百分之二十交給中央政府。

杜特蒂當選後往聯邦制邁進的第一步，就是發布行政命令，成立研究小組，探討如何修正一九八七年憲法中各級政府權力相關的條文。此時，其他人也提出有別於皮門特的方案。制憲委員會於二〇一八年提交的方案影響深遠，主軸是將全國分為十八個大區（類似今日），其中包括既有的摩洛民族地區，以及由七個省加碧瑤市組成的科迪勒拉大區。《摩洛民族組織法》

將成為憲法的一部分。各大區可以獲得國稅中所得稅、消費稅與貨物稅的百分之五十，且有權自行加徵財產稅、車輛稅等，並保有至少百分之六十的地方礦業資源收入。各大區有自己的法院體系，但終審法院為聯邦法院。各大區得選出兩名參議員，至於眾議院四百個席次中只有百分之六十是分區議員，其餘為政黨名單席次。兩院議員任期皆為四年，得連任一次。正副總統同樣任期四年，得連任一次，但總統、副總統必須綑綁投票。其他提議像是明定西菲律賓海、菲律賓隆起（Philippine Rise）與沙巴為固有領土。委員會建請取消憲法中對於外國投資的某些限制，授予國會更大的自由，針對特定部門制定法律。然而，民眾對於修憲並不積極，參議院無意討論，杜特蒂顯然也失去熱情。

不過，對於總統制的論辯則方興未艾。議會制作為反制杜特蒂與馬可仕等強人總統的手段，仍有其吸引力。一九八六年制憲委員會在制定一九八七年憲法時，議會制的呼聲也只是些微落後而已。提倡議會制的人主張能讓政黨更加強健，並限制恩庇氾濫的情況——自由黨在二〇一六年的國會選舉中贏得一百三十席，後來卻因為成員為了獲得支持而換黨參選，結果丟掉了八十席，由此就能看出恩庇政治的問題。政黨必須施惠，才能吸引地方政治人物，不然當選人就會往總統的支持者靠攏。從參選人數減少，可以看出現在當眾議員顯然已經沒那麼有價值。競選成本太高，回報太少，就算允許政治分肥都不夠。許多大家族已經放棄選區，轉往政黨名單席次發展——二〇一九年選舉過後，地方望族出身的勝選者占了六十一個政黨名單席次中的四十九席。[3]豪族對各級政府的宰制，始終是經濟現代化的路障。偏偏在憲政體制下，只有世家大族才能制定該制定的法律，終結這種各大家族競相爭奪官職的制度。

關於聯邦制，光是想達成原則的共識便已難上加難，一旦與議會制或任期變更等動議掛鉤，那更是難如登天。選區眾議員有三百四十名，全國票選出的參議員有二十四名，兩者的利益並不相同。爭議將在不同的理論與利益團體支持下繼續，但爭辯的主題感覺都無法對治菲律賓面臨的社會與經濟問題。人們早就看見這些問題，補救措施卻遲遲未能敲定。民主蓬勃發展，但僅限於在過時的社會結構中發展。

注釋

1 Jose Rizal, *Filipinos dentro cien anos*, Barcelona: La Solidaridad, 1889.

2 Jose V. Abueva, *Towards a Federal Republic of the Philippines with a Parliamentary Government*, Marikina: Centre for Social Policy and Governance, Kalayaan College, 2005.

3 Manuel L. Quezon III, 'An Epidemic of Clans', *Philippine Inquirer*, 9 June 2021.

〔第十一章〕失去優勢

施政體系是達成目的的手段。就此而論，菲律賓必須自忖：菲國的人類發展（human development）相對落後於大部分鄰國，而本國的制度跟落後的情況是否有關，負有什麼樣的責任。若與多數南亞與東亞國家相比，美國監管下的菲律賓算是在初等教育普及方面提早起跑。截至二〇一九年，菲律賓是東南亞識字率據信最高的國家：根據聯合國資料，菲國整體識字率為百分之九十八點一，十五歲至二十四歲的女性識字率最高，達到百分之九十八點九。

然而，如此的成就也無法掩蓋不甚可看的教育水準數據。國際學生能力評量計畫（Programme for International Student Assessment）在二〇一八年調查發現，菲律賓在全部七十九個參與評量國家當中，學生的閱讀能力倒數第一，至於數學與科學則排名倒數第二。[1]調查顯示，四年級只有百分之十九的孩童勉強達到「中下」等級。[2]更高年級的平均水準也維持低檔。調查結果反映出教育的質與量都潛藏問題。二〇一八年，亞洲開發銀行報告指出，菲律賓整體教育體系素質稍微高於泰國，但低於印尼。菲律賓科學與研究機構的水準低於泰國、印尼與巴基斯坦，學／產業合作與整體創造力產出表現疲弱。與全球相比，各年級學生有百分之八十低於最低學力水準，十五歲的學生有百分之七十二在閱讀、數學與科學皆敬陪末座。[3]

至少就政府支出來看，二〇二〇年的教育支出約為百分之十六，暗示了教育在全國施政順序上相對較低。明明菲律賓的學齡人口比例高於同區域的其他國家，但對初等與中等教育的全國總支出不超過GDP的百分之三，不僅低於印尼，而且遠遠落後馬來西亞、中國、泰國與越南。[4]政府支出確實從二〇〇五年的低點迅速攀升，提供更多教室與教科書。到了二〇一七年，中等教育學年數終於從四年增加到六年，而在五年初等教育之前也多了一年的義務幼兒園教育。然而，制度實行力道不強，教育品質良莠不齊。儘管需要更多、更優秀的教師，但截至二〇二〇年為止的十年間，教育領域就業的增長卻低於農業以外的每一個部門。COVID-19疫情也凸顯線上授課設備的缺乏。二〇二〇年與二〇二一年幾乎完全沒有實體教學，學校提供的遠距教學教材也很難學習。菲律賓學校關閉的時間比多數亞洲國家更長。世界銀行估計，菲律賓的調整後受教育年限（Learning Adjusted Years of Schooling，一種衡量實質學力，而非純粹受教年限的指標），將從本來就很普通的七點五年，落到介於五點七年至六點一年間。

早在疫情之前，菲律賓教育表現就已不佳，原因有好幾個，但它們的肇始點不在學校，而在營養不良。五歲以下孩童約有百分之三十發育不良，[5]其餘以身高而言過瘦或過胖。過早停止餵哺母乳，以及蔬菜、蛋白質、碘與維生素攝取不足也都有影響。有些情況在疫情前幾年已有改善，但低收入與不良飲食習慣依然對營養有不良影響。[6]

有條件現金入帳計畫（見第八章）獎勵持續讓孩子上學的家庭，讓學童接受接種，給予營養補充劑，試圖同時對治教育與健康問題。這些措施固然深受政界與國際組織的歡迎，但影響有好有壞。想要改善普遍的營養不良、發育不良、孕產婦死亡率與低受教率，需要的不只是選擇性的介入。

儘管義務初等教育長久以來都是六年，但實施的時間比多數國家遲，許多學童也因為貧窮或遠道等因素而未完成學業。民答那峨與東維薩亞斯鄉間的輟學率特別高。私立小學通常早一年入學，學制七年，為學生帶來明顯優勢。二〇一八年，整體的初等教育完成率為百分之八十七，但在民答那峨穆斯林自治區卻只有百分之三十九。有些學童因為必須照顧年紀更小的手足，因此晚讀或早輟。貧戶男性比女性的輟學率更高。

學業表現的嚴重差距，反映出社會地位與收入的不平等，而不平等則反映在公私立學校水準的差距，反映在貧窮家庭在高等教育方面得到的支援極為有限。許多左派認為政府教育預算之低，是菁英主導的政治體系有意為之的結果。教育也未能跟上環境的變化，許多高等教育畢業生發現自己並沒有做好進入專業勞工市場的準備。產學間聯繫薄弱。

有人認為，整體教育的低水準，反映在重視人設與世家大族互鬥甚於政策的政治，社交媒體無孔不入的滲透更是讓情況每況愈下。新聞報紙讀者群本來就少，而且即便有不少英語與菲律賓語的創作（其他地方語言也有一點），但教科書以外的書籍銷售量卻是平平。黎剎力陳，自由的前提是民眾的教育，但一位現代評論家指出：「黎剎何其不幸，他留下大量的文學著作與信件，卻是留給一個不閱讀的民族。就因為菲律賓人不閱讀，我們國家才無法成為一個能夠反思的社會，然後前進。」[7]

對於初等、中等學校教育，乃至於整體閱讀來說，語言則是另一個議題。公立學校的前兩年，教材使用的是當地語言，此外也教授菲律賓語與英語。兩年過後則換成混用菲律賓語與英語。儘管學童多半對這兩種語言有基本理解，但閱讀、書寫的流利程度不足以有優秀的考試成績，讓他們對進一步學習感到卻步。

整體而論，百分之七十的青少年就讀中等學校，但許多人連四年的學業都沒有完成，完成六年的更是少之又少。部分學校著重技職訓練；少數以科學為導向的學校有入學考試。約有百分之二十的中等教育學子就讀私校，私校多半都有入學考試，校地較小，班級人數較少。公立學校的學生與教師比很高，初等學校大約四十比一，中等學校則約三十比一。老師待遇不高，而且要擔負其他行政責任。教育的量是擴大了，但因為教師培育素質不高，導致教學品質不足，教育的質也就沒有跟上。根據世界銀行報告，菲律賓的十二點八年學校教育成果，換作是素質好的學校，只要八點四年就能達到。政府不願意承認沉痾，而是靠亞洲開發銀行研究所（Asian Development Bank Institute）提出的研究報告打哈哈——報告中清楚表示，提升教育水準應該是「全國的當務之急」，教育體系「素質有許多提升的空間」。[8]

受教機會的性別平等一直有進步。二〇一六年，女學生與男學生的比率在中等教育為一點二，高等教育為一點三。然而，女性勞動參與率低了一大截（近年來落在百分之四十七至四十八），加上許多女性到海外工作，這些都侵蝕了性別平等帶來的利益。女性在專業工作與公職的能見度很高，但在私人企業則不然。國會約有百分之三十的議員為女性，以區域標準來說相對高。相較於多數發展中國家，菲律賓女性比較不會遭受家庭暴力，性別歧視也相對較少。

照道理講，中等教育學年增為六年，應該能提升高等教育的水準。菲律賓高等教育機構數量很多（超過一千六百所），還有一百一十二間立案的大學。部分大學與學院有國家挹注，其中規模最大的是校本部位於馬尼拉蒂利曼（Diliman）的菲律賓大學（University of the Philippines）。其他頂尖的國立大學還有國立民答那峨大學（Mindanao State University，校本部位於馬拉威），以及馬尼拉的菲律賓綜合科技大學（Polytechnic University of the Philippines）。另外還有許多國立與地方學校，它們多半是專修與職業訓練學校；但是，儘管上述公立學院規模與重要性如斯，預算卻只有公立初等、中等學校的主管機構——教育部預算的百分之十。公立大學與學院因此必須收取高額學費，難以為學生提供生活開銷。

不少高等教育機構為私人經營，非營利與營利導向者皆有。幾所頂尖大學本為天主教修會所辦，像是耶穌會創辦的馬尼拉雅典耀大學（Ateneo de Manila），最古老的聖多默大學是道明會於一六一一年所辦，以及德拉薩爾大學（De La Salle）。杜馬蓋地（Dumaguete）的西利曼大學（Silliman University）以前是新教學校，如今則為非宗派學校。另外還有東方大學（University of the East）與遠東大學（Far Eastern University）。所有大學都有入學門檻，高低則因學術名望與校園位置而有別，招收學生時也納入學業表現之外的若干因素。整體來說，即便國際間的大學排名對使用英語的教育機構算是比較照顧，但連菲律賓最好的大學也只能排在中段班。根據一份二〇二〇年的排名，只有菲律賓大學與雅典耀大學能排進全球前五百名。

醫學教育水準固然高，但許多醫生與護理師前往海外工作。護理師訓練相當熱門，二〇〇九年時有三萬七千人通過考試，但由於市場飽和，因此二〇一九年的人數只有一萬兩千人。無獨有偶，雖然二〇二〇年有登記造冊的醫師約為十三萬人，但在菲律賓執業者只有約四萬三千人。[9]財務情況不允許招募更多護理師。菲律賓每一萬人當中只有十二點五名護理師與助產士，落後印尼，更遠遠落後泰國。醫生非常稀有，整體平均每一萬人只有三點九名醫師，國都區為十點六人，卡拉加為二點一人，民答那峨穆斯林自治區只有零點九人（二〇一七年的資料，引自 The Philippine Health System Review, WHO, 2018）。

雖然菲律賓的教育體系培養出足夠的資訊科技與文組人才，讓ＢＰＯ產業持續成長，但ＢＰＯ集中在少數都會區，而且無法反映整體的人才培育，或是投入工業與農業的實際情況。亞洲開發銀行在二〇二一年發表的報告提到，儘管各界深知必須有更多、更優質的技職訓練，才能提升生產力，跟上科技變化的腳步，但仍有許多不足。報告明確指出必須將義務教育增加到十二年，才能為技職教育打好基礎。政府的技術教育技能發展司（Technical Education and Skills Development Authority，ＴＥＳＤＡ）是職訓課程的主管機構，但影響力與資源有限，跟教育部和高等教育委員會（Commission on Higher Education）的合作也很薄弱。比起花更多錢在高等教育，投資技職訓練（尤其是技職教師）算是經濟實惠的選項。[10]光是從二〇二一年技術教育技能發展司的資金挪去作為杜特蒂的反游擊戰資金，就能看出教育的順位並不高。

雖然亞銀表示就讀技術課程的人數在增加，但有太多課程無法帶來就業機會，或者課堂上教授的技術已經過時。通訊技術事實上在走下坡。研究指出，儘管ＢＰＯ與ＩＴ相關就業機會成長飛速，在二〇一八年雇用了一百八十萬人，但這些領域中的低階工作很容易因科技轉變而消失。就業方面還是有進步。低技術產業雇用比例由二〇〇〇年的百分之六十六降到百分之六十，但高技術人才多半進入由僑匯與BPO直接或間接推動的服務業。

由於缺乏技術，加上製造業部門就業機會成長表現堪憂，二〇一八年的整體勞動力有百分之五十二的人在非正式部門就業（而且收入多半非常低）。儘管相較於二〇一〇年的百分之五十七，二〇一八的情況已有進步，但這個數值仍反映出貧困與教育機會之間的關聯。無業確實是個問題，但許多人鎮日工作卻仍然收入微薄，這是更嚴重的問題。這也解釋了為什麼經年GDP成長強勁，貧窮的情況卻難有改善，甚至紋風不動。接受優質教育的人做更好的工作，生更少的孩子，不停循環。時間拉長，生育率的逐漸下降將有助於減少不平等，但教育需要比現有更多的預算分配。

公共衛生方面的情況相去不遠，肺結核盛行率的持續，以及對登革熱與HIV的防治不佳，背後都跟資金短缺和分配不均有關。[11]孕婦與新生兒死亡率的嚴重程度不亞於兒童發育不良。儘管百分之九十的人能取得安全的飲用水，百分之七十的人享有現代衛生設施，但農村窮人的疾病發病率居高不下，而他們的孩子最多，接種率（COVID-19疫情前）也遠未能達標。民眾對疫苗的疑慮是個問題，政客的推波助瀾也有部分責任，但根本原因仍在於地方政府單位

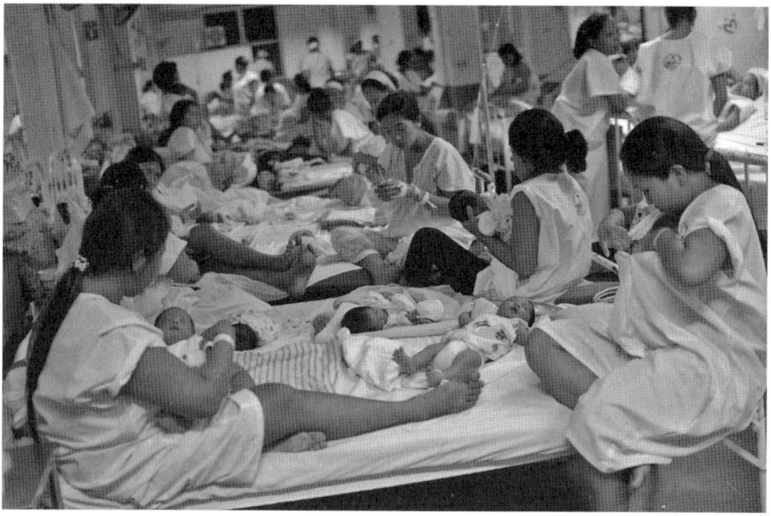

11-1　醫院婦產科的壓力

資金不足，而且規模往往小到不足以有效推動接種計畫。由於未能為所有人接種疫苗，麻疹與白喉病例持續出現；雖然在降低孕產婦與新生兒死亡率方面有穩定的進展，肺結核等傳染病的案例也在減少，但營養失衡、肥胖與吸菸所導致的糖尿病、心血管疾病與肺病仍穩定增加。

儘管政府支出用於公衛的比例增加，但行政部門——菲律賓健保公司（PhilHealth）卻遭受數起醜聞的打擊，像是為幽靈手術支付費用。據說醫生與藥商之間也有勾結（與某些國家一樣），還有藥房用便宜學名藥取代品牌藥的情況。近年來衛生基礎建設已有提升，醫院與診所比以往更多。公私立醫院病床數大致相同，但數量嚴重傾向開發程度高的區。以每百萬人分配到的病床數來說，國都區是全國其他地方的三倍。中高收入婦女幾乎全數在醫療設施生產，但赤貧者只有百分之五十七。

總體衛生支出約為GDP的百分之四點七，但當中的百分之六十五都用在私營單位，許多人無法享受。衛生僅占政府支出的百分之八，鄉間的衛生基礎建設往往不足以提供基本照護。結果，菲律賓整體衛生水準如今和印尼同等級，而印尼的公衛曾經遠遠落後於菲律賓。兩國的整體預期壽命如今同為七十一年，而二〇二〇年的人類發展指數（Human Development Index）排名也同為第一百零七名。菲律賓政府衛生支出占比稍高於泰國占比的一半。菲國國內最好的醫療照顧能與多數已開發國家相比，但平均水準雖緩慢改善，卻仍然不足。頂層與底層之間的巨大鴻溝，加上世界銀行所謂的營養不足「無聲疫情」，導致菲律賓的人力資本指數（Human Capital Index）只有零點五二的低分——亦即今日兒童在未來的生產力，只能勉強發揮出得到充分營養與教育情況下的半數潛力。三十年來，兒童營養不足的問題幾乎沒有改善。[12]與此同時，根據營養研究學會（Nutrition Research Institute）二〇二〇年的報告，菲律賓成人過重與肥胖的比例卻攀升到百分之三十七，原因是飲食的熱量太高，但營養不足。就菲律賓所制定的千禧年發展目標（Millennium Development goals）而論，大多數如衛生、兒童與孕產婦致死率、學年長度、HIV、瘧疾與肺結核發病率等都有改善，但改善的幅度相較於全亞洲則相當不足。

教育與公衛的缺失，多少跟數十年來未能控制人口成長有關。各界通常歸咎於天主教會反對生育控制，但富人自己採用避孕措施，卻很少努力讓低收入群體也能取得避孕藥。太多孩子嗷嗷待哺的情況，只不過是長期貧窮與不平等的部分成因。生育率穩定下降，生育年齡婦女的生育胎數也從二〇一五年的三點零胎減少到二〇二〇年的二點四胎（多少反映了《生育健康法》立法的影響），但預期數字將維持在二點零至少到二〇四〇年。總之，菲律賓人口長期未來雖然樂觀，人口保持穩定而不至於老化，但中期而論，人口（二〇二一年為一億一千兩百萬人）仍將以每年超過百分之一的速度增加，預料將在二〇四〇年達到一億四千兩百萬人。二〇二〇年的菲律賓年齡中位數只有二十六歲。有鑑於人口組成之年輕，重視教育與衛生問題的程度，理應倍於毒品和游擊隊問題才是。

注釋

1 Organization for Economic Cooperation and Development, Programme for Interntional Student Assessment, Report for 2008.

2 *Philippine Daily Inquirer*, 27 December 2020.

3 Basic Education in the Philippines, World Bank, 1 July 2021.

4 United Nations, Human Development Report, 2020.

5 United Nations Children's Fund (UNICEF), Situation Analysis for Children in the Philippines, 2018.

6 Undernutrition in the Philippines, World Bank, 15 June 2021.

7 Rado Gatchalian, 'For a More Enlightened Nation, Let's Read Rizal', *Philippine Daily Inquirer*, 24 June 2021.

8 Pacifico Veremundo in *Philippine Daily Inquirer*, 3 September 2021.

9 Department of Health, Philippines.

10 *Technical and Vocational Education and Training in the Philippines in the Age of Industry 4.0,* ADB March 2021.

11 WHO/Asiapacific Observatory on Health System, *The Philippine Health System Review*, 2018.

12 'Undernutrition in the Philippines', World Bank, 15 June 2012.

〔第十二章〕

貧窮的根源

二十年來，菲律賓令人印象深刻的GDP成長，是由兩大因素推升的，而兩者都跟勞工有關，與資本幾無關聯：一是海外勞工的僑匯，二是BPO與相關網路業活動。兩者的活絡，都是靠個人與小企業的舉措，以及海外公司的積極，利用具有基礎線上溝通能力的廉價英語使用者，從這類勞動力的供應而獲利。

鏡頭一轉，菲律賓經濟最脆弱的環節，正好是最基礎的環節：農業。農業吸收百分之二十二的勞動力，如今卻只占經濟的百分之八，失去的那些占比多半流入服務業，而非工業。問題在於農產量成長表現極為普通，而大部分農產的產出成本卻很高昂，反過來加重農民、所有的糧食消費者，以及政府的負擔。二〇一九年，農漁民中有百分之三十四為貧窮人口，相較之下，總人口中的貧窮人口為百分之二十二。

農村貧困的現象在玉米農與椰農身上最常見，但普遍而言都是大家庭、低收入、低教育水準與健康狀況不良所構成的無盡循環。至二〇一九年為止，菲律賓二十年來農產量只提升百分之三十二，反觀越南則有百分之七十三，印尼為百分之五十。[1]換個說法，菲律賓能夠開拓的潛在農地很少，農產量一直以來只能勉強跟上人口成長的腳步。二〇一六年至二〇一九年間，年產量增加率掉到百分之一點三。由於就業情形存在著從農地到城市，從城市到海外的緩慢轉移，因此人均產量確實有提升，但土地產能遠遠沒有發揮，食物價格則幾乎比鄰國都高。之所以如此，原因包括產業保護、農地縮水、缺乏投資、政府規劃目標錯誤、運銷不足，以及肥料和種子的高花費。雖然高唱提升糧食安全，但二〇二一年的農業部預算只占總體政府預算的區區百分之一點五。

這些問題讓稻米受害最深。人們一直以為菲律賓稻米應該可以自給自足，但實情卻是在過去一百二十年來，大部分時候都需要進口稻米。政策重點在於限制總量，把便宜的外國米擋在外面，而農業部的預算則泰半用於農業投入補助，以及建設稻米生產所需的灌溉體系。稻米用去將近半數的預算，但用價值來看只占農產品的百分之十八，菲律賓消費者還得用將近越南消費者支出兩倍的價格來買米。

局部改革在二〇一九年出爐，國會通過《稻米關稅法》（Rice Tariffication Act），用關稅取代進口量限制——東協國家的米徵收百分之三十五關稅，其餘地方則加徵百分之五十。但關稅措施其實凸顯的是對於持有灌溉土地的人來說，需要什麼程度的保護才能讓他們過著合理的生活水準。雨育稻稻農情況更慘。以關稅取代進口量限制之後，稻米種植面積稍有縮小，但生產概況不變，國內生產約一千兩百萬噸，進口則為兩百萬噸。高昂的本地稻米價格影響了整個經濟，都市的窮人尤其深受其害，因為他們收入本已微薄，卻得在食物上花掉大半。營養不足相當普遍，畢竟許多家庭除了米以外，就買不起足夠的食物。二〇二一年世界銀行報告指出，健康飲食一日需花掉六十八披索，但真實的開支卻只有四十八披索。

另一個問題是農地規模太小，主因則是土地改革和人口成長。農場規模的擴大，可以透過合作社與租賃規劃等方式，但進展有限。自菲律賓獨立以來，土地所有權與土改要求一直是主要政治與社會議題。把推動土地合併的政策跟推動《全面農業改革法案》（Comprehensive Agrarian Reform Programme，CARP）實施的政策放在一起，本來就有問題。地主反對、地方政局、土地價格爭議、潛在獲益者之間的齟齬……眾多因素已讓《全面農業改革法案》的實施難上加難，偏偏社會正義、減少貧窮與增加農產量等立法宗旨卻不見得彼此交融。還有一個問題：農民重視穩定甚於產量，他們安土重遷，只求溫飽。許多人雖然已經成為都市無產階級的一部分，卻還留著一小塊祖產當作保險，哪怕土地多小都不放手。這種心態情有可原，只不過農地的整併、對補種或新作物種植的投資也因此受到影響。對於土地整併來說，複雜的親屬關係是又一重障礙。

玉米雖是菲律賓第二重要的作物，但相較於稻米，玉米並非政治敏感問題，因為現在玉米主要是飼料（以前不是）。玉米主要產區為民答那峨島與卡加揚河谷，二〇〇二年產量為四百五十萬噸，後來用改良種提升產量，於二〇二〇年翻倍到八百二十萬噸。即便玉米產量增加，而且也像稻米一樣有高關稅保護，產量仍不足以滿足國內約九百萬噸的需求。由於人口增加，家禽與豬所需飼料更多，消費者也有小麥製品需求，菲律賓總糧食進口因此穩定增加。進口糧食大宗為小麥，超過五百萬噸，成本約十七億美元，其中約有半數用於磨製麵粉，半數作為飼料。

椰子是另一段淒慘的故事。儘管以價值而言，椰子油、乾椰仁與相關製品向來是最大宗的農產出口，每年輸出約一千四百萬噸，但這個數字截至二〇二〇年時已近乎停滯了十年，且出口產值變化很大，部分是因為面臨印尼與馬來西亞棕櫚油競爭之故。對於種植者而言，椰樹有幾項優點優於棕櫚樹。椰樹可以輕鬆與其他作物間種，壽命長，又能耐颱風。然而，菲律賓的椰樹中有高比例是老椰種，每棵樹平均產量只有四十三顆椰子。新品種產量約四到五倍，能提高相關產品產量，而生質柴油需求的增加，以及用椰油取代棕櫚油進口的做法，就能吸收掉種植新品種的成本。據估計，菲國椰樹種植面積為三百五十萬公頃，其中只有兩百萬公頃栽種產量高的品種。椰產業在馬可仕執政時受到椰稅的重創（見第六章），椰稅本應用於產業發展，結果卻成了政客的搖錢樹。二〇一二年，《椰農與椰產業信託法案》（Coconut Farmers and Industry Trust Act）通過，索討回的七百億椰基金亦為其規範對象；法案對於資金的支配有廣泛的影響力，但各界仍擔憂將成為另一項政治分肥的來源，或者被政府預算吃掉。椰產業雖四分五裂，卻是四百萬農民的生計來源。椰農集中在三寶顏、比科爾與東維薩亞斯大區，通常非常貧困，而政府若不提供更多的協助，椰產業就很難現代化。如果某些農地改種油棕，或許能像泰國的情況一樣，有助於小地主。

非傳統出口項目的發展較好，尤其是水果。香蕉是第二大出口農作物。二〇一九年的香蕉產量達九百二十萬噸，將近三分之一出口，價值十九億美元。百分之九十的香蕉來自民答那峨，光是大堡區就占百分之六十。香蕉業很有組織，是由少數幾家植蕉的大公司如都樂（Dole）與帝門（Del Monte），以及許多與上述公司簽約的小蕉農所組成。出口用香蕉以高產、果實碩大的香芽蕉（Cavendish banana）為主，但本地市場偏好其他品種香蕉，兩者口味不同。菲律賓長年為全球第二大香蕉出口國，主要市場為日本、中國與韓國。香蕉業往往受人批評為傷害環境的單一作物產業，但民答那峨的香蕉種植面積預期仍將持續擴大，且根據聯合國糧食與農業組織（Food and Agriculture Organization，FAO）的數據，產量將以每年平均百分之一點五的幅度增加。

鳳梨是另一項穩定成長的農產品。菲律賓是全球最大鳳梨種植國，產地同樣集中在民答那峨，產量即將叩關三百萬噸，是全球第二大出口國，銷售額逼近兩億美元，主要銷往日本、韓國與中國。不過，熱帶水果出口競爭激烈，保持領先並非易事。

菲律賓芒果素有美味之名，出口在一九九〇年代一飛衝天，但近年來產量與出口量皆持平，無論是生產力或市場所面臨的競爭都更激烈。種植、包裝與出口之間的環節相當棘手，畢竟芒果是嬌貴的水果，保鮮期短，必須通過嚴格的植物檢疫，尤其是在日本。由於泰國與印度逐漸成為亞洲主要出口國，加上印尼也加入了市場，菲律賓芒果的市占率連年下降，年出口額勉強達到一億美元。

大堡區生產優質榴槤，但榴槤農直到二〇一九年才試圖往新興市場出口，尤其是中國。相較於泰國與馬來西亞，目前的菲律賓還是輕量級的選手，但對於願意等新樹結果，並經營供應鏈將水果迅速送往市場的人來說，前景依然看好。

糖本來是菲律賓的重要出口品，近年來卻年年入超，二〇一九年生產兩百一十萬噸，但淨進口約三十萬噸。菲律賓糖價遠高於全球價格。若非對高果糖糖漿開徵差別稅，進口的糖數量還會更多。一直以來，糖產業莊園主與季節工、佃農衝突不斷，尤其是產糖重鎮內格羅斯。島上有大約六萬五千處農場，其中百分之八十面積不到五公頃。整個產業直接雇用約七十萬人。整體糖產量低，尤其是小農場——平均每公頃產糖只有五噸，但超過一百公頃的農場每公頃平均卻能產糖七點三噸。[2]許多甘蔗田若非太小、坡度太大，就是種植過於密集，即便地主有資金能購置機器，也無法機械化收割。軋汁過程的低糖汁回收率則是另一個問題。

咖啡也是曾經能夠出口，但如今多半採進口的一種農產。菲律賓每年的咖啡需求量為十七萬噸，而且仍在提高，但本地的咖啡產量只占其中約四分之一。其他的林產也面臨類似困境。菲律賓每年花十億美元進口棕櫚油，本國只生產約十萬噸，不到需求量的百分之十。棕櫚油產量已經停滯十年，這多少跟魯馬德社群與非政府組織的反對，希望能保護原有林地有關。過去未開採木材而砍伐的林地，並未改種油棕。泰國的小地主用油棕取代老椰樹與老橡膠樹，國內棕櫚油產量大幅提升，但菲律賓沒有泰國這樣的發展。菲律賓的橡膠產量同樣陷入停滯，過去十年平均年產量約為四十二萬五千公噸。

除了米、玉米、糖等必須消費品，還有比較少人注意的根莖類作物，主要有木薯、番薯與芋頭。根莖類並不起眼，卻是數百萬人的糧食命脈，對於耕種貧瘠土地和山區農地的農民而言尤其重要。這類作物相較之下比較好顧，也更能抗旱。木薯幾乎到處都能種，可以作為主食，也可銷往市場。木薯年產量約兩百六十萬噸，其中約三分之一進了人的肚子，三分之一用作飼料，三分之一為工業用途。儘管木薯能提供高熱量，但種植與使用的推廣活動不多，其產量也因此近乎停滯了好幾年；反觀泰國則是把木薯生產發展為大型產業，結合東北地區的小面積旱田，帶動木薯片、牛飼料與澱粉的生產與出口。番薯在菲律賓的種植面積也很廣，同時是日常主食與動物飼料，但每年大約五十萬噸的產量，跟越南與印尼相比並不算多。

菲律賓四面環海，幾座淡水湖總面積約二十萬公頃。一直以來，菲律賓人不只吃魚，也出口魚，但魚肉在國民飲食中占比不斷下降，既是因為人口不斷增加，也是因為海洋過度開發。漁業仍然是估計一百五十萬人的直接生計，但漁民也是貧窮比例最高的一群人。漁業僅占GDP的百分之一點二，在農林漁部門中只占百分之十六。二〇一九年，整體水產量為四百四十萬噸，而捕獲的海水魚占不到百分之五十。近年來，菲律賓水產養殖以平均每年百分之二的速度擴大，因此海水魚捕獲量頂多就是持平。水產噸位超過半數是藻類，而非魚類，只占產出價值的百分之十。[3]主要養殖魚為吳郭魚與虱目魚。

商業捕魚最大宗的漁獲為鰹魚，但捕獲量已在衰退，至於沿海小型船隻漁獲則近乎停滯。儘管二〇一八年的出口額仍有四億七千兩百萬美元，[4]但數字還在下降，過度捕撈也威脅到未來的漁獲。印尼也是強勁對手，尤其是在蘇拉威西海（Sulawesi Sea）海域。菲律賓在南中國海有專屬經濟區，卻因中國限制而不得其門而入。水產部門表現最亮眼的，是經過乾燥或是加工為鹿角菜膠之後出口的海藻產品。這類出口在二〇一八年價值兩億零七百萬美元，成為水產部門第二大出口項目，僅次於鮪魚。

菲律賓曾是蝦子的主要出口國，但疫病與管理問題導致越南與其他東南亞產蝦國後來居上，不過菲國出口額仍有四千三百萬美元。二〇一八年的旗魚水產出口還有兩億美元，但同年菲律賓進口漁獲亦達到六億七千兩百萬美元，也就是說若沒有藻類，漁獲淨出口將微乎其微。漁業的未來端視養殖魚業（包括養殖鮪魚）的發展。然而，目前多數水產養殖是小規模的家庭經濟活動，想要發展就必須挹注更多，並提升技術。小規模養殖雖然能提供就業機會，但生產效率低，飼料成本居高不下，報酬率因此不如人意。

總之，農漁業之所以大幅落後，不只是潛力因素，也是因為鄰國的生產力。農漁業的落後反過來導致價格高昂，降低了民眾對於非糧食產品的需求，讓菲律賓勞工競爭力下降，國家更難吸引製造業投資，資金則紛紛轉往越南、泰國等地。菲國對於勞力出口與僑匯的依賴因此與日俱增。農漁部門疲弱，是國內許多經濟與社會問題的根源。地形破碎、缺乏平地，這些當然是阻礙，但無法解釋低下的生產率，而且也只是農產商業化表現不佳的小部分原因。不光是農業，而是所有產業都面臨基礎建設不足的問題，因此近年來增加基礎建設開支的做法想必會有效果，但各經濟部門的問題還是比純粹的「錢」來得複雜。

問題與政治、社會議題密不可分，但許多問題不是馬尼拉的中央政府一下子能解決的。在地方層面，政治利益團體會犧牲整體利益以保護私利，而為環境與原住民土地權利發聲的非政府組織也阻礙了改變，只能說有好有壞。電力與肥料等物資的花費，同時墊高了生產和加工成本。人們往往用社會與政治角度，而非經濟角度來看待土地所有權。儘管如此，還是有不少能提升生產效率的方法，像是教育、農業推廣，或者把預算從稻米轉往菲國比較有優勢的農產。

影響農業的某些議題，同樣也影響了礦藏的開採。礦業標的是股市交易中最大的部門。阿特拉斯礦業公司（Atlas Mining）在宿霧托萊多（Toledo）的礦場，是東亞最大的銅礦場；其他大型礦業公司還有勒磐陀（Lepanto）、菲勒克（Philex）、馬爾銅（Marcopper）與本格特（Benguet）。到了二〇一九年，礦業對菲律賓GDP只貢獻了百分之零點七，對出口貢獻百分之六，主要是金與鎳。以價值而論，金占了百分之四十一，硫化鎳占百分之二十一，鎳礦石占百分之十八，銅占百分之十九。礦業本身因為差勁的管理與環境災難紀錄而成了箭靶。一九九四年，阿特拉斯因為市場低價與洪水等問題而停止開採，直到二〇〇八年才重新開採，但規模不如以往。一九九六年，馬爾銅位於馬林杜克島（Marinduque Island）的尾礦壩決堤，有毒廢料汙染河川與田地，許多民眾被迫離開家園。菲勒克礦業公司長期在本格特省開採銅與金，二〇一二年時曾發生更嚴重的尾礦壩決堤，幸好廢料並無毒性。另外還有數起較輕微的礦災，以及許多涉及汙染與森林砍伐的非法開採案例。只有蘇里高（Surigao）、巴拉望與本格特這三個地方有大規模採礦，自然沒有多少人會在政治上支持這種惡名在外的產業。礦藏也是種走向枯竭的資產，礦場跟地方經濟關係本來就很弱，未來遲早會關閉。

儘管有重重阻礙，鎳開採量仍然在二〇〇八年至二〇一五年間增加七倍，產能保持在高檔，但波動劇烈。政府態度轉趨積極，推動因為環境議題而擱置的新建設，並計畫把過去官股銀行因債權人違約而獲得的關閉礦場賣給私部門。其中之一是蘇里高諾克島（Nonoc Island）的巨大鎳礦藏。蘇里高的西蘭岸（Silangan）還有一處龐大的鎳礦藏，但目前其業主菲勒克礦業還需要集資數十億美元才能採礦。還有一項尚待核准，所需資金上看十億美元的開採計畫，是比利亞集團（Villar group）預計要開採的金大堡（Davao de Oro）金金（Kingking）金礦脈。

新礦脈開發會遇到什麼問題？南哥打巴托淡巴坎（Tampakan）的礦藏是個典型的例子。二十九萬噸的淡巴坎礦脈有百分之零點五的銅與百分之零點一九的金，自一九九四年以來，就是本國投資人與國際大型礦業公司仔細計畫開採的標的。原本預期最後會在二〇二〇年開始開採，但淡巴坎當地政府注意到金價騰高，認為與開發商人馬座礦業（Sagittarius Mines）

簽訂的協議不盡公平，因此最後沒有實現。並非所有開採計畫都遭遇這種命運，畢竟如今開發程序讓原住民團體得以參與。比利亞集團與加拿大礦業公司TVI推動的南三寶顏巴拉巴（Balabag）金銀礦開採計畫，就有跟蘇巴農族（Subanon people）達成協議。

煤礦開採不大可能擴大。二〇一七年，菲律賓能源部（Department of Energy）發表產煤藍圖，計畫在當時一千五百萬噸的煤炭產量，在二〇二二年以前提升到五千兩百萬噸，在二〇四〇年以前進一步提升到兩億八千兩百萬噸。[5]這項規劃根本一廂情願。雖然菲律賓煤蘊藏量理論上達二十三億噸，[6]但目前可開採儲備只有四億五千萬噸，近半數在班乃島與民都洛島（Mindoro）之間的小島，塞米拉拉島（Semirara）。現有煤產幾乎全數來自塞米拉拉。其餘可開採的礦藏位於哥打巴托與卡加揚河谷。菲律賓仰賴燃煤發電，約占發電量的百分之五十二，煤礦進口量因此穩定上升，到二〇一九年已達兩千八百萬噸，因此開採煤礦似乎言之成理。然而，對於煤礦的依賴日益受到環保人士抨擊，而任何新礦場感覺都不大可能與印尼競爭。政府承諾逐步淘汰燃煤發電廠。

若從整體角度檢視礦業，土地爭議、環保人士反對、新人民軍活動與許多非法小礦業主的存在，同樣也是礦業經常面對的問題。由於審視標準極低，礦場業主長期有恃無恐，結果引發反彈。艾奎諾三世暫停核發新的採礦許可，杜特蒂則是禁止新的露天礦場。自杜特蒂執政之初，雷吉娜．洛佩斯（Regina Lopez）擔任環境與自然資源部（Department of Environment and Natural Resources）代理部長以來，該部會對採礦的審視益發嚴格，許多礦場遭到關閉，業界大受震撼。雖然多數礦場後來重新開放，但洛佩斯為環境議題立下新的里程碑。

雖然菲律賓國內有許多礦業公司，但以國際標準而論都不大，技術資源有限。最大的礦業公司為亞洲鎳業（Nickel Asia），在蘇里高和巴拉望有礦場，不過也有小的開採者（包括違法開採者）得到地方利益人士保護，將礦石直接運往中國。採礦需要長期投入，但幾間稍具規模的礦業公司主要的持股人，往往對於資產開發與銷售等領域利益分歧，因此投入資金有限。總之，礦業中有分裂，有地方與中央的政治抗衡，有社會衝突，有政府監督無力，還有貪腐、避稅與沒完沒了的法律爭議，可謂菲律賓問題的縮影。

石油的情況和煤炭不同。雖然早自一八九〇年代，人們就知道宿霧有儲油層，但直到二〇一八年阿雷格利亞油田（Alegria oil field）開始產油之前都沒有開採行動。不過，這處油田開採規模不大，每天只有兩百桶原油。由於地質複雜，菲國的路上鑽井向來不多。離岸開發前景更好，加上巴拉望以西的大陸棚發現艾爾尼多（El Nido）與馬丁洛（Matinloc）油田，讓各界對於離岸的油氣財富抱持希望。四十年來，這兩處油田產出約四千萬桶原油，但已在二〇一九年枯竭關閉。與此同時，更西邊的雷克托攤（禮樂灘）本來受到高度期待，但中國的占領與採勘干預，讓期待難以實現。

唯一仍在進行的離岸開採，是來自巴拉望西北方馬拉帕雅（Malampaya）油層的油氣。馬拉帕雅天然氣田是殼牌公司（Shell）發現並開採，在八百二十公尺深的海床上鑽井，儲層位於海床下兩千三百公尺。馬拉帕雅氣田每日產量約為一千兩百萬立方公尺，由一條五百公里長的輸油管運往八打雁的電廠，數年來為全國約百分之二十的發電提供燃料。然而，氣田正快速枯竭，因此最快在二〇二二年之後，菲律賓就必須進口液化天然氣。

由於新的煤礦開採計畫因面臨環保考量而擱置，加上再生能源價格下降，以及抽水蓄能設施錢景看好，風力與太陽能建設也在二〇二〇年開始起飛。也許菲律賓終能將能源成本拉低至接近鄰國的水準，但破碎的地理形勢仍是阻礙，且將來的基本負載發電廠預料仍將仰賴天然氣發電。電價依然是造成工業經濟疲軟的原因。

注釋

1 *Transforming Philippine Agriculture*, World Bank, June 2020.
2 US Department of Agriculture, Philippine Sugar Annual Report, April 2020.
3 *Fisheries Statistics of the Philippines 2016–2018*, Philippine Statistics Authority, 2019.
4 *Philippine Fisheries Profile 2018*, Philippine Department of Agriculture, 2019.
5 Road Map for Coal, 2017–2040, Department of Energy, Philippines, 2017.
6 Philippine Department of Energy, December 2019.

〔第十三章〕經濟欲振乏力

經濟成長不均的第二個跡象是低用電，而低用電既是其他問題帶來的影響，卻也是造成問題的原因。低用電反映工業化的水準不高，也反映家戶使用的用電耐久財少。造成這種情況的其中一項因素，是相對高昂的電價——通常高於日本以外的亞洲各地，比泰國、越南、台灣與韓國高上許多。而且電價變化幅度很大，端視進口煤礦與馬拉帕雅天然氣價格（與油價連動）。

發電與配電是一套三重的體系，私人發電廠與全國電網（National Grid）一方面在價格上競爭，一方面也為電網供電；全國電網是政府所有，但由私人經營的電網，呂宋、維薩亞斯與民答那峨的電網各自獨立。經營電網的私人企業為本國鉅子施至成（Henry Sy）與許文哲（Robert Coyiuto）所有，而中國國家電網（State Grid Corporation of China）有百分之四十的股份。末端使用者配電是由私人特許持有者負責，其中最大的是為馬尼拉和周邊省分供電的馬尼拉電力公司。許多地方的供電是由地方合作社負責。此外還有各式各樣的地區不在電網範圍內，當地有發電廠，有些電廠為國有，例如全國電力公司（National Power Corporation，ＮＰＣ）。全國電力公司也是發電業的主管機關，並營運地熱與水力發電廠。

電價之所以高昂，部分是因為多數燃料來自進口，面臨進口關稅、百分之十二的加值稅，以及官方徵收的其他費用，像是補助邊遠地區離網發電的離網地區電氣化費（Missionary Electrification Charge）。有些成本則是因為一九九〇年代供電危機後，為了盡速提升發電量而簽訂的高額合約與無條件支付契約。馬拉帕雅天然氣尤其昂貴，而且泰半用於呂宋島的基本負載發電。電力躉價格波動大，但整體電價多半已經透過供電商與配電商之間的成本報酬協議而固定下來。由於有規定任何供電商在單一電網不得超過百分之三十供電量，同時在整體電網不得超過百分之二十五供電量，因此供電商之間雖有競爭，但幅度有限。

截至二〇一九年的二十年間，菲律賓發電量成長率達到二位數，也就是說從一九九〇年代的電力短缺提升到稍微超過備轉容量。馬拉帕雅氣田產出的天然氣起先頗有助益，但後續的發電量成長主要還是由新的燃煤電廠所提供。然而，有鑑於服務業對ＧＤＰ漲幅的貢獻相對較高，能源部因此估計從二〇一八年至二〇四〇年，電力需求只會以每年百分之五的幅度成長，亦即低於GDP成長幅度。其實，能源部恐怕過度低估用電需求的成長——二〇二一年，雖然經濟仍因疫情而疲軟，呂宋島卻發生輪流限電（降壓與降載）。

菲律賓期望找到新的離岸天然氣蘊藏，但又很不希望對主權打折扣。為了確保燃氣供應無虞，就必須在馬拉帕雅蘊藏枯竭前興建液化石油氣接收站，計畫在二〇二〇年時已經展開。由於氣候變遷已是菲律賓公認的危機，因此另一個關鍵議題就是能否努力經營再生能源，而非煤炭。菲律賓開發地熱與水利資源的成績有目共睹，但這類建設必然是小型工程。風場與太陽能都有龐大潛力，而上網電價具有吸引力，也能鼓勵小規模的投資。可以預期，成本逐漸降低後，再生能源能具有真正的競爭力，擴大規模，提供未來大部分所需，但也需要更多的組織與資本，才能跟上燃煤負載發電。生力集團的全球電力持股公司（Global Power Holdings）本來計畫建廠，生產三千百萬瓦電力，但當局在二〇二〇年決定不允許新的大型燃煤電廠興建，因此凸顯出大規模天然氣發電或再生能源的必要性。阿雅拉集團的AC能源公司（AC Energy）是再生能源的先鋒。雖然AC能源擁有大型燃煤發電廠，但風力、太陽能與地熱發電才是其未來，該公司也在印尼與越南投資風力發電，在印尼投資地熱發電。新加坡的政府投資公司（Government Investment Corporation）在二〇二一年注資兩百億披索，從而獲得AC能源公司百分之十七點五的股權。不時有人提議重啟發電量六百百萬瓦的巴丹核電廠——這座電廠於一九八六年完工，但因為烏克蘭車諾比核災引發的恐懼，加上電廠恐怕抗震力不足，以及馬可仕時代的貪腐疑雲，巴丹核電廠從未啟用運轉。雖然電廠沒有拆除，但若要運轉想必成本可觀，而且一定會招來環保人士反對。

能源消耗占GDP的比例本應些微下降。儘管如此，能源部門對經濟體工業部門卻始終貢獻厥偉，甚至逐步上升，因為整體工業部門占GDP比例已經從一九八三年的百分之三十九，落到二〇一九年的百分之三十。製造業從一九七三年占比百分之二十六點六的高峰，跌落到二〇一九年的百分之十八點五，而能源產業有助於抵銷這種衰落。

從上述統計數字，就能看出服務業在經濟成長中扮演過於吃重的角色，相較之下，製造業則未能踏上其他東亞發展中經濟體所走的道路。以泰國為例，一九八〇年的泰國製造業占GDP比例為百分之二十一，到了二〇一〇年達到百分之三十二，然後在二〇一九年跌落至百分之二十五。至於韓國，一九七〇年的數字是百分之十七，二〇一一年為百分之二十八，二〇一九年仍保持在百分之二十五。

無獨有偶，菲律賓製造業的關鍵組成也反映了製造活動的內需導向。二〇一八年，食品飲料業占了製造業的百分之三十七，其中只有小部分出口。運輸部門落後甚多，這是因為汽車產業過去的失敗，導致無法和東協國家競爭。杜特蒂政府展開製造業振興計畫（Manufacturing

Resurgence Programme），汽車大廠豐田與三菱則合作開發專門用於出口的車款，但到了二〇二一年還是有很長的路要走。

紡織與成衣產業曾經是關鍵出口者，不過，雖然兩者仍雇用約六十萬名勞工，產業卻是相對衰頹。紗線與紡織品苦於投資不足、高漲的能源價格與走私問題，成衣產業因此成了紡織品的主要進口者。本國成衣產業也受到二手成衣進口的打擊，而童工與其他勞動議題對出口也無幫助。二〇一九年，菲國成衣出口總值為九億六百萬美元，對越南與印尼來說只是零頭。

就連與鳳梨、苧麻與麻蕉纖維等傳統高級紡織品相關的專門技術，也沒有得到充分開發，主因是在十九世紀時，鳳梨與苧麻纖維織品是專門送給王族的禮物。雖然鳳梨是西班牙人從南美洲引進菲律賓的，但是菲律賓本地根據鳳梨纖維更纖細但較不耐的特性，改變了苧麻纖維織布的手法，來做出鳳梨纖維布。儘管正式場合經常有人身著他加祿巴隆（Barong Tagalog，原採用鳳梨纖維製作），但這種織品很少往國際發展。其實，菲律賓的巴隆如今已經是以苧麻、聚酯纖維、棉或是絲綢製作了。

麻蕉是最強韌的天然纖維，而菲律賓一直是排名第一的麻蕉產國。雖然強韌的麻蕉繩索如今多已被合成材料所取代，但麻蕉仍然是重要出口品，只不過多數需求是打成漿，用於製作特殊紙張與強韌的紡織品。截至二〇一九年為止的十年間，麻蕉產量只有些微上升，達到七萬兩千噸，價值一億美元；不過，如今反對使用塑膠的環保訴求，讓麻蕉生產有了新的潛力。

電子業對出口總和與就業機會一直都很重要，但出口品的進口內容很高，本地附加的價值相當低，而電子業與其他經濟部門的聯繫也很弱。對於具有國際競爭力的製造業來說，正式部門的工作機會向來沒有非正式部門多，而高昂的糧食與電力價格只會推高薪資水準，對於競爭力並無幫助。菲國勞工比競爭國家更有組織，技術也更多元。除此之外，還有地理形勢不利的問題——比方說，相對於泰國東岸或是西貢，中呂宋的地理也不占優勢。

不過，有一項產業曾經前景看好，而且地理形勢對這個產業來說並非阻礙，而是資產——這就是造船。菲律賓有許多小型船塢，從事修復與打造小型船隻的工作。外國投資人有意在宿霧、八打雁與蘇比克灣興建造船廠，顯見這個勞力密集產業前景可期。二〇一八年，菲律賓成為全球以總噸位計的第四大船隻出口國。然而，就在三艘兩萬TEU的貨櫃船與幾艘油輪從菲律賓最大的造船廠（位於蘇比克灣）下水後僅僅一年，造船業就遭受災難打擊，蘇比克的造船廠也就此關閉。（TEU指「二十呎標準貨櫃」，為貨櫃的標準大小。）該造船廠為韓國韓進公司（Hanjin）所有，二〇〇七年啟用。蘇比克灣韓進造船廠雇用約兩萬人，一年交船約十二艘，但儘管有政府提供的稅收減免與廉價電力，韓進仍然在大約十三億美元的債務壓力下破產。造成韓進公司破產的其他原因，還有勞力管理——公司習慣以韓國對於紀律、技術的要求來要求菲國勞工，自然會問題重重。各方期待這座作為抵押品的巨型船廠能有新的用途，但對於整體造船產業的期待，還是被菲律賓這起最大的破產與產業失利所重挫。造船產出從二〇一四年至二〇一八年的年均總噸位一百五十萬噸，衰退到二〇一九年的區區四十萬噸。

部分出口船隻的產業挺了過來，而且蓬勃發展。日本常石重工在西宿霧的巴蘭班（Balamban）直接、間接雇用了一萬人，建造並修復貨輪。同樣在巴蘭班，還有澳洲造船公司澳斯塔（Austal）建造體積較小、價格較高的專用船隻，例如渡輪與巡邏艦。各家公司都沒有遭遇過類似在蘇比克灣的那種勞動議題。自一九七〇年代以來，新加坡吉寶集團（Keppel group）便在八打雁經營一處船塢，打造運補船、索具、抽砂船與其他專用船隻，並承攬維修工作。

雖然島嶼間的航運是一門大生意，在外國船隻上工作的菲律賓海員也是僑匯的重要來源，但這個產業卻遠未發揮其潛力。菲律賓本地的訓練課程沒養出許多專業與半專業的船員，但成為船長或輪機長的比例卻相當小。其中一個原因是菲律賓本國幾乎沒有經營國際航線或擁有船隻的船運公司，而擁有船隻的國家需要為本國船員保留一定比例的資深職位。菲國船運公司幾乎只著重島間與沿岸貿易。

水泥產量穩定成長，但興建住宅與基礎建設所需的量成長得更快，因此在二〇一九年時，有百分之十五的需求得靠進口來填補。國內水泥生產由菲律賓霍爾希姆（Holcim Philippines）稱霸，為外國大公司拉法基霍爾希姆（LafargeHolcim）、墨西哥水泥（Cemex of Mexico）與生力集團旗下鷹牌水泥（Eagle Cement）合作的結果。生力集團計畫收購霍爾希姆，但被菲律賓公平交易委員會在二〇二〇年擋下。

乍看之下，半導體與電子設備是菲律賓製造業之星。電子業在過去三十多年穩定成長，二〇一九年出口值已達三百億美元，直接與間接雇用達三百多萬人。[1]也就是說，電子業對於外貿與就業皆至關重要。其中最大的一塊是半導體組裝，另外還有許多電腦、消費與汽車電子、電信業等跨國企業在此設廠，像是大家耳熟能詳的東芝與三星。

然而，雖然菲律賓的技術對印刷電路封裝與元件組裝來說遊刃有餘，但只有少數本國企業從事產品設計與創新。菲律賓電子業試圖往高檔產品與產業鏈上游發展，但未有決定性發展，因此產品中仍有大約百分之八十的進口內容，導致菲國淨附加值只有大約八十億美元。也就是說，儘管電子業重要性如此，卻也反映出糧食價格、基礎建設發展、官僚制度等問題，以及本地大資本對這項國際競爭力高的新產業缺乏投入。電子業集中在馬尼拉周邊省分，進一步強化中呂宋的經濟主宰力。

地理分布上比較均衡的，是菲律賓最大的製造業部門——食品飲料業。截至二〇一九年，食品飲料業的成長率皆稍高於經濟成長率，占製造業部門的比例也愈來愈高，二〇一九年的總產量約價值三十六億美元，相當於製造業對GDP貢獻約百分之四十。業內除了幾間大企業，還有許多的小公司。除了人口與都市化，各級收入群體的飲食習慣轉往預處理與包裝食品，也推動了食品產業的成長。相較於飲品，食品的出口很少，而飲品中以蘭姆酒為大宗；食品飲料業相當仰賴進口小麥、肉類、乳製品與大豆，美國是最大的來源。

業界龍頭包括生力集團（也是啤酒大廠），旗下的 Magnolia 是最大乳製品與鮮肉公司，PureFoods 主宰加工肉品，而生力麵粉廠（San Miguel Milling）則稱霸麵粉供應。JG頂峰集團（JG Summit）的百宜公司（Universal Robina）推出各式各樣的包裝食品飲料，並生產雞、豬與動物飼料。外國品牌也很活躍，像是雀巢、日清、都樂、可口可樂與樂天七星。

食品零售同樣由無數的小店（雜貨店〔sari-sari stores〕）與菜市場，以及少數大企業所瓜分，尤其是SM集團（SM Group）、Robinsons 超市、Puregold 超市與 7-Eleven 便利商店。連鎖速食店到處都是，名稱琳瑯滿目，但其實所有權人沒有那麼多。這些連鎖店由本土起家的大公司快樂蜂（Jollibee）為首，快樂蜂還擁有另外兩個本地品牌——超群（Chowking）與格林威治披薩（Greenwich Pizza）。麥當勞、肯德基、喜客（Shakey）等外國品牌也很多，但大部分控制在大型加盟業者手中。至少在大都市，獨立經營的家庭餐廳數量顯然沒有鄰國來得多。

發展中的經濟體不可能都走上同一條工業化的路。就出口製造業而論，菲律賓有一些鄰國沒有的地理限制，但本來起步甚佳的紡織與成衣業卻也沒能達到應有的產業規模。另外就是汽車產業部門長達四十年的起跑失誤，雖然有東協各項協議帶來的大規模零件生產契機，卻未能成功衝線。政策、制度與企業的失敗都有責任。這樣的弱點反過頭來拖慢了都市地區就業機會的成長，因此才會依賴低收入非正式就業機會。

過去二十多年來，BPO部門大幅彌補了主要都會區缺乏就業機會的問題，而海外菲律賓人的僑匯則大面積舒緩了貧困的情形。然而，一旦這兩項資金與就業機會來源出了問題，工業基礎建設的弱點就會更加明顯。疲弱的原因，部分與政府政策有關，例如高度保護，或是政府對自由市場（其實已經排除外國人）的無能干預。企業往往把焦點擺在短期回報的投資項目，或是設法讓寡占更為穩固，並排除外國競爭。越南與中國等社會主義國家對外國資本敞開大門，菲律賓則是絆住資本的腳。與此同時，服務與零售部門則獲益於僑匯的暴增，主導資本經濟程度遠比以往更甚。

沒有組織的勞工會遭人剝削，有組織的勞工有時候卻很難叫得動，而且成本相對更高。BPO與僑匯令匯率走強，是製造業要吞下苦果，不過對製造業不利的因素還有官僚、政客貪腐所導致的大規模走私。農業部門體質脆弱，導致農村收入減少，進而拉低對製造商品的需求。品質堪憂的實體基礎則推高製造業成本。

往好處想，只要ＢＰＯ與相關軟體產業能持續提高技術水準，就能保持成長。境外博弈產業曾在二〇一七年至二〇一九年間炒熱了馬尼拉辦公與住房租賃產業，直到中國打擊後才結束。即便不計境外博弈產業，後疫情時代的旅遊業仍有高度潛力。疫情前短暫幾年間（二〇一五年至二〇一九年），正式就業機會成長年約百分之四點六（雖然起點並不高）。如今勞力成長開始趨緩，假如旅遊業能恢復成長勢頭，或許能在後疫情時代看到正式就業機會創造的回溫，翻轉過往的勞力流向，讓菲律賓經濟成長仰賴勞力出口的程度降低。由於教育水準欠佳，代表產業必須在製造業與營建業提供中低技術勞工穩定的就業機會，而不是只有高技術的服務業工作。不然，菲律賓只能繼續盼望那些最有行動力的人，也就是離開這個國家的人，來拯救經濟。

注釋

1 EETASIA.com, 2019.

〔第十四章〕跨出國界

一旦經濟與社會的失靈與人口變動相結合，就創造出了讓菲律賓人舉世聞名的議題——向外遷徙。世界上有幾個重度仰賴出外人僑匯的人口大國，像是孟加拉、埃及、墨西哥等。不過，如果就僑匯對GDP的貢獻比例（百分之九），或是移工組成的多樣性，乃至移工工作地點的廣度來說，上述國家與菲律賓一比，只能瞠乎其後。即便有些移工把自己定位成家庭看護或船員，但整體移工的就業項目之多元，連他們自己都會嚇一跳。

這兩類的移工人數的確很多，各占百分之二十至二十五，但至少在疫情爆發之前，菲律賓移工人數與就業地點已經穩定增加了將近五十年。截至二〇一九年，菲國海外與海上就業的人數已達約兩百萬人。另外，永久移民潮向來穩定流動，大部分流向美國與加拿大，但也有以澳洲為目的地，近年來則是日本、聯合王國、義大利與其他歐洲國家。數十年來，美國菲律賓社群穩定成長，如今總數已達約四百一十萬人，半為移民，半為在美出生。加州大約有一百六十萬菲律賓裔，不過若以占全州人口比例而言，夏威夷有百分之十三菲裔為最高，這多少反映了一九三〇年代的農工移民（見第三章）。移民在高收入國家建立穩定的社群之後，成為跟菲律賓海外契約移工一樣重要的僑匯來源。平均而論，永久移民的學歷也比海外勞工高。儘管前者與母國的聯繫將逐漸弱化，但他們收入更高，因此仍然是一大筆財務援助。

根據官方估計，二〇一九年約有兩百二十萬海外勞工，[1]而且至少還有十萬人沒有登記。不過，從一九八〇年以來，永久移居的菲律賓人激增，多半前往已開發西方國家，如今已有大約一千萬人在全球開枝散葉，也就是說海外勞工不過是其中的一小部分。海外勞工來自全國各地，不過主要還是來自發展較好的地區，例如卡拉巴松、中呂宋與伊羅戈；出身西維薩亞斯者比貧困的東維薩亞斯多；民答那峨的話，來自大堡與南北哥蘇庫薩將（Soccsksargen）的人比卡拉加或三寶顏多。出身貧困地區的海外勞工人數有限，但摩洛民族自治區則是例外，這是因為穆斯林跟沙烏地阿拉伯與波斯灣地區有所聯繫之故。提供最多海外勞工的地區，多半教育水準較高，對發展機會也較敏銳，有些地方的移工傳統，更是始自一九七〇年代與一九八〇年代。

女性占移工人數百分之五十六，平均也比男性移工年輕，但四十歲以上移工則以男性占多數。就業型態的差異更大，百分之六十二的女性從事基礎非技術工作（主要為幫傭），男性幫傭則只有百分之十，主要從事的還是技術與半技術工作。女性專業職業（護理為主）比例較高，達到百分之九點八，男性則是百分之八點五。業務與服務業工作在兩性皆占百分之七。

疫情導致成千上萬的移工遭到解雇。低油價與旅行限制對就業機會影響很大。雖然這兩者可能只是暫時影響，但已有跡象顯示新加坡、香港與中東地區的人力需求已達頂峰，不過其他東亞國家的需求或能降低人力過剩問題。儘管二〇二〇年的嚴峻挑戰，僑匯幾乎仍維持二〇一九年的水準，甚至在二〇二一年提升，這都多虧了海外菲律賓人對故鄉的幫助。

根據調查（而非央行數據），二〇二〇年，每位移工平均僑匯為十萬零六千披索，約等於二千二百美元，大部分透過銀行或轉帳代辦匯回，其他還有自己攜帶現金回國，或是以電子設備等實物形式帶回。來自中東、東亞與東南亞的人均僑匯金額差距不大，但來自美國、歐洲與澳洲的金額卻高出百分之四十至百分之百，這也反映出這幾個地方的人力要求標準通常較高。然而，儘管透過正式管道匯回的僑匯大致保持穩定，但現金與實物形式的僑匯卻因為疫情期間的旅遊禁令而驟減。

這些注入的外匯，對於本國經濟與家戶收入的益處，可謂顯而易見。從過去數十年乃至於今日，數以百萬計的家庭因僑匯而脫離貧窮，甚至有不少人蓋起房子，購買消費耐久財，並支付教育與醫療支出。不過，移工原鄉的地理分布與教育程度，卻也呈現出最窮困的階級與受益最少的地區，與其他地方的收入差距已愈拉愈大。

海外就業對社會整體的影響不容易衡量，而且不全然都是好事。有些家庭因為父母之一出外工作而分隔兩地，孩子經常留在家裡，由祖父母、姑姨嬸等親人照顧。雖然錢可以帶來更好的教育，但教育的益處不見得能彌補情感上的忽視。父母分隔兩地，可能會造成其中一人甚至兩人都有外遇。回匯的金流也有可能讓留在原鄉的人不願辛勤工作。男人拿匯回來的錢買啤酒，而不是買教科書或買藥——類似的故事並不少見。

不過，菲律賓社會對小孩相當友善，加上母、父系都有大家族，其實很能適應父母當中一人甚至兩人都出外工作的情況。即便舊有的關係褪色了，或者父母因情勢所需而分隔兩地，展開新關係也不是什麼丟臉的事。母親前往海外工作的情況下，親戚網絡通常會讓孩子在整個大家庭裡長大；母親多麼偉大，在海外辛勤工作，以養育、教育自己的孩子。

亞洲與西方已開發國家人口逐漸老化，但菲律賓仍將持續擁有勞力剩餘，尤其是半技術與技術勞工。日本人口已經縮水，韓國與台灣等其他國家很快將步上後塵。菲律賓有幾項特點，能讓外國對本國的勞工需求保持強勁。以東亞而言，菲律賓不僅空間距離近，而且相較於來自南亞或更遠地方的移工，菲律賓人的外貌、種族差異也沒有那麼明顯。

據估計，二〇二〇年在日菲律賓人的人數已達三十二萬五千人，超過在歐洲任何國家的人數。不過，移工人數並非穩定增加。女性勞工向來占了整體的三分之二。早期，菲律賓人以歌手、娛樂人士身分來到日本，菲律賓樂團不僅登上全國舞台，也在地方酒吧和夜店表演。他們之所以出名，不光是因為音樂出眾，也是因為他們還能以西班牙語和英語演唱，而且日本人特別喜歡來自多語言國家的人。至於娛樂表演方面，日本人有時候把菲律賓人當成美國人的替代品。有些男性移工則是以拳擊與其他運動項目的表現而聞名。

一九八九年，由於人口販運之嫌（許多女性從事性產業），原本放寬技術勞工簽證要求的日本重新緊縮簽證核發。但女性移工仍在一九九〇年代激增，人數之所以再度走高，是因為照護人力與家務工的需求。至於在科技領域，兩性都能找到工作，尤其是留學過日本，或是日本企業找來學習特定技術的人。

菲律賓女性與日本男性結婚的數量也不少——日本外籍新娘中，菲律賓人人數僅次於華人。一開始，菲律賓女性主要是嫁給在日本工作的娛樂人員，但透過婚姻仲介與郵購新娘而起的形式婚姻產業也開始發展。日本男性與菲律賓女性結婚對數，一度超越美國男性與菲律賓女性，在二〇〇四年時總數超過八千對。離婚相當普遍，文化衝突讓婚姻暴力更形嚴重的例子亦所在多有。非合意離婚讓許多菲律賓裔女性得不到子女撫養權，或者沒有能力撫養。等到當局採取更嚴格的規定，包括嚴審表演簽證之後，這類婚姻的數量也就急遽下降。到了二〇一六年，日本男性與菲律賓女性的結婚數字降到三千三百七十一對，菲律賓女性占日本男性與外國女性聯姻的數字也降到百分之二十二。儘管如此，仍有成千上萬菲律賓女性繼續與日本人結婚，建立穩定關係，生兒育女，甚至到日本鄉下生活。

台灣男性與菲律賓女性的婚姻亦有之。不過，相較於在台工作的菲律賓人人數（二〇二〇年官方數字為十五萬七千人，多數為低技術勞工），菲裔新娘的人數不多，加總約為七千人。在台灣的七十萬外籍勞工當中，菲律賓是第三大群體。此外，在台菲律賓華裔專業人士與商人人數不知幾何，他們在當地與福建有親人和生意往來，也擁有台灣公民權，不像一般勞工在台期間有限。

菲律賓人在韓人數遠少於在台人數，二〇一九年時總數只有六萬二千五百人，女性人數接近一半。以在韓外國人的教育程度與年齡而言，菲律賓人稍高於平均，但他們多半從事低薪、吃重的職業。菲律賓人僅占韓國外籍人口約百分之二點五。二〇一五年，在韓菲律賓女性持配偶簽證者，占菲國全體異國通婚者的百分之五十二，約一萬零五百人。由於菲律賓韓裔社群很大，菲律賓女性與韓國男性結婚的人數想必還會上升。二〇二〇年，在菲韓人據估計有十萬人，有些是退休人士，但許多人有菲籍配偶和小孩。此外還有數千名韓裔父親返回韓國，母親留在菲律賓的孩子，人稱戈賓奴（Kopinos）。由於菲律賓距離韓國不遠，加上氣候溫暖，生活費低，來菲退休人數預計將持續成長。

菲律賓人不只熟悉英語，對於西方（至少美國）流行文化甚至法律傳統都有了解，因此也更容易得到西方人接納。基督教也是通往西方的橋梁。菲律賓人在西方素有吃苦耐勞、適應力強，乃至於幽默風趣之名。無論是真實還是出於想像，上述的特色固然難以衡量，但影響力一直都在。

有些歐洲國家雖然跟菲律賓沒有歷史關聯，如今卻也有大量菲律賓人，例如義大利就有將近二十萬菲人，而天主教會就是兩國之間的默契橋梁。二〇一六年的統計就有十六萬七千人。雖然有許多在義菲人是家庭幫傭，工作合約期間有限，但上述數字有半數以上已經取得長期居留權。據估計，聯合王國約有二十萬菲律賓人；至二〇一八年，菲律賓人已經成為該國國民健保署（National Health Service）體系中第二大的外籍雇員群體，僅次於印度人。脫歐很有可能導致對菲律賓雇員的需求提升。順帶一提，二〇一八年菲律賓女性與在菲外國人結婚者有一千三百六十五人，其中聯合王國與韓國外籍配偶並列第三（百分之六點五），僅次於美國籍（百分之二十五）與日本籍（百分之二十五）。

相較於中東，歐洲的菲律賓勞工人數很少，但他們的收入更高，未來獲得永久居留權乃至於公民權的前景也更好；公民權不僅讓他們有機會把配偶接來歐洲，甚至是為親戚找到工作，而這也成為歐洲菲裔社群成長的重要動力。

不過，目前為止接納最多永久居留者的還是北美洲，近年來平均每年都有五萬至六萬人之譜。女性超過百分之五十，但若是扣除依親者，比例則會落到百分之三十六。

截至二〇二〇年，整體僑匯數字都很高，從二〇一〇年的一百八十七億美元穩定成長，到二〇一五年為兩百五十六億美元，二〇一九年為三百零一億美元；這樣的成長所反映的不只是海外勞工的增加，還有永久居留者社群的擴大。其中船員僑匯整體的成長速度更快一些，從三十八億美元增加到六十五億。加上價值三十億美元的非金錢形式僑匯之後，總體僑匯達到三百三十五億美元。

來自北美洲的僑匯最多，但成長漸慢，從二〇一〇年的九十九億美元增加到二〇一九年的一百二十七億美元，同時間來自中東的金額則從二十九億美元增加到五十九億美元。不過，對於各國回匯必須謹慎以對，畢竟匯款機構與銀行用的匯兌方法與貨幣面額各不相同。比方說，雖然聯合王國與義大利的菲律賓勞工人數相仿，但來自前者的數字一直是後者的兩倍，而來自加拿大的數字則變動很大。[2]美國的數字很可能因為通匯銀行的關係而有灌水。

至於亞洲的僑匯來源，二〇一九年第一名為新加坡的十九億美元（是二〇一〇年的兩倍以上），第二名是日本的十八億美元，香港八億零一百萬美元，韓國六億八千三百萬美元，台灣五億九千七百萬美元，然後是馬來西亞的四億六千六百萬美元。過去十年間，來自馬來西亞的僑匯一飛衝天。

移工來自菲律賓各地，但人數分布並不平均。移工很自然會成群出身於特定的巴朗蓋，親朋好友隨著開路先鋒前往特定地點工作。移工出身的巴朗蓋也不特別窮困，而且他們的教育水準平均也較一般人高。有人研究了巴丹的巴朗蓋卡瑪啟利（Camachile）每一戶人家，[3]發現十八歲以上的人有百分之三十一曾經或正在國外工作，男性占百分之六十二。當地的移工經驗可以回溯到一九七〇年代，移工在海外平均工作八年。就業期間愈長，賺的錢愈多。選擇海外工作地點時，有百分之五十的人以收入水準為主要決定因素，然後才是認識當地人。

即便沒有僑匯，卡瑪啟利也絕對稱不上貧困的巴朗蓋。卡瑪啟利距離巴丹工業區與煉油廠很近，有一些技術與勞力工作機會。家家戶戶都有電可用，百分之四十有沖水馬桶，多數都有冰箱與其他電器。低收入且沒有親人僑匯的家戶才是真正的貧戶。

這些移工當中，百分之三十三從事石匠與木匠等工作，百分之十八從事低技術的營建或家庭幫傭，百分之十四從事零售相關工作，另外技師、裝置操作、文書、監工各占百分之六，還有百分之八是教師與護理師等專業人才。這個巴朗蓋的教育水準高於平均，而在職訓練也讓部分移工得以升職。移工中本來就有志於出外工作的仍屬少數，但親屬關係能幫助他們，給予建議，將他們引薦給招工者，讓整個過程變得容易許多。

辛勤工作的海外勞工大軍，凸顯出個人為了養家而做出的犧牲；不過，從金錢的角度來看，已經成功永久定居於富裕國家的人匯回來的錢，重要性絕不亞於移工。其中最重要的毫無疑問是移民美國的菲律賓人——二〇一八年，美國約有兩百萬出生於菲律賓的居民，而這個數字在一九八〇年只有四分之一。多年來，菲律賓裔都是第四大移民族群，僅次於墨西哥、中國與印度。二〇一八年，初到移民總數達到四萬七千三百人。加上美國本土出生者之後，菲律賓社群人數已超過四百萬，集中在加州，尤其是舊金山灣區與聖荷西，甚至構成當地百分之三點五的人口。以人口比例而言，占比最高的是檀香山菲裔社群，占百分之八，是一九三〇年代農工的遺緒（見第三章）。

菲裔移民社群家戶收入（二〇一八年為九萬三千美元）遠高於美國平均，在學術成就、專業人士與矽谷菁英人數方面則不如加州其他主要亞裔社群，但高於西裔、非裔與其他移民。菲裔社群人數雖多，能見度卻相當低。外界很少把菲律賓人當亞洲人，菲律賓人自己也不這麼認為，更別說華裔與韓裔乃至於整個社會了。[4]從西班牙語流傳下來的姓名，讓人們很難分別菲律賓裔與西裔，而菲律賓作為曾經的西班牙殖民地，天主教與其他文化面向也是跟西裔共享的。菲律賓裔跟「筷子社會」的亞裔沒有共鳴，後者也不覺得他們是道地的亞裔。他們的深膚色對於偏好白皮膚的東北亞社會來說也是個問題。菲律賓裔偏好住在族群多元的地區，也更有可能跟族群團體之外的人結婚。假以時日，他們跟菲律賓的關係，乃至於僑匯的意願都將趨淡。不過，只要繼續接納每年大量的新移民，美國菲裔社群仍將是僑匯最大的來源。

近年來的第二大永久移居國是加拿大，雖然起步較晚，但在二〇一九年時當地菲律賓裔社群已成長至約一百萬人。由於加拿大移民政策轉變，每年來到該國的菲律賓人從二〇〇二年的一萬一千人激增到二〇一五年的五萬人，菲裔因此成為新移民主要來源。移民人數在二〇一八年落回三萬五千九百九十九人，二〇一九年掉到兩萬七千人，僅次印度與中國移民。二〇一九年，菲律賓移民存量（migrant stock）為五十八萬八千人，占加拿大移民總數的百分之七點八。以外國出生的現居民人數論，菲律賓在二〇一九年達到二十九萬四千人，僅次於聯合王國、中國、印度與紐西蘭，排名第五。截至二〇一九年，十年間的菲裔年均移民人數為一萬一千人，其中百分之六十一為女性，是女性移民比例最高者。

另外有幾千人在歐洲國家、日本與韓國得到永久居留權；截至二〇一九年的十年間，這部分的總人數達到十萬人。對一個人口年成長約一百三十萬的國家來說，這只是小數字。從各個方面來看，菲裔移民就和海外勞工同胞一樣，賦予菲律賓一種國際認同；菲律賓人不像印尼的馬來鄰居，對後者來說，只有小部分人以永久移民為目標。然而，這也引發兩個大哉問。人們之所以移民，是否泰半肇因前後數屆政府未能在本國提供夠多的發展機會？還是說，這就像歐洲人曾經湧向美國，是自由的個人遷往富庶之地的天性？

很多在專業領域、學術界或媒體圈出人頭地的人，本來不見得打算移民，卻在被海外職位吸引之後，發現國內的機會和薪資不足以吸引自己回國，結果還是移民了。菲律賓之所以流失大量優秀人才，部分跟熟悉英語和西方文化有關，但也是因為國內經濟成展緩慢，而裙帶關係對國內的就業機會影響極大，造成社會障礙。這些難處恐怕不亞於新移民到異地面臨的問題。

歸國者也未能成為足以推動新思想，改變大族政治的政壇領袖。二〇〇三年開始，海外菲律賓人就能跨海投票，馬尼拉也鼓勵選民登記，但在二〇一六年大選時，一百三十八萬登記在案的海外選民卻只有百分之三十一投票。二〇一九年，登記人數增加到一百八十二萬人，但投票的仍是少數。二〇一六年，海外選民選出杜特蒂為總統，至於副總統也是選馬可仕，而非羅布雷多。國會中其實不存在海外勞工的直接代表。政黨名單本該讓他們成為國會中的一股力量，但競選的團體實在太多，海外勞工的代表團體在過往幾次選舉都未能勝出，接著則是跟海外勞工毫無瓜葛的富豪篡奪了他們的名號。二〇一九年，海員黨（The Seafarers）贏得兩席，其中一席由某營造公司執行長出任，另一席則是由杜特蒂總統鍾愛的烏登納公司（Udenna Corporation）派員出任。海外勞工家庭會（OFW Family Club）替拳擊手曼尼・帕奎奧（Manny

Pacqiao）的弟弟贏了一席，本應為勞權團體的民主獨立勞工協會（DIWA）則是替全國首富曼尼・比利亞（Manny Villar）的家人弄到一席。

為了促進菲律賓人海外就業，並保障他們免於剝削與人口販賣，菲律賓政府成立層層的部會，並引以為豪。各種部會的成效混在一起。菲律賓海外就業署（Philippine Overseas Employment Administration，POEA）負責職業介紹所執照的審核發放，以確保這些代辦單位正派經營，不會收費過高。此外，菲律賓海外就業署也提供就業機會資訊，以及與重要雇主之間的聯繫，像是中東國家的衛生部會。菲律賓海外就業署設有黑名單，能禁止海外勞工前往名單上的國家，作為保障勞工的手段，但這個權力有時也引發爭議，因為限制了勞工的選擇自由。

不過，禁雇令有時也能發揮改善勞工待遇的效果。二〇一八年，一名家務幫傭在科威特遭強暴殺害，杜特蒂在盛怒下禁止與科威特簽訂新勞動契約，唯有科威特當局同意勞工保有其護照、使用自己的手機，且不會被迫更換雇主，才會解除禁令。菲律賓在海外有大約四十個勞權專員職務，聲望不一，而且若是這些專員太過積極，恐怕會引發代辦機構不滿，而這些機構對菲律賓海外就業署官員是有影響力的。

管制國人能否按己意出境工作的做法，成了貪腐的來源，同時也有違菲律賓人本應享有的自由。菲律賓本國業者與雇傭國業者彼此勾結，導致代辦費往往高於規定的上限，因此海外勞工難免得跟雇傭國的放款人借款。海外勞工人在異國也很難自己組織起來。法律、勞動條件、短期契約，加上缺乏集會場所，一個個都是難關。話雖如此，菲律賓人當中有時候會出現能言善道的代言人，且至少根據在對香港的研究，菲人遭到虐待的情況比他國外籍勞工少。本國媒體對於虐待議題非常關注，勞權專員也不敢大意。

由於雇傭代辦單位數量很多，要查明勞工虐待問題，菲律賓海外就業署面對的是一場無止境的戰爭。例如二〇一九年上半年，就有二十一家外國代辦與十九家本國代辦禁了黑名單。然而，菲律賓海外就業署本身也有貪腐問題，這也難怪，畢竟海外勞工若沒有菲律賓海外就業署發放的海外就業證明（Overseas Employment Certificate），就無法出國工作。長期出國與離散議題則是由海外菲律賓人委員會（Commission on Filipinos Overseas）處理。委員會將僑民登記造冊，旨在讓海外年輕世代與菲律賓語言、文化保持接觸，同時與菲律賓僑民學校合作（這些學校採用本國的課綱），但多數菲律賓人靠的是自己，而不是政府的援助。

至於永久移居者，他們融入新國家職場相對容易，也就不會發展強健的社群組織。比方說在加州，菲律賓裔人數只比華裔少一些，但能見度卻低很多。他們自己成立的組織，多半是以省籍等地方認同為基礎，而不是「菲律賓人」的概念為底。此外，許多菲律賓人不願意被人家當成亞裔——至少以美國來說，他們往往被人當成華裔、韓裔或日裔——這也讓菲裔的自我認同問題變得更加複雜。文化上，因為教會與語言的關係，許多菲裔覺得自己更接近拉丁裔或南島族裔。大多數前往英語系國家的永久移民對本國還是有重大影響力，維繫了西班牙與美國過去三百五十年統治留下的往來聯繫與文化親近性。儘管有黎剎的遺緒與馬嘉柏皋的「馬菲印度」倡議，菲裔對於和印尼、馬來西亞等馬來鄰國語言、文化共同紐帶的意識其實不深。

總之，除去一些最優秀進取的人才之外，菲律賓勞工與遷徙造成的全球性影響，尚未為菲律賓本國帶來徹底的變化。其實，留在本國發展的中產階級對於自己仰賴回匯的事實恐怕並不愉快，認為用國家的錢受教育卻出國工作的人實在不知感恩。不過，本國與海外之間的人口推拉使然，菲律賓人遷徙的年代還遠沒有要結束。這個廣大社群的存在，最終能否對本國的社會與政局的進化帶來重要的影響？這一點仍有待觀察。

注釋

1 *2019 Survey on Overseas Filipinos*, Philippine Statistics Authority.

2 http://www.bsp.gov.ph/statistics/keystat/ofw2.htm

3 Aubrey D. Tabuga, *A Probe into Filipino Migration Culture*, Quezon City: Philippine Institute for Development Studies, 2018.

4 Anthony Christian Ocampo, *The Latinos of Asia. How Filipino Americans Break the Rules on Race*, Palo Alto, CA: Stanford University Press, 2016.

〔第十五章〕

「自由貿易」與法律所未逮之處

菲律賓整體的治理問題，與民答那峨特有的問題交錯在一起，化為一個影響整個菲律賓上下的議題，其程度有輕微有嚴重，涉及層面有地方有中央。這個問題就是走私與類似的非法經濟活動。此外，菲律賓還有大量的非正式經濟，在灰色地帶運作，買賣不算嚴重的違禁品。

走私是個大問題？這也難怪。菲律賓是個船員、貿易商與眾多島嶼組成的國家，為這種非正式「自由經濟」提供了天然的環境。未稅香菸、色情影片、知名時尚與電器品牌的廉價仿品，這類違禁品稀鬆平常，市場卻相當龐大，數以萬計的小商人參與了走私品的分銷。即便涉足者深淺不一，但光是人數之眾，就足以讓當局難以根除這種違法買賣。政治人物訴諸國家或國民利益，但通常沒什麼說服力；這些違法或不受法律管轄的活動，能夠提供非正式工作機會，為了捍衛自己在其中的生計，自然不會有多少人相信警方與司法體系。

由於菲律賓鄰近他國海岸，管轄權與訂價體系不同，各種商品有大量的機會能運往菲律賓，乃至於菲律賓周邊，而走私品的起點不見得非得是印尼、馬來西亞等與菲律賓一樣海岸線好滲透的地方。不光蘇祿群島跟沙巴很近，大堡與三投斯將軍市距離北蘇拉威西也不遠。語言差異對菲律賓人來說是小菜一碟，他們和馬來鄰居一樣是天生的多語言使用者，從小聽本地語言和英語長大，說不定還有馬來語、福建話，甚至阿拉伯語。此外，美岸與佬沃（Laoag）距離中國沿海不遠，去台灣就更近了。中國提供各種低成本製造品，從雅巴到牙刷，從汽車到內衣褲，要對方拿未稅礦物出口投桃報李。菲律賓華裔商人的親屬關係，尤其是跟福建僑鄉的淵源，提供了買賣的基礎結構。由於稻米、石化產品與水泥在國內價格高昂，因此連這種大體積商品也成了從越南與台灣往菲律賓走私的內容。

非法買賣不只傷害社會（毒品使然），也讓政府得不到亟需的歲入，此外還成為地方勢力的資金來源，讓豪強大族穩穩掌握權力，設法安插親人擔任多種政府職位，進而幫助族人過得更「滋潤」。民答那峨／蘇祿穆斯林區的問題，因為地方大族權力之大，以及當地行之有年的走私歷史而根深蒂固，甚至火上澆油。尤其是摩洛民族區的蘇祿群島部分，高曝光率的綁架勒贖案件往往發生在這裡，這種轉型也許是因為香菸等違禁品交易已經飽和之故。毒品走私與分銷愈來愈龐大，項目以當地稱為「雅巴」的甲基安非他命為主。販毒不只為若干聖戰主義者提供金援，更加深穆斯林群體之間的敵意，地方大老的私兵也因為販毒而不愁資金。

杜特蒂把焦點擺在打擊販毒，此舉在政治上大受歡迎，但大部分的證據顯示吸毒的情況沒有因此大幅減少。街頭流竄的小毒販是輕鬆的目標，但供應鏈上層鮮少遭到鎖定。少數有參與販毒嫌疑的地方政治人物遭人殺害，但各界一般認為這跟地方權力掮客（包括警察首長）之間的摩擦有關。對於省市長來說，還有比販毒更大的收入來源——非法但猖獗的數字型樂透，「花當」（jueteng）。花當讓窮人做起一夜致富的美夢，賣彩票成了工作機會，政壇大老則靠賭博得來的優渥利潤作為政治資金，或是個人財富。前總統艾斯特拉達之所以名譽掃地，就是因為曾經的友人，南伊羅戈省長「查維特」幸森承認自己把花當得來的數百萬彩金給了他（見第七章）。幸森非但沒有因為自己在此事中扮演的角色而受罰，反而還步步高陞。雖然現在有部分的市場被其他形式的賭博所取代，但花當這種國粹仍然是某些省市政壇大老，乃至於當地警方重要的收入來源。

多數省分的原生林所剩無幾，但地方官員與警方幾乎都涉及非法採礦與砍伐。環保人士與地方利益團體試圖阻止開發，有時候只是讓自己命喪黃泉。但全國各地都有這類非法地方性收入，而且這也能提供工作機會。有不少有錢人靠著土地、資產，以及地方性與區域性商業活動，成為省內的巨富（雖然不到億萬富翁）。他們跟地方政壇的關係，比跟中央來得緊密。擔任大城市的市長或是省長，乃至於眾議員所帶來的影響力，讓他們很容易從非法活動中得利。

不過，操控地方政壇而得來的錢，通常都留不住。想保住權位可是所費不貲，因此「錢來得快去得也快」。想要維持相互義務網絡，就得有能力提供工作與賺錢機會。菲律賓有八十一個省，三十三座大城，大約有一百五十個世家大族一再浮現於上述行政區，展現主導或彼此較勁的姿態。很少家族能同時在財富榜與政治榜上名列前茅。華裔新貴尤其傾向盡力避免參政，畢竟他們沒有省籍的根據地，又怕在政權更迭時站不對邊。民主政治成本很高，黨派實際上等於不存在，不時得比賽看誰口袋深，而支持者會期待勝選者用回扣來報答自己的支出。選舉的高昂代價或許多少能解釋為何近年來，競選官職的情況顯然沒有以前激烈，而大族影響力依舊。成本愈來愈高，損益比已經不如以往。

省級的非法金流說起來還算雨露均霑，但主要口岸與官方渠道經手的走私可就不是這樣了。由於海關貪腐的程度使然，大小港口都有走私的情形。比較菲律賓與貿易夥伴國的資料，會發現有多達三分之一的貿易品沒有申報。即便有採取措施整頓海關，確實也有一些成效，但腐敗已深，而且高層自己幾乎都無法以身作則了。根據合法燃油經銷商的估計，「白牌」加油站汽柴油銷售量當中，有百分之五十是透過蘇比克自由貿易港區（Subic Freeport Zone）與其他口岸走私的燃油。因為沒有課徵貨物稅與其他稅捐，走私燃油的價差有可能達到十五披索，對消費者來說很有吸引力，組織者、政客和官員又能得到不錯的利潤。

傷害歲入與地方生產活動的除了走私進口，還有出口，例如偷運出去的鎳礦石，不僅沒有紀錄，也逃過了礦區使用費與利潤稅。牽涉其中的地方政治人物與商人因此獲利甚豐。大公司多半也許守法，但有許多小礦場得到政客護航，跟來自中國、不會多問的買主做生意，政客則分得一杯羹。菲律賓華人跟來自福建的商人之間通常有很強的傳統鏈結，彼此間有各式各樣的買賣，這不僅削弱了當地製造業者，也讓政府得不到興建基礎建設與改善脆弱教育體系所必須的歲入。在民答那峨非穆斯林區，新人民軍會向礦場與種植園收取保護費，豪強則從非法鎳礦、金礦中得利，或是在非法伐木中分一杯羹。

與此同時，有些理論上非法的貿易，實際上對社會卻有益處。二手衣物貿易就是個著名的例子，這項貿易的規模有大有小，大如掌握供應網的女性所從事，小如海外勞工（尤其是香港）以個人或家庭跑單幫，將衣物提供給家鄉的親人販售，或是自己穿著。這一類的買賣還包括手提包、飾品、電器電子設備。富國傾向追求流行，稍微過時就把東西丟掉，但至少就這種情況來說，還有銷路的商品與消費產品還能有點用處。大家族網是這類商品的重要市場。有些買賣雖然遊走法外，但並不犯法。例如無執照的路邊攤可以繳稅給地方政府以經營生意，或是跟商店業主達成協議，提供類型互補的商品，彼此招攬生意。

沒有紀錄的經濟活動很難追查。儘管如此，一系列的估計仍顯示在一九六〇年至二〇一一年間，有百分之三十四點八的經濟活動不在帳面上，而未來數年的業內資料也呈現類似的模式。[1]以國際收支餘額而論，菲律賓的資本流出龐大而持續。即便官方紀錄也顯示二〇〇〇年以來的多數年分中，國際收支平衡的經常帳盈餘也未能充分反映在外匯存底的累積上。何況不留紀錄將錢流出的還有好幾大管道——高報進口發票，低報出口發票額，或是乾脆沒有貿易文件，也就是走私。有鑑於數十年來，菲律賓對外匯並無大力管制，因此前述發票登載不實的主因還是避稅，過程中累積金錢，用於離岸投資。只要披索幣值保持相對穩定，實施外匯管制恐怕對資金外流也不會有什麼影響。自二〇〇八年全球金融危機以來，披索幣值波動確實不大，因此登載不實的主因顯然是為了避稅，而非擔心貨幣貶值。

走私貨物進入國內的資金，來自BPO的服務經濟收入、僑匯與旅遊業金流，侵蝕了製造業在國內經濟的影響力。情況同樣反映在大型企業多由少數服務業導向的巨型集團所主導，像是銀行業、零售業、電信業與房地產業。對於投資資本密集製造業，這些業者多半沒有經驗，或者沒有興趣。經濟不斷自我強化其不平衡之處。

對內走私人口向來也是個重要的產業，尤其是杜特蒂執政的前幾年，馬尼拉成為以中國為市場的境外博弈產業所在地。除了數以千計獲准入境從事博弈與相關服務的中國人，還有許多人疏通移民官員而得以入境。這些人流也讓走私毒品、稻米、紡織品、石化產品等商品的網絡，以及小型非法礦場（尤其是鎳礦）得以發展。

體系的腐敗始於頂端。稅收在艾奎諾三世與杜特蒂執政期間固然有所起色，但刑事逃稅的處罰不僅輕微，而且確實開罰者甚少。比方說，陳永栽幾乎壟斷菸草，卻只需要支付政府因偽造稅票而損失的錢（甚至只是部分）。經濟學教授與前經濟計畫部長（Economic Planning Secretary）索莉塔・蒙索德（Solita Monsod）寫道：「就我國發展目標而言，陳永栽的行為堪稱最惡劣的例子。他讓人知道，你可以逃稅卻全身而退，收買法院，讓法官按你的意思判決，找好律師，拖慢審理進度。國家要想永續發展，就需要公平的競爭環境與政府的適度干預，但從政府給予他的待遇所傳達的意思，卻是正好相反。」[2]

陳永栽的帝國本來是馬可仕打造的，如今他不只能大發利市、擴大經營（見第十六章），還表現出對中國主席習近平的忠誠——除了在馬尼拉接待習近平，甚至還在中國軍隊逼近西菲律賓海的時候，到天安門廣場和這位主席一塊閱兵。打擊大規模貪腐的步調，就跟冰河流動一樣慢。二〇二一年六月，最高法院終於判決馬可仕朋黨艾爾米尼歐・迪西尼在巴丹核電廠（見第七章）工程中收取西屋公司八千萬美元回扣有罪。這座核電廠於一九七六年起建，卻在花了超過二十億美元後，於一九八六年封存。此時，迪西尼已作古七年。判決中亦確認二〇一二年反貪腐法庭的裁決成立——儘管證據顯示，迪西尼從西屋公司得到的百分之五回扣中，有百分之九十五落入馬可仕夫婦手中，但迪西尼有責，馬可仕夫婦無罪。

很多人覺得，反正頂端的人感覺無所不能、刀槍不入，那底下的人違法也很正常，甚至不違法還不行。政府損失歲入，能產生就業機會的企業得不到投資，結果就是教育與衛生繼續匱乏，其他的社會病灶也因此難以康復。從歷史、地理因素與政治和行政體系之間的互動來看，想要減少稅收損失，讓貿易按規矩走，整頓體系打造更現代化、都市化的社會，恐怕還有很長的路要走。民眾必須信任公帑能得到妥善而有效的運用，才會願意減少非法交易與逃稅。非政府組織的監督讓情況得到部分改善，但只要曝光的罪行沒有得到有效的起訴，民眾的信心便不大可能提升，進而把分贓視為經商、公共行政與政壇的常態。地方大族與政商寡頭涉足走私體系，多少也解釋了外國投資何以遭到反對。跨國營運商比較會照章辦事，留下真實的檔案紀錄，而不是用來矇騙海關或國稅局的假文件。

這些缺失在其他領域也很常見，而貪腐能加速決策的進行，或是跳過官僚體系，讓生意運作更加順暢。菲律賓之所以問題重重，原因不只是非法舉動造成的扭曲與延宕。政治與派系利益造成的錯誤政策順序同樣難辭其咎。世界銀行在一份二〇二一年的報告中指出，「偏袒既有企業集團的政策，導致經濟競爭有限」。進取的企業家與小商人試圖在商場上存活下來，自然會繞過規則，找出通往利潤的道路——他們只是效仿商界與政界的同儕而已。

注釋

1 Kar and LeBlanc (2014) quoted in Patricio N. Abinales 'The Problem with a National(ist) Method', in Mark R. Thompson and Eric Vincent C. Batalla (eds), *Routledge Handbook of Contemporary Philippines*, Abingdon: Routledge, 2018.

2 Asiasentinel, 20 November 2015.

〔第十六章〕

企業集團資本體系

社會經濟成績普普通通，不少人看出這跟非法貿易之間有關。但不止於此，許多人同樣也看到企業集團團塊的封閉，偏偏這些團塊主宰了零售、製造與經濟基礎設施。這類大集團多半牢牢控制在創辦人家族手中。隨著家族擴大，日子一久，經營權雖會稀釋，但這是個很慢的過程。

菲律賓大企業集團彼此交叉持股，擁有從零售業到房地產、銀行、電信、港口與電力經營等事業。集團的快速擴張，多少跟最近數十年間僑匯與服務經濟的成長有關。勞工僑匯創造了銀行業、電信業與零售業需求，ＢＰＯ公司與博弈中心則有辦公空間、電力與電信的需求，此時這些大企業就成了中間人。大集團在東南亞地區並不罕見，但在菲律賓因為私有化與保護主義使然，政府或外資參與經營的比例都不大，少數幾個大集團主宰經濟的程度因此遠超乎整個區域。

從菲律賓股票市場來看，股票周轉比越南等新興市場還少；雖然交叉持股會導致重複計算，但市值基本上與經濟的規模相去不遠。從這些現象就能清楚看出龐大的資本集中在狹窄的基礎上。近年來，換手率保持在市值約百分之十一，是印尼數值的二分之一，馬來西亞與越南的三分之一，泰國的七分之一，而全球平均數值約為百分之四十。儘管菲律賓的股票交易所歷史悠久，在東南亞僅次於新加坡／馬來西亞，但換手率卻保持低檔。外資的參與雖然有助流動率，但菲律賓所持的區域性與全球性資金卻穩定下跌。

證券市場主要是讓家族成員得以籌資，將資產多樣化，而不是只有家族企業。二〇二〇年至二〇二一年，受 COVID-19 疫情影響，全球資產出現高度流動性，有人從中看到一些改變的希望。馬尼拉出現五家新上市大公司，總值超過七千五百億披索，但其中只有網路營運商 Converge ICT 成功集資，挹注擴大光纖網路服務。二〇〇九年，黃漢雄（Dennis Anthony Uy）成立 Converge，是菲律賓最成功的科技新創公司。最大的新上市公司為食品企業日新世界（Monde Nissin），董事長為洪貝蒂（Betty Ang），她嫁給印尼的郭家（Kweefanus family），郭家控制了日新、康元食品（Khong Guan）與日新世界。阿雅拉集團也開風氣之先，把部分房地產上市成立不動產投資信託（Real Estate Investment Trust，REIT），A-REIT。在

A-REIT之後，有另外兩家不動產投資信託跟著成立，讓房地產開發商得以為集團利益籌資，又不至於失去控制權。

儘管有上述的上市發展，周轉率與公共參與仍然很低。其中一項重要因素，在於大部分的家戶存款掌握在政府經營的兩大巨頭，意即公務員為對象的菲律賓公職保險局，以及私部門為對象的社會安全保險局（Social Security System）。兩者加起來提供短期社會保險理賠與退休金方案。然而，兩者的投資方針極不透明，而且主要挹注於國債、其他債務憑證（包括對成員放款），以及房地產，對於股權的投資相較之下很少。其他的家庭存款多數存在銀行，但銀行業利潤豐厚，因此實際上的存款收益可謂微乎其微。

私人壽險公司由來已久，提供股權連結債券投資方案，但相較於前述的公營保險，私人保險公司的保單持有總人數仍然很少。全國總儲蓄率約為ＧＤＰ的百分之十五，家戶存款遠比區域內其他國家來得低。

大小企業很難避免跟政治人物打交道，企業為政客提供金援，政客為企業打通關。這種情況在地方政壇尤其常見，競爭往往發生在大族之間；但大企業也會碰到類似的問題，時不時就有民粹宣傳把它們打成「寡頭」。先前在第六章談過，馬可仕總統試圖打倒其中幾個寡頭，建立為己命是從的新寡頭。杜特蒂總統同樣承諾打擊寡頭，但他唯一採取的重要行動就只有針對洛佩茲集團，不讓曾經如日中天的 ABS-CBN 拿到新的電視廣播執照。對於競爭對手ＧＭＡ電視網（GMA Network）來說，這無疑是一大利多。

雖然財富集中在少數集團與家族手中，但這不代表一灘死水。事實上，創辦人的後代愈來愈多，家族的財產也會愈來愈分散，變得足以讓許多成員成為百萬富翁，但不足以成為億萬巨富。

巨富集團的發源時間，大致上可以分成三個時期。最早的是西裔與舊有麥士蒂索家族，歷史可以回溯到十九世紀甚至更早。為首的佐貝爾·阿雅拉家（Zobel de Ayala）控制基礎深厚的阿雅拉集團，以及菲律賓歷史最悠久、也是全國第二大的銀行，菲律賓群島銀行（Bank of the Philippine Islands）。阿雅拉家有各種資產與公共事業投資，包括擁有大片馬卡蒂金融區，以及占地廣大的阿雅拉阿拉邦（Ayala Alabang）——馬尼拉大都會南方的別墅郊區。與阿雅拉家有親戚關係的索里亞諾家，過往掌控了食品飲料業巨頭生力集團，但如今家族的控股公司（A. Soriano Corporation）商業利益廣布。阿雅拉集團素有保守管理、不動如山之名，這種超然態度目前來說很有益處。

今天除了阿雅拉家，菲律賓十大首富中唯一一位也有西裔姓氏的是安立奎·拉松（Enrique Razon），這位低調的人物已經把家族企業轉變為菲律賓國內唯一以發展海外利益為主的公司。拉松以百分之六十二的股權，控制著港口營運商國際貨櫃碼頭服務有限公司（International Container Terminal Services Inc.）。拉松家經營港口事務，安立奎是第三代，其家族企業是菲律賓最國際化的公司，從望加錫與雅加達，到剛果、克羅埃西亞、巴西與墨西哥，都有他們家的貨櫃碼頭。少數幾家公司也會賺海外的錢，但大多都像快樂蜂，是仰賴菲律賓僑民的需求。拉松也擁有股票上市的布魯姆貝里渡假公司（Bloomberry Resorts），旗下的晨麗渡假村（Solaire Resorts）在馬尼拉有一間賭場旅館，並計畫展店。根據《富比士》二〇二一年菲律賓富豪榜，拉松排名第三，資產約三千億披索。

老牌西裔麥士蒂索家族當中，洛佩茲集團仍不可小覷。洛佩茲家從糖業發跡，事業版圖如今已拓展到馬尼拉電力公司，以及ABS-CBN媒體集團。洛佩茲集團透過第一菲律賓控股公司（First Philippine Holdings），掌握各種能源產業與房地產利益，包括上市的地熱發電業者，能源開發公司（Energy Development Corporation）。

發跡宿霧的阿波提茲集團（Aboitiz group）亦有西裔淵源，其歷史可以回溯到一八八〇年代，如今是能源與營建業的要角。該集團控制上市的共和水泥（Republic Cement，全國第二大水泥業者）以及同樣上市的中型銀行聯合銀行（Union Bank）。阿拉內塔集團發跡於內格羅斯，從一八九八年就是一股政壇勢力，在馬尼拉地區有許多房地產，主要位於奎松市（Quezon

City），例如曾為全球最大單一圓頂場館的阿拉內塔運動場，此外還有許多速食品牌。這兩大集團如今有眾多家族成員經營不同的事業部門。美國殖民時期，阿拉內塔家在政府內相當活躍，其中律師兼政治人物薩爾瓦多・阿拉內塔（Salvador Araneta）成立了兩所大學，並且與何塞・孔塞普西翁共同創辦共和麵粉廠（Republic Flour Mills，如今已採多角化經營）與上市食品業者RFM公司。

商界打滾時間第二長的是華裔家族，其根源可以回溯到西班牙殖民晚期或美國殖民初期。最顯著的例子是吳章蔚家（Gokongwei family），吳家以零售業起家於宿霧，在一九五〇年代往食品業發展。如今，吳章蔚家透過上市公司JG頂峰與百宜公司，坐擁食品、零售、電信等生意，以及羅敏申百貨（Robinson's）與宿霧太平洋航空（Cebu Pacific Airlines）。

多數華商大族崛起於一九四五年之後，其中最成功的是廈門人施至成。一九四八年，施至成開了一家鞋店，後來發展為鞋莊（Shoe Mart）與SM集團，擁有兩間相關上市公司SM投資（SM Investments）與SM控股（SM Prime）。SM集團是目前菲律賓最大的商場經營者，此外也是房地產開發商與銀行業者，持有菲律賓金融銀行（Banco de Oro）與中興銀行（China Bank）股份，以及包括旅館與博弈產業的各種股份。施家也是目前菲律賓最有錢的家族，施至成的六個兒女據估計共持有一百六十億美元資產。[1]

華裔零售業創新企業家陳覺中（Tony Tan Caktiong）是新晉的億萬富豪。陳覺中是福建移民之子，於一九七〇年代成立快樂蜂速食，如今快樂蜂有超過一千家的分店，但凡有眾多菲律賓僑民的國家，都能看到其品牌。快樂蜂旗下也擁有其他速食品牌的經營權，包括在越南與人合資的連鎖品牌。快樂蜂並未試圖發展為大集團，而是堅守原本的事業領域。

在東南亞，最快的至富途徑就是房地產開發，菲律賓也不例外。福建出生、香港長大的吳聰滿（Andrew Tan）就是靠房地產打造出價值數十億美元的企業，安德集團（Alliance Global Group）與美加房產（Megaworld Corporation）為其門面。公寓大樓開發為其強項，不過吳聰滿還擁有麥當勞連鎖經營權，以及皇勝酒廠（Emperador）——皇勝從無到有，如今在西班牙等多國已是深受喜愛的品牌。皇勝與吳聰滿的觀光開發公司達富來國際集團（Travellers International Hotels）分別在證券交易所上市。

一九四五年之後的這一輩華商多半不碰政治。打點地方權力掮客總是免不了，但比起從政的高調，他們比較喜歡低調。由於社會上對華人和他們的同鄉情誼有所懷疑（尤其是對福建人），這些最富有的新貴對於一九四五年之後捲土重來的排華情緒尤其敏感。

薛華成在一九五〇年代成立的會計事務所ＳＧＶ，成為一九六〇年代以降企業發展的重要一環。ＳＧＶ迅速成為菲律賓最大的會計事務所。數十年來，薛華成身為ＳＧＶ的門面，對商業團體與政府之間的關係有很大的影響力。SGV在會計、審計與諮詢業務方面展現高度專業，但薛華成也懂得審時度勢，適應不斷改變的政治現實。他在馬可仕執政時期影響力猶大。此外，薛華成也在海外發展關係，一九七〇年代時跟世界銀行與國際貨幣基金組織（IMF）的關係特別重要。曾經在SGV任職的要人包括塞薩爾．維拉塔——他曾經主持SGV管理顧問部門，後來先後擔任馬可仕的財政部長與首相——以及一九七九年上任的貿易與工業部長羅伯道．王彬。

曼尼．比利亞是目前身價數十億的菁英當中，唯一沒有華裔或西裔血緣的人，而他的事業同樣得到SGV之助，他的財富也來自房地產開發。根據最新的《富比士》富豪榜，比利亞在菲律賓排名第二。他過去同樣運用財富打入政壇，或者根據某些人的說法，他是用政治幫助自己的生意，如今已經建立新的政壇世家。比利亞靠著SGV的經歷，成為菲律賓私人開發署（Private Development Corporation of the Philippines，有世界銀行的奧援）主管，他也向該署借款，開創自己的事業。他當選眾議員，於一九九八年成為眾議院長。二〇〇一年，他當選參議員。到了二〇一〇年，他出馬角逐總統大位，票數排名第三，次於艾奎諾三世與艾斯特拉達。二〇一三年，比利亞的妻子辛西雅（Cynthia）接替他成為參議員，兩人的兒子馬克（Mark）則繼母親之後擔任拉斯皮納斯（Las Pinas）的眾議員，並得到杜特蒂任命為公共工程部長。

當年馬可仕提拔了一些人，換得他們提供的資金，讓他可以用錢收買實際與潛在的對手。這些人當中有許多人都失敗了。不過，他們雖然失去在菲律賓的資產，但大部分人仍把數百萬美元藏在海外，許多是美國的房地產。馬可仕執政時成為巨富的人裡，還是有人順風順水至今，陳永栽就是其中的佼佼者。陳永栽生於福建，他的福川菸廠集團事實上壟斷了菸業，另外他還成立酒廠與生力集團競爭。陳永栽是馬可仕的超級提款機，馬可仕則讓陳永栽得以跨足其他產業，包括銀行業——聯盟銀行（Allied Bank Corporation）。馬可仕倒台後，總統府廉政委員會扣押了陳永栽的公司。然而，他和菸葉的壟斷都不受影響。他金流充沛，甚至在一九九〇年代取得菲律賓國籍航空公司菲律賓航空的控制權，以及菲律賓國家銀行的大量股份，並於二〇一三年讓菲律賓國家銀行與自己的聯盟銀行合併。他不僅是艾斯特拉達的大金主，也一直與馬可仕家保持密切關係。二〇〇六年，反貪腐法庭撤銷扣押，堪稱未能追討不當財富的惡例。

陳永栽從移居國獲益甚豐，卻沒有發展出對這個國家的愛國情懷。二〇一五年，正當中國將菲律賓漁民從自家海域趕出去，菲國政府將中國一狀告上常設仲裁法院時，身為「著名愛國僑領」的陳永栽則是出席了北京的閱兵典禮，與習近平同台。二〇一九年，陳永栽引中國國企——中國交通建設有限公司（China Communications Construction Corporation）叩關國都，共同將馬尼拉灣邊緣的生理岬飛行場開發為新機場。陳永栽的帝國存續至今，充分凸顯企業部門發

16-1　馬尼拉的權與窮。前景為帕賽（Pasay）貧民窟，背景則是馬卡蒂商業區。

展不足、政客與法官的貪贓枉法，以及菲律賓民眾對於大集團心有不滿。陳家如今透過切線公司（Tangent Corporation）掌握其資產，該公司握有上市公司LT集團（LT Group）的控制股權，而LT集團則手握菸酒、房地產與金融業等資產配置。陳永栽之子與繼承人在二〇一九年猝逝，因此集團的未來如今落到他的孫子，一九九二年出生、史丹佛大學畢業的電子工程師陳耀庭（Lucio Tan III）的肩上。由於LT集團擁有菲律賓航空，疫情期間尤其損失慘重。

「丹丁」愛德華多・許寰哥是另一位從馬可仕時代的豪奪中屹立至今的人，他出身打拉的大地主家庭，跟柯拉蓉是堂親。許寰哥長期與馬可仕同一陣線，馬可仕則利用他挑戰「尼諾」艾奎諾在打拉的勢力。他的妻子葛蕾茜．歐本（Gretchen Oppen）出身內格羅斯德裔地主大家族，貌美機敏，在馬可仕執政時是馬拉坎南宮的熱門人物，這對許寰哥來說是又一利多。

二〇二〇年去世的丹丁，曾經是椰子稅的主要受益者。馬可仕開徵椰子稅，本是為了在菲律賓椰業署（Philippine Coconut Authority，國防部長胡安．龐塞．恩里萊為署長）指導下讓椰產業升級，並成立椰農聯合銀行。結果椰子稅的收入大部分不是用來幫助赤貧的椰農，而是流入朋黨和他們的公司，許寰哥甚至把自己的小銀行跟椰聯銀合併。一九八三年，他靠椰子稅的收入，從佐貝爾家手中取得生力集團百分之二十的股份；此時佐貝爾家已經和表親索里亞諾家一同家道中落了。丹丁成為生力集團主席，直到一九八六年與馬可仕流亡夏威夷為止。

總統府廉政委員會扣押的百分之五十一的財產，引發了為時三十年的法庭攻防大戲，而許寰哥那百分之二十的股份，只不過是序幕而已。總而言之，許寰哥拿回了那百分之二十與經營控制權，後來把部分股份賣給後進蔡啟文（Ramon Ang），此後蔡啟文經營生力集團，多角化經營，從食品飲料生產跨足電力與付費道路。如今集團的最大股東，是透過自家公司先鋒投資（Top Frontier Investments）持股的伊尼戈．佐貝爾（Inigo Zobel）。伊尼戈是阿雅拉集團執行長海梅．佐貝爾（Jaime Zobel）與營運總監費爾南多．佐貝爾（Fernando Zobel）的堂兄。

生力集團的觸角如今還包括上市公司佩特龍（Petron）——菲律賓最大的煉油與營銷商。

羅伯道．王彬是另一位本應隨著馬可仕倒台而遭整肅，卻能逢凶化吉的人物。王彬是出身SGV的會計師（他跟創辦人之一的貝拉育〔Velayo〕是親戚），在一九七九年得到馬可仕欽點，以貿易與工業部長身分加入他的技術官僚團隊。王彬這段仕途不算順遂，畢竟經濟問題愈積愈多，但他卻時來運轉。他成了政府與所謂「岷倫洛央行」（Binondo Central Bank，指的是一群經營地下匯兌的華商）之間的非官方聯絡人，有助於穩定官方與地下匯兌的匯差。岷倫洛央行為首者名叫貝尼托．陳月（Benito Tan Guat），他在馬可仕垮台後金援自己的兒子威利．歐希爾（Willie Ocier），與關係良好的王彬合夥從事房地產投資。王彬勢如破竹，打造出一個房地產與旅遊渡假產業帝國，以美麗公司（Belle Corp.）之名上市。他後來涉足境外博弈，與菲網公司（PhilWeb Corp.）合作；這家公司在一九七九年成立時為礦產開發商，但在二〇〇〇年轉換了經營標的。

杜特蒂將王彬打為寡頭，王彬也因此失去博弈執照，但他一把菲網賣給阿拉內塔集團，博弈執照就恢復了——此時，前總統之女艾琳與格雷戈里歐．阿拉內塔三世已經結婚，阿拉內塔家與馬可仕家聯姻。（二〇一六年總統大選候選人馬努埃爾．羅哈斯，以及前總統雅羅育的丈夫米格爾．雅羅育〔Miguel Arroyo〕，也都是阿拉內塔家的親戚。）

反貪腐法庭在二〇一九年，也就是馬可仕失勢的三十三年後，讓馬可仕的不少親信安全下莊。其中之一就是本文尼多・坦多柯（Bienvenido Tantoco）。坦多柯家成立高檔百貨集團如絲丹（Rustan's），並且在馬可仕執政時獲得免稅店經營執照，特許進口奢侈品。本文尼多之妻葛利瑟莉亞（Gliceria）經常作為伊美黛・馬可仕的旅伴，並代她以百萬美元起跳的金額，購買紐約的房子、繪畫或骨董家具。葛利瑟莉亞的丈夫則獲命為駐梵蒂岡大使。

安東尼奧・弗羅連多的大部分財富，也從馬可仕年代留了下來。弗羅連多憑藉與政界的關係，在大堡開闢占地廣大的香蕉園。他也曾經隨伊美黛出遊過幾次，替她購買資產，並於馬可仕家流亡期間提供在夏威夷的房子給他們居住。總統府廉政委員會從未起訴他。弗羅連多家透過聯姻，與洛佩茲家與「丹丁」許寰哥家成為姻親。

除了這些有頭有臉的大人物，還有數十名地位比較低，但也為人所知的姓氏，反覆出現在股東名冊、董事會與時尚雜誌上，像是埃利薩爾德、薩摩拉、孔塞普西翁、德羅薩里奧、薛等姓氏，這些家族有時會彼此聯姻，有時則與政治世家聯姻。馬卡蒂商會所代表的主流商人固然不想沾上政治，但這並不容易，「阿雅拉」這等響亮的姓氏在杜特蒂執政時，對此感受就很深刻。

其他重要華人家族還有許文哲家，他的父親從福建移民來到菲律賓，成立慎誠保險

（Prudential Guarantee），是該國最大非壽險業務公司之一。慎誠維持私人持有。許文哲還擁有東方石油（Oriental Petroleum），是一家小型石油生產與開發商。許文哲家跟吳奕輝家關係密切，與福建出生的鄭周敏（Tan Yu）是姻親；鄭周敏靠著亞洲世界集團（Asiaworld Group），直到二〇〇二年過世為止始終保持在菲律賓首富圈內。鄭周敏從乾椰仁生意跨足紡織業，並且在台灣和馬尼拉經營房地產。

其他在財富榜上有名的華裔，還有鄭少堅（George Ty）的繼承人——鄭少堅出身香港，是首都銀行（Metrobank）老闆，二〇一八年過世。馬可仕的朋黨，希爾維利歐的三角洲汽車破產後，首都銀行也接手了三角洲的豐田汽車組裝廠與銷售權。另一位華裔銀行家，弗雷德里克·狄（Frederick Dy）則是在一九九〇年代取得安全銀行（Security Bank）的控制權。東京三菱銀行擁有安全銀行百分之二十的股權。安全銀行為上市公司，母公司為GT資本控股（GT Capital Holdings）；後者為狄的控股公司，握有包括百分之十五的第一太平股份。

菲律賓中華銀行（Rizal Commercial Banking Corporation）同樣是由歷史悠久的華裔家庭成立的，而且至今仍由他們經營。二十世紀初，楊尊親家（Yuchengcos）以木材貿易起家，但楊家的事業泰半是楊應琳（Alfonso Yuchengco）打造的，而他的女兒海倫·楊尊親－李（Helen Yuchengco-Dee）則是中華銀行現任董事長。她嫁入中興銀行的李家。楊尊親家跟薛家也有關係。薛華成的弟弟薛士怡（David SyCip）曾主持菲律賓中華銀行；台灣的國泰金控如今擁有中華銀行百分之二十三的股份。吳天恩（Gotianun）家族與吳奕輝家是親戚，吳天恩家控制了上市的菲投發展集團（Filinvest Development Corporation），旗下子公司包括開發商菲投地產（Filinvest Land）、華美銀行（East-West Bank），此外也經營旅館業。福建出生的吳天恩為菲投創始人（一九二六年至二〇一六年），如今菲投由吳天恩的兒子們經營。

對菲律賓來說，這個國家擁有一筆非凡的財富，而且底下的基礎居然不是商業或金融業。一九五四年，一位年輕的土木工程師成立了DMCI（全名為大衛・門多薩・康孫吉投資〔David M. Consunji Investments〕），營造馬尼拉一些最知名的建築，以及橋梁、公路和水壩。大衛・康孫吉（David Consunji）曾在一九七〇年至一九七五年間擔任馬可仕的交通部長，但後來重新把注意力擺在經商，DMCI如今由其諸子所有。上市的DMCI控股（DMCI Holdings）持有菲律賓唯一的大型煤礦開採商，塞米拉拉礦業（Semirara Mining）百分之五十六的股份，塞米拉拉礦業還擁有一座電廠。

新進榜的大集團極為罕見，超市與食品連鎖店 Puregold 與光纖新創公司 Converge 算是例外。前者為許炳記夫婦（Lucio and Susan Co）於一九九八年所創辦，如今有三百五十多家分店，此外也涉足旅館業與博弈等非零售業。後者由生於中國的黃漢雄在二〇〇九年成立，時間雖然不長，但很早就得到美國私募基金集團華平投資（Warburg Pincus）的挹注。成績同樣出眾的還有營造業的美加懷營建公司（Megawide Construction Corporation），是由兩名研究生埃德加・薩維德拉（Edgar Saavedra）與麥可・柯西謙（Michael Cosiquien）在一九九七年成立的公司。二〇一一年起上市的美加懷，此後在大集團的眼底下贏得好幾項重要建設標案，包括宿霧機場與克拉克機場的航站，以及許多華廈建築。然而，美加懷的基礎資產累積還不足以躋身第一線。目前薩維德拉是公司的老闆。

如今，杜特蒂總統對富豪榜上的人名也有貢獻，那就是來自大堡的華裔商人黃書賢（Dennis Uy）。黃書賢從儲油與行銷起家，用賺來的錢與中國－東盟投資合作基金（China-ASEAN Investment Cooperation Fund）合作買下內格羅斯航運（Negros Navigation）；公司原本的所有權人為阿波提茲集團，後來改名 2GO 集團（2GO Group）。杜特蒂當選後，黃書賢獲得在宿霧經營賭場的權利，也獲得克拉克全球自由貿易港區（Clark Global Freeport Zone，與克拉克機場比鄰）的開發權。他的事業版圖規劃中有旅館、辦公大樓、賭場與大學，此外他也得到在全國範圍經營電信業的執照。他與中國國企中國電信合夥，成立迪多電信（Dito，中國電信擁有百分之四十股權），挑戰菲律賓長途電話公司（Philippine Long Distance Telephone Company，PLDT）與全球電信（Globe）兩大龍頭的壟斷。黃書賢的控股公司烏登納公司旗下亦有旅館、速食連鎖經營權等事業，以不到二十年的時間來說，是很了不起的成長，當然後期也有得到杜特蒂的協助，包括取得馬拉帕雅油氣田的爭議交易。

杜特蒂另一位飛黃騰達的商界友人是楊鴻明。楊鴻明跟杜特蒂的關係始於大堡，身為廈門人與中國公民的他，甚至爬到獲得任命成為總統經濟顧問。楊鴻明扮演關鍵人物，透過中國的菲律賓之友基金會（Friends of the Philippines Foundation）引介中國投資人，並與中國駐菲律賓前大使趙鑑華熟識。二〇二一年，楊鴻明透過新創的康友製藥公司（Pharmally Pharmaceutical），以過高的價格販售COVID-19相關醫藥用品，他檯面下的人際網絡也隨醜聞而曝光。[2]

有些未上市的家族零售企業，其財富難以估計，例如郭家（Que）擁有的墨丘利藥局（Mercury Drug），多年來一直是全國最大的零售藥局。馬里亞諾·郭（Mariano Que）在一九四五年創業時還是個小華商，如今墨丘利藥局即便面臨南星藥房（South Star Drug，部分股權屬於吳章蔚家的羅敏申集團）的競爭，卻仍然坐擁一千多家分店。圖書業部門小得多，不過一九四〇年代由拉莫斯夫婦荷西與索科蘿（Jose and Socorro Ramos）成立的全國書店（National Book Store），至今仍稱霸書業。如今，私人持有的全國書店是菲律賓書籍、文具、教具的最大廠商。

由於外國投資受限，跨國公司在菲律賓的子公司顯然無法在證券交易所上市。唯一的例外是由曼尼．彭吉利南（Manny Pangilinan）主事的第一太平——第一太平最終控制權掌握在不久前辭世的印尼大老林紹良（Lim Sioe Leong）的手中，如今林紹良的事業交棒給兒子林逢生（Anthony Salim）。林紹良是印尼前總統蘇哈托照顧有加的資本家。三林集團（Salim group）透過以第一太平為首的企業網，掌握了菲律賓的兩大公共事業——一是為整個馬尼拉大都會供電的馬尼拉電力公司，二是本為政府所專營、後於一九九〇年代私有化的菲律賓長途電話公司（PLDT）。吳章蔚家的JG頂峰與洛佩茲集團也都持有PLDT股份。

有些家族的財富規模，多少可以從上市公司摸索出一點眉目，但也有些巨富家族財不露白，而他們的財富多半源自都市化，尤其是長久持有馬尼拉大都會土地的家族。奧堤加斯家（Ortigas family）擁有今天所謂奧堤加斯商業區（Ortigas business district）的土地。第一批將總部遷入該區的，就有一九九一年遷入的亞洲開發銀行。

塔森家（Tuason family）以前擁有的蒂利曼莊園，如今是占地遼闊的菲律賓大學所在地，亦有部分位於馬尼拉大都會最大的組成市奎松市。瑪德利加家（Madrigal）是另一個歷史悠久的有錢人家，他們是馬尼拉名流，資產多少有點稀釋了，但家名仍然與蒙特利瓦諾（Montelibano）、哈蘭多尼（Jalandoni）、哈貝利亞納（Javellana）、羅慕阿爾德斯、普利耶托（Prieto）、德爾加多（Delgado）、李超古（Lichauco）等十幾二十個家族一樣有力。他們雖然沒有稱霸哪一個產業，但到處都有他們的土地、房產、商業與金融利益。

前述家族嚴密控制族人，保持讓財富留在兩大群體中——一些華人，以及少數西裔或各種族裔的麥士蒂索人。菲律賓的情況與若干拉丁美洲國家類似，「階級」跟「族裔」之間有所關聯，在全國層面上尤其如此。省級政局也染上類似的色彩。上述提到的家族，其財富與名聲泰半都是全國性的，再不濟也是省會級。

假以時日，界線分明的華人認同將隨著華裔與中國大陸的連結（包括語言）漸淡而消退，菲律賓將逐漸成為家園。然而，中國挾武力與財力推進南海地區，讓情況變得複雜。總之，即便杜特蒂出於一連串的原因而擁抱北京，但未來的民粹主義者仍可能採取大不相同的方針，甚至導引反中情緒，以當地華裔為目標，或者鎖定民眾認為最不合群的人。華裔以白皮膚為美的心態，也反映在他們對菲律賓人膚色普遍較深一事的態度上。族裔與財富之間的關聯恐怕會引發問題，畢竟差距確實存在，而且政治與司法體系顯然無法創造公平的競爭環境。

注釋

1 *Forbes* Magazine, September 2019.

2 *Forbes* Magazine, September 2021.

〔第十七章〕

民答那峨

民答那峨島是全菲律賓受誤解最深的地方。數十年來，島上穆斯林地區不時發生的衝突搶占了頭條。在杜特蒂總統執政下，衝突成了對整座島實施戒嚴的藉口。真相是，成千上萬的人從人口過多的島嶼（主要是維薩亞斯群島）來到人口相對較少的民答那峨島，而這座島對他們來說是機會之地。即便到了今天，經過了好幾年的內移民，民答那峨人口仍然只有呂宋島人口數大約四成，而呂宋島只不過比民答那峨大一點點。民答那峨島加上蘇祿群島與鄰近島嶼，總人口大約有兩千五百萬人，而摩洛民族自治區約有四百二十萬人。

以前，穆斯林統治者鬆散統治著島上約半數的土地，但如今民答那峨人口只有約百分之二十四是穆斯林，其中約七成生活在摩洛民族自治區，約兩百六十萬穆斯林生活在本島，一百四十萬住在其他島嶼。所謂的原住民（又稱「魯馬德人」，這是宿霧語對原住民的稱呼）則占大約百分之四到五的人口，而人口占少數的穆斯林和原住民不時和移民後代構成的多數人發生衝突，乃至於少數族群自己與自己起衝突。

阿古桑（Agusan）與蘇里高是今天構成卡拉加大區（第十三大區）的省分，至少據這兩個地方的曼達雅語（Mandaya）與卡蘭岸語（Kalangan）來看，可以得知從維薩亞斯往民答那峨的人口遷徙，時間上遠早於西班牙殖民時期。人口遷徙不見得是從北到南的單向過程，尤其近年來的都市化呈現複雜的線條。馬尼拉本身始終獨具魅力，但整體而言，遷居民答那峨的人才是多數，特別是一九五〇年代到一九七〇年代這段時間。

將近一百年的內移民，加上高人口自然成長率，自然會引發衝突，而且衝突不只發生在西民答那峨的穆斯林政體之間，也發生在本地群體與來自他方的新移民之間。魯馬德群體講的語言各有不同但互有關聯，他們的土地所有權觀念也往往跟官方不同。官員與非政府組織努力維護原住民傳統領域權益，但實在很難與地方權力利益競爭。由於魯馬德人占總人口比例實在太少，因此某些主張已不再實際。魯馬德人內部的主張也彼此衝突。

根據一份一九〇三年的人口調查，當地總人口只有七十萬六千人，半數被貼上「開化」標籤，另一半則是「野蠻」。[1]前者聚集在米薩米斯（Misamis），後者則是在哥打巴托。情況在美國統治下迅速轉變，美國人更有組織，也比前一個殖民者更專注於創造財富，西班牙人的主力不是商業，而是專注於與摩洛人的衝突。總之，美國人以西班牙人所未有的方式，看出民答那峨的潛力。從美國統治之初，大堡就是投資人在人口稀少的民答那峨中南部採礦、開闢種植園的起點。摩洛人與原住民群體雖然擁有大片土地，但他們的權益在《公有土地法》（Public Land Law）面前不堪一擊——本來這部法律是要確立所有權，實際上卻為美國企業家開了大門，讓他們開闢橡膠、大蕉與其他的種植園。北岸的伊利甘與卡加揚奧羅，成為開闢米薩米斯與拉瑙土地的突破口，阿古桑與蘇里高從布湍切入，南部的哥打巴托與康波斯特拉谷（Compostela Valley）則由大堡進入。

美國企業家到民答那峨開發森林資源，尋找礦藏，在大堡種植大蕉，在巴西蘭種橡膠樹。官方也展開內殖民，地點以哥打巴托為主，新移民得到新城鎮周邊的地塊。穆斯林與原住民領袖固然反對，但至少民答那峨當時還有很多土地（蘇祿群島則否）。拓墾聚落的規模起先也不大。一九一八年至一九三六年間，政府只協助約六千個家庭遷居；[2]非官方的內移民亦有之，而且會自我強化，主要落腳地為米薩米斯、哥打巴托與大堡。與此同時，日本人則掌握了大堡的大蕉園，並刺激城內的商業發展。

積極鼓勵開墾是菲律賓自由邦政府的措施，奎松總統體認到這個區域的農林發展潛力，可以用來強化全國的經濟，並提高基督徒人口以制衡摩洛人。他大力挹注公路等基礎建設，讓獨立的拓墾者得以深入圈地、種植作物。墾戶（泰半來自維薩亞斯群島）擅自占有土地種植作物，創造新的現實。保利諾．三投斯將軍（General Paulino Santos）說服奎松，將南哥打巴托當時人煙稀少、土地肥沃的科羅納達爾谷（Koronadal Valley）宣布為拓墾者的保留區，從而帶起最壯觀的發展。理論上，本來的居民可以將自己的土地登記在案，但谷地不久後就湧入一萬名講宿霧語和伊隆戈語（Ilonggo，西維薩亞斯的語言）的新移民，為今日的三投斯將軍市打下基礎，耕作鄰近的富饒土地。

此時，大堡地區吸引大量日本人前來發展木材與種植園產業，大堡市逐漸發展為民答那峨第一大城，城內的日本人比美國人還要多。日本人經營商店、餐廳、魚罐頭工廠與出口行，而且常常會找菲律賓合夥人做樣子來繞過外事法。大堡不久成為民答那峨首善之都，關鍵正是一九三〇年代以日本人為首的開發。儘管許多日本人在一九四五年離開，但來自維薩亞斯與呂宋的移民很快就接手他們的土地與生意。

下一波移民浪潮隨麥格塞塞總統上任而來，他希望減少中呂宋的土地壓力，進而減少虎克軍的吸引力。他安排數以千計的移民，提供他們在民答那峨的農舍，此舉還有增加非摩洛人口的額外好處。其他人緊隨在後，在島上各地尋找新的土地與契機，唯有摩洛人口夠多的地方才有辦法把他們拒於門外。除了大堡與三投斯將軍市，北民答那峨也有大規模移民，從今日的作物種植與卡加揚奧羅的榮景就能想見當年的規模。

拓墾者大幅拓展種植面積，卻也造成大片森林遭到破壞，有些是因為伐木，有些則是為了種植作物。光是一九四八年至一九六〇年間，民答那峨就接納了一百二十萬移民，總數的三分之二集中在哥打巴托與大堡。[3]林地大面積破壞是其中一個後果，無論是因為伐木販售，還是因為整地農耕。一九五〇年至一九八七年間，島上百分之四十五的林地消失，[4]土壤流失與洪泛問題隨之而來。

大堡是一座徹徹底底的移民城市。杜特蒂總統同時代表了民答那峨的興起，以及維薩亞斯人對這座島的殖民。杜特蒂的父親比森特（Vicente）本是宿霧城市達瑙（Danao）政壇大老，後來在一九五六年搬到民答那峨，擔任大堡省長（當時的大堡還沒分為三個省），後來在馬可仕的第一個任期加入國民黨。也就是說，杜特蒂家近距離見證了大堡市從一座重要性相對低的城市，崛起成為全國人口第三大城（僅次於馬尼拉與宿霧）的過程。大堡在一八四八年才成立為鎮，一九三六年建市。從一九五〇年代到一九九〇年代，大堡市人口每年成長百分之三至四，之後仍持續以至少每年百分之二的速度增加。從大堡的優勢語，乃至於整座民答那峨島的通用語——宿霧語，就能反映前述的移民浪潮。講伊隆戈語的人也很多。這兩種語言讓馬諾布語（Manobo）等本地語言，以及拉瑙與馬京達瑙等地穆斯林使用的語言逐漸式微。維薩亞斯人展開遷徙不到一百年，宿霧語與伊隆戈語就成了民答那峨第一大與第二大語種，島上更有七成人口為基督徒。馬京達瑙、馬拉那峨與陶蘇格（蘇祿群島）等語言在各自的地區為優勢語，魯馬德族群自己有自己的語言。三寶顏還有人會講查瓦卡諾語（Chavacano，一種西班牙語為底的混和語），但整體而言新移民已經主導整個地區，就像移民稱霸加拿大與紐西蘭一樣。

如今魯馬德人多半已成為基督徒，他們在社會上的相對位置也因為通婚而日漸消失，但仍足以保有其認同，保有所有權觀念，抵抗外界索求土地與資源的壓力。理論上，法律應該要保障他們的傳統土地，實際上卻並非如此。魯馬德人往往採取守勢，他們的領導人成了暗殺目標。魯馬德抵抗運動向來是新人民軍吸收成員的重點，有時候新人民軍能迫使種植園主與礦場主支付保護費。新人民軍招募魯馬德人、無地農民與貧困的佃戶，至於礦場、種植園與殖民利益方則尋求軍隊協助。其實，軍隊不只是政府的代言人，也是移民與企業利益的喉舌。宿霧移民杜特蒂偏好讓企業開發原住民傳統領域，創造財富。魯馬德領導人則是和組織內格羅斯糖廠勞工與比科爾椰農的工農運人物一樣，成了暗殺目標。

身為移民社會中的民粹政客，杜特蒂能同時操弄兩個跟民答那峨有關的議題。他在演說時多次提到第一項議題，也就是其他大區的利益一直因為「天龍馬尼拉」而犧牲。對於第二項議題，他則採用暗示的方法，訴諸於宿霧語的認同（如今宿霧語已成為民答那峨主要語言）來抗衡魯馬德認同。民答那峨魯馬德人總人口難以確知，畢竟許多魯馬德人已經被移民社群所吸收，或是成為基督徒，但還有百分之四至五的人口認同特定的魯馬德族群。主要的族群有泰半在民答那峨中部活動（但其實各地都有）的馬諾布人，西北部的蘇巴農人（Subanon），哥打巴托／馬京達瑙的提祿勒人（Teduray），以及阿古桑與蘇里高的曼達雅人。雖然六百年來先後受到穆斯林與基督徒的宰制，許多人也改宗基督教，甚至部分化入同樣擁有某些南島文化元素的主流社會中，但他們的傳統卻仍然以顯眼的方式存續下來。

一九三五年之後的內殖民規模，只有一部分是美國殖民統治或奎松政府施政的結果。真正的人口推力，其實是因為西班牙殖民晚期施政的改善，以及美國對公共衛生的影響，讓維薩亞斯群島與呂宋島的人口成長超乎預期。民答那峨人擁有的土地，光靠他們自己是無法開墾、耕作的。此外，他們也缺乏阻止他人拓墾的政治力。菲律賓自由邦與後來獨立的菲律賓政府，對於保障摩洛與魯馬德土地權利的積極度，甚至比不上異國統治者。雖然摩洛民族自治區在二〇一九年有全國最高的生育率，但面對其他持續遷入非摩洛民族自治區的菲律賓人，這樣的生育率並不足以扭轉相對的頹勢。

地方領袖有志於爬上省長大位，造成政治區劃的分裂，無助於民答那峨的發展。比方說，島上的小省分薩蘭加尼（Ssrangani）就是從南哥打巴托省（South Cotabato）劃出來的，而南哥打巴托省本身又切割為南哥打巴托與三投斯將軍市。人口只有十萬人左右的卡米金省（Camiguin），是從東米薩米斯省（Misamis Oriental）割出來的；西大堡省（Davao Occidental）本屬南大堡省（Davao del Sur）；金大堡省（以前的康波斯特拉谷）原屬北大堡省（Davao del Norte）；三寶顏錫布格省（Zamboanga Sibugay）出於南三寶顏省（Zamboanga del Sur）；而迪納加特群島省（Dinagat Islands）則是從北蘇里高省（Surigao del Norte）中切割出來。從國土行政的觀點來看，大區的劃分要比省合理得多——三寶顏（第九大區）、北民答那峨（第十大區）、大堡（第十一大區）、南北哥蘇庫薩將（第十二大區，由南哥打巴托、哥打巴托、薩蘭加尼、蘇丹庫達拉〔Sultan Kudarat〕等省分與三投斯將軍市構成）、卡拉加（第十三大區，由阿古桑與蘇里高省構成），以及摩洛民族自治區。然而，除了摩洛民族自治區，其他的大區辦公室只扮演諮議與協調的角色。

儘管民答那峨堪稱機遇之地，相對繁榮（尤其是大堡與北民答那峨大區），但大部分地區仍然貧困。雖然最貧窮的是摩洛民族自治區，但由兩阿古桑與兩蘇里高共四省構成的卡拉加大區只稍微好一點。三寶顏大區裡的三個省分也不容樂觀。穆斯林地區的衝突無疑是貧困的主因，但其他省分普遍也缺乏發展，連土地資源豐富、吸引移民的省分亦然。貧困有很多原因。以三寶顏為例，問題在於海岸線雖長，但沿岸土地狹窄，內陸地形多山而破碎。

卡拉加具體而微地展現了許多全國性的問題。卡拉加坐擁大片森林、水源充分的低地、湖泊、各種礦藏，海岸線提供漁業契機，海灘與美景則能吸引遊客。大區首府布湍是全國已知最古老的城市之一，歷史可以回溯到一千多年前，跟爪哇與中國都有貿易聯繫。然而近年來大堡市與西邊的卡加揚奧羅發展迅速，布湍相形遜色。儘管布湍靠海且位於阿古桑河口，流域往民答那峨深處綿延三百公里，但布湍的發展卻很緩慢。南阿古桑（Agusan del Sur）擁有阿古桑河谷的豐富資源，但人口卻只有七十萬（二〇一五年數據），散布在超過一萬平方公里的土地上，基礎建設匱乏。

雖然有亞洲鎳業這家大型礦業公司經營現代化的礦場，但大部分的開採都是中小規模，且管控不佳，根本難以讓政府有稅收進帳，而且還會汙染河川湖泊。環境與自然資源部雖然試圖管理礦場，但措施斷斷續續，還會在國會中遭到地方政治利益者的代表所抵制。卡拉加大區約百分之七十的地目為林地，但大部分已經在馬可仕時代遭到砍伐，次生林產量不足，而私人林地主不讓潛在的拓墾者進入開墾。非法砍伐依舊，造成土壤沖刷與洪水。

阿古桑河谷與周邊丘陵地產大量的稻米、玉米、椰子、香蕉等農產。阿古桑的收入水準高於蘇里高，而南阿古桑特別能吸引鄰近的貧窮人口，但當地佃租率高，生產量低，加上市場銷路不暢，發展因此受阻。阿古桑地區的潛力，有待資本的挹注、農牧業改良，以及道路建設和環境管理。

蘇里高各省少有礦藏或林業之富，情況向來比阿古桑更糟。菲律賓造紙公司（Paper Industries Corporation of the Philippines，PICOP）曾在南蘇里高海邊的比斯利格（Bislig）周邊雇用超過一萬人。全盛期的菲律賓造紙公司是亞洲最大紙漿與造紙廠，年產十五萬噸的紙張與紙板。菲律賓造紙公司許可開採面積達十八萬六千公頃，皆伐後會種下生長速度快的樹種，照理說應該成為永續產業林的典範才是，最後卻在經營四十年後，因為欠政府的債務、糟糕的管理、過時的技術、低劣的品質、新人民軍的活動、罷工、原住民對林場提出的傳統領域訴求、非法伐木與開墾等種種因素，而於二〇〇八年破產。此外，菲律賓造紙公司過往也仰賴受到保護的國內市場使得存續。

菲律賓造紙公司浪費了鉅額投資，而油棕得到的投資卻相當有限；反觀印尼與馬來西亞，大部分的舊林地已經改種油棕。儘管菲律賓百分之四十的棕櫚油產自卡拉加，民答那峨的氣候也很適合種植油棕，但菲律賓仍然是棕櫚油進口大國。一部分的原因跟意識形態有關，認為私人種植園不利於魯馬德人。外國非政府組織對棕櫚油品的詆毀對情況也沒有幫助。

民答那峨的大族政治程度不亞於呂宋與維薩亞斯，而且不光大城市如此，連欠缺發展的省分亦如此。杜特蒂管制的不只大堡市，甚至間接治理了其他的大堡省分，只有卡加斯家

（Cagas family）長久稱霸的南大堡省例外。其他一再當選為省長、市長與眾議員的名門還有南蘇里高的皮門特家，東米薩米斯的佩萊斯家（Pelaez），北阿古桑（Agusan del Norte）的阿曼特家（Amante），北蘇里高的馬圖加斯家（Matugas），布基農（Bukidnon）的朱比瑞家（Zubiri），蘇丹庫達拉與馬京達瑙的曼古達達圖家，蘇祿的陳家（Tan），北拉瑙（Lanao del Norte）的迪馬波羅家（Dimaporo），南拉瑙的阿迪翁家（Adiong）與馬京達瑙的安帕圖安家。他們的競爭對手也多半是世家大族。政府基層中同樣可以看到地方豪族的身影。

身為第一位來自民答那峨的總統，杜特蒂充分利用自己的（移植的）根源，更展現意願扶植某些民答那峨企業家，例如黃書賢便獲得全國電信業執照，以及克拉克自由港區的開發權（見第十六章）。整體上，杜特蒂支持種植園與礦業公司，但以前擔任市長時，他也得跟新人民軍達成協議，才能不讓新人民軍進入大堡市。儘管民答那峨以礦藏豐富聞名，但採礦向來是各方利益的角力場，一方面引發社會抗爭與環境汙染，一方面又無法創造地方與中央政府需要的稅收。中央政策的反反覆覆也影響了投資意願。雖然礦業有其前景，但幾項大型採礦建設卻拖延了好幾年，尤其是南哥打巴托哥淡巴坎的銅礦與金礦開採計畫——這項龐大的開採行動有部分外資，據估計在二十九億噸的礦石中，有百分之零點六的銅與百分之零點二的金。不過，北大堡與金大堡的金礦開採卻相當順利，幾處礦場規模不大，但出礦品位高。

種植園農業同樣面臨魯馬德人為保護傳統領域而提出的反對，以及無地農民的訴求。民答那峨占全國農產出口的比例很高，大生產者希望擁有更多土地。菲律賓是全球前三大香蕉出口國，產量以大堡、北民答那峨與南北哥蘇庫薩將[5]等大區居首；種植園規模各異，大者如都樂公司，小者如家庭農場。出口的鳳梨多數產自北民答那峨與南北哥蘇庫薩將，而整座民答那峨占全國椰產的一半以上，主要集中在北民答那峨、大堡與三寶顏等大區。民答那峨也是重要橡膠產地，主要產自三寶顏與南北哥蘇庫薩將，生產者多為小農。

雖然這些經濟作物偶有植物疾病問題，市場價格也不時波動，但附加價值高於稻米與玉米，也說明了其產地與阿古桑河谷等地的收入差距。儘管民答那峨整體經濟與社會發展仍落後呂宋與維薩亞斯一大截，但內部的情況還是有差異的。以人均所得論，由南大堡、北大保、金大堡、東大堡組成的大堡大區，在全國十七個大區中排名第五，反映出大堡大區的農、礦財富與大堡市的作用。全國最貧困的兩個大區就在隔壁——由阿古桑與蘇里高各省組成的卡拉加大區，以及最窮困的摩洛民族自治區。

城市的發展同樣遠遠落後。大堡市、卡加揚奧羅市與三投斯將軍市由於鄰近地區的農業發展脫穎而出，成為發展蓬勃的貿易輻輳。畫面轉到哥打巴托市，即便當地也是歷史悠久的貿易中心，但因為摩洛民族自治區腹地的重重問題，市內的貧窮比例居高不下。農漁林加工與煉油固然能創造出若干製造業活動，但菲律賓造紙公司與伊利甘煉鋼廠等重要建設的關閉，卻重挫了民答那峨的都市化，乃至於整體國家經濟。布基農的巴倫西亞（Valencia）與馬萊巴萊（Malaybalay）等曾在一九六〇與七〇年代飛速發展的內陸城市，明明有宜人的氣候能帶來工業、BPO以及農產加工業，卻因缺乏交通建設而吊車尾。

總而言之，菲律賓經濟的未來，以及國內衝突的化解，如今有賴於充分運用民答那峨的土地並發揮其潛力，而非國都周邊大區的發展。

注釋

1 US Bureau of Census, 1905, quoted in the *Philippine Quarterly*, Vol. 25 No 12, 1997.

2 T.J.S. George, *Revolt in Mindanao The Rise of Islam in Philippine Politics*, Oxford: Oxford University Press, 1980, p. 111.

3 Patricio N. Abinales, *Orthodoxy and History in the Muslim-Mindanao Narrative*, Quezon City: Ateneo de Manila Press, 2010, p. 168.

4 Ibid., p. 169.

5 該大區的名稱，是用民答那峨西南部哥打巴托、南哥打巴托、薩蘭加尼、蘇丹庫達拉等省分與三投斯將軍市的字首組合成的略稱。

第九大區

三寶顏半島

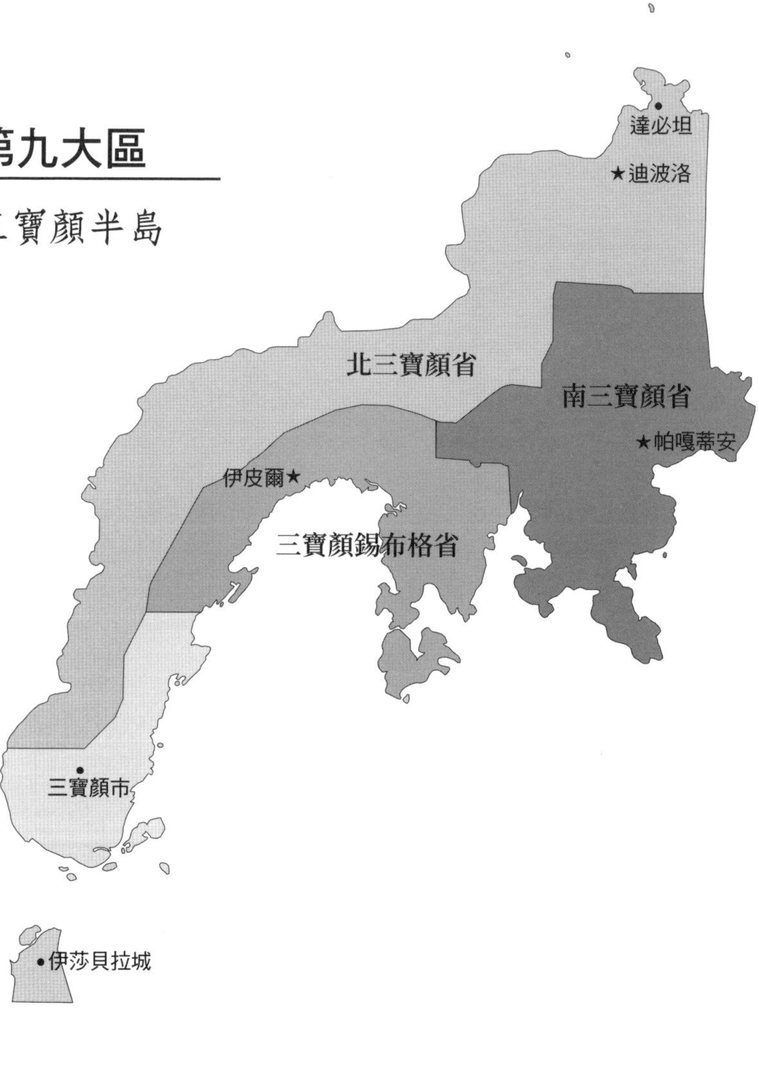
達必坦
迪波洛
北三寶顏省
南三寶顏省
帕嘎蒂安
伊皮爾
三寶顏錫布格省
三寶顏市
伊莎貝拉城

第十大區

北民答那峨

★曼巴豪
卡米金省
●欣哥歐格
東米薩米斯省
沙爾瓦多●
★奧羅吉耶塔
卡加揚德奧羅市★
西米薩米斯省
★伊利甘
馬來巴來★
奧三棉示●
丹姑●
★土柏
布基農省
●巴倫西亞
北拉瑙省

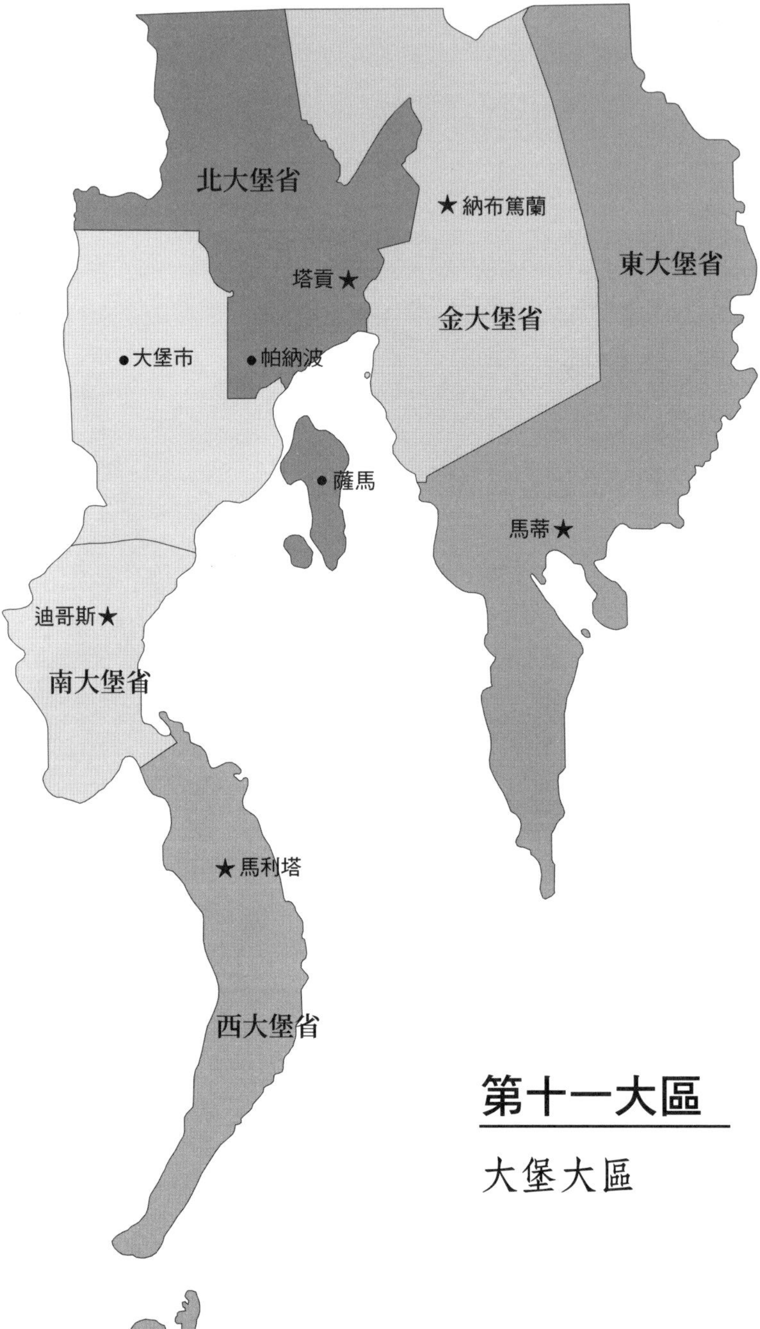
北大堡省
★納布篤蘭
東大堡省
塔貢★
金大堡省
●大堡市
●帕納波
●薩馬
馬蒂★
迪哥斯★
南大堡省
★馬利塔
西大堡省

第十一大區

大堡大區

第十二大區

南北哥蘇庫薩將

第十三大區

卡拉加

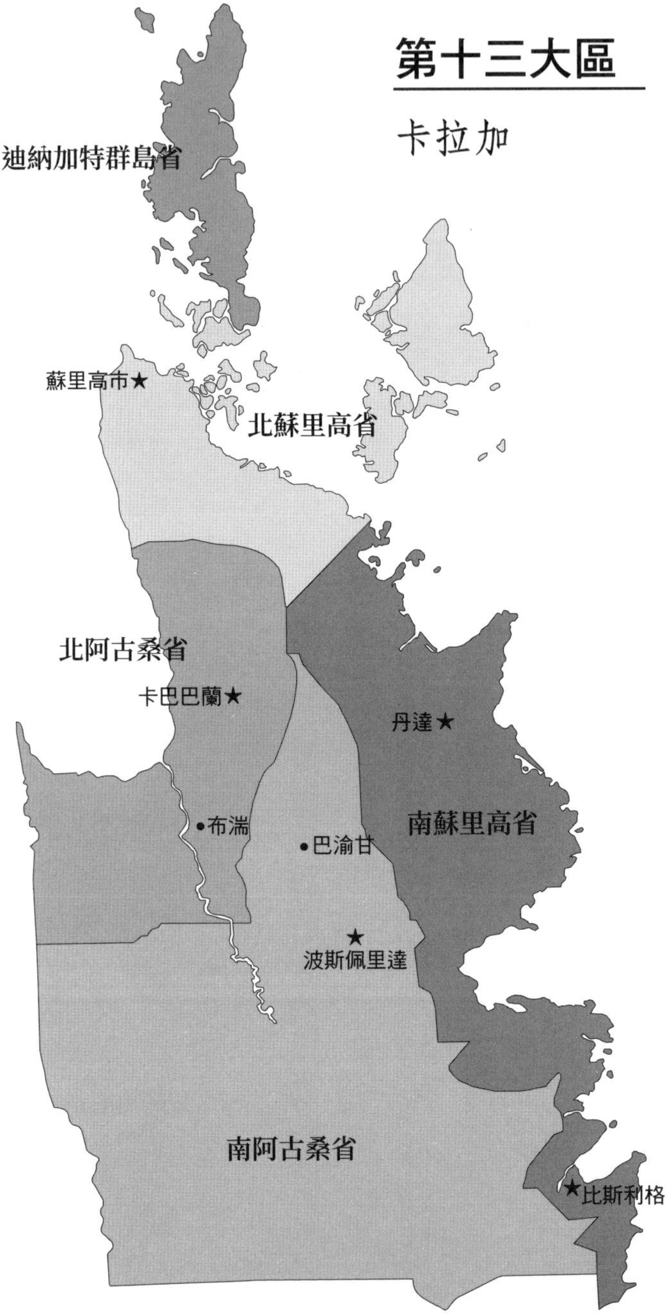
迪納加特群島省
蘇里高市★
北蘇里高省
北阿古桑省
卡巴巴蘭★
丹達★
•布湍
•巴淪甘
南蘇里高省
★
波斯佩里達
南阿古桑省
★比斯利格

〔第十八章〕

摩洛人、達圖、軍人及其他

杜特蒂自認是民答那峨人，但從穆斯林歷史觀點來看，看到的畫面卻大不相同。西班牙人來到時，穆斯林蘇丹國統治著民答那峨西部、部分中部地區，以及蘇祿群島。伊斯蘭信仰是在十五世紀時才在當地穩定發展，相對來說也很晚。蘇丹國穩穩控制大約半座民答那峨島，但許多地區仍然以非穆斯林為多數。

麥哲倫在一五二一年抵達民答那峨東北時，布湍仍然是由一位非穆斯林的拉者所統治。雖然當時布湍是摩鹿加群島特爾納特蘇丹國（sultanate of Ternate）攻擊的目標，但布湍本身也江河日下，國力已經不比十四世紀時能與中國直接貿易，也不再像五百年前那樣是精美金器的產地，與爪哇乃至於印度的聯繫已不復見。十六世紀以降很長的一段時間裡，民答那峨內陸幾乎都是原住民族群的土地，他們講南島語言，彼此有著類似但不盡然相同的信仰與文化習俗。

從各個角度來看，西班牙在三百年的統治中，多半放任民答那峨自己發展。蘇丹與達圖統治穆斯林地區，既非基督徒亦非穆斯林的原住民族群（今日所謂魯馬德人）各自為政，而西班牙人和天主教會則有自己的飛地。經濟上，十九世紀在呂宋與西維薩亞斯出現的貿易與種植園開發，幾乎沒有觸及民答那峨與蘇祿。

西班牙統治年間，他們的穆斯林死對頭多數時候是蘇祿蘇丹國與馬京達瑙海岸的航海民族。超過兩百年來，蘇丹國控制著蘇祿群島與薩馬人、伊拉農人等航海民族，後兩者襲擊維薩亞斯與呂宋，為蘇祿市場帶來奴隸與戰利品。「蘇祿隨熱兵器傳入東馬來西亞而崛起，隨蒸汽動力戰艦的引進而開始衰落」。[1]來自馬京達瑙海岸的航海民族也是衝突的一部分，直到一八七六年西班牙人大舉入侵並占領霍洛島（Jolo），才出現決定性的結果。

即便已劃入菲律賓，但蘇祿群島始終是重磅事件的焦點，每每引發全體穆斯林的怒火，蘇祿陶蘇格人更不在話下。[2]沒有人忘記美軍造成一九〇六年的達霍山大屠殺（見第三章）。一九六八年的賈比達大屠殺（見第六章，受害者是接受招募入侵沙巴的年輕陶蘇格人）催生了摩洛民族解放陣線（MNLF）與摩洛人的反抗。一九七四年，摩洛民族解放陣線占領霍洛，導致霍洛城遭到破壞。蘇祿認同本身就是個議題，但民答那峨本島摩洛反抗運動的動機則是另一回事。自菲律賓自由邦時代，大量新移民移入民答那峨，流入的速度更在麥格塞塞執政期間加速，傳統穆斯林土地無論是農地或荒地皆日益受到影響。從維薩亞斯與呂宋來的人愈多，他們跟既有社群的齟齬也愈深。土地的爭奪也愈來愈有穆斯林對抗基督徒的宗教意味。非穆斯林群體若非遭到忽略，就是被吸收。基督徒義警隊用暴力把摩洛人從家園趕走，讓新移民進駐，導致地方衝突愈演愈烈。

摩洛人在一九六八年成立穆斯林獨立運動組織（Muslim Independence Movement），希望團結抵抗。組織名稱後來改為民答那峨獨立運動組織（Mindanao Independence Movement，MIM），但成員的身分認同顯然是穆斯林，對基督徒來說毫無吸引力，魯馬德人的支持也幾近於零。其實，民答那峨獨立運動組織訴求的弱點之一，正是在於他們索求的民答那峨領域（加上部分巴拉望）遠比他們實際占有的面積大太多。過往一世紀的人口型態轉變讓穆斯林占比縮小，他們在西民答那峨與蘇祿的飛地（如今是摩洛民族自治區的一部分）只占民答那峨百分之十二的面積，人口則是百分之十七。

在陶蘇格人努．密蘇阿里帶領下，摩洛民族解放陣線從民答那峨獨立運動組織中分裂出來。一九六〇年代，任教於菲律賓大學的密蘇阿里活躍於政治，並且與未來的共產黨領導人「喬馬」西松一起創立了愛國青年組織（Kabataang Makabayan）。摩洛民族解放陣線在一九七四年占領霍洛，軍方擴大戰爭規模，霍洛城隨後也遭到破壞。蘇祿後來成了阿布沙耶夫組織的起源地與養料——該組織信奉源於阿拉伯的瓦哈比派教義，是綁架與走私專門戶，同時揭櫫蓋達與伊斯蘭國等跨國穆斯林極端組織的大旗。

從摩洛民族解放陣線成軍到二〇一九年摩洛民族自治區成立，摩洛人的土地在這五十年間見證了斷斷續續的戰鬥，捲入其中的除了兩大好幾小穆斯林團體之外，還有菲律賓軍警、代表地方豪強利益的家族與政客，以及族群團體。一九七六年，菲律賓政府與摩洛民族解放陣線之間首度達成協議，要成立民答那峨穆斯林自治區，但更激進的摩洛伊斯蘭解放陣線（MILF）與其他團體的建立，導致多年來的不時衝突。民答那峨穆斯林自治區政府形同空殼，幾無實權。

與愈來愈激烈的密蘇阿里彼此爭權，騷動自然難以避免。儘管摩洛伊斯蘭解放陣線聲勢壓過了摩洛民族解放陣線，但密蘇阿里始終是島群的問題來源。二〇一三年，摩洛民族解放陣線的一個派系與密蘇阿里一同宣布建立摩洛民族共和國（Bangsamoro Republik），試圖占領三寶顏市——在這座居民以基督徒為主的城市裡，摩洛民族解放陣線有一塊很大的飛地。戰鬥持續數日，多人喪生，數以千計的人無家可歸。同年，一支武裝部隊以賈瑪魯·基拉姆三世（Jamalul Kiram III，蘇祿蘇丹國所謂繼承人之一）的名義，入侵了沙巴的拿篤（Lahad Datu），而密蘇阿里給予口頭支持。

不過，這些紛擾未能阻止摩洛伊斯蘭解放陣線與艾奎諾當局在二〇一四年達成協議，成立一個比民答那峨穆斯林自治區更有實權、經費更多的政權單位。創建摩洛民族自治區的法案在國會中壓了很久，但在馬拉威圍城戰之後，《摩洛民族組織法》終於在二〇一八年生效，而且各方認為其具有憲法位階。成立摩洛民族自治區可謂往長久和平邁進一大步，法律中明文提到摩洛民族自治區可以直接得到中央政府歲收的百分之五，加上其他財務協助，並得以針對穆斯林實施教法（Sharia law）。二〇一四年的協議原訂要讓摩洛民族自治區擁有獨立的警力，二〇一八的法律實施時雖然沒有獨立建警，但菲律賓全國警察的區域部隊可以作為在地化。摩洛民族解放陣線及其蘇祿群島的支持者，擔心被民答那峨本島的多數人宰制，因此《摩洛民族組織法》提出要設立議會制的政府，作為讓步。除了原本的民答那峨穆斯林自治區各省，經過公民投票後哥打巴托市與北哥打巴托的幾個市鎮加入了摩洛民族自治區，而巴西蘭的伊莎貝拉市則公投退出。

二〇一九年公投過後，過渡政府據以成立，執政到二〇二二年選舉為止。過渡政府由摩洛伊斯蘭解放陣線主導，因此更有機會削弱摩洛民族自由鬥士（ＢＩＦＦ）極端主義團體在馬京達瑙的據點。然而，從領導嚴厲的祕密組織出發，轉型為主持多元政務的機構，堪稱天大的挑戰。不過，在摩洛伊斯蘭解放陣線長期領導人穆拉德．易卜拉欣（Murad Ebrahim）擔任臨時首相期間，進步的幅度明顯可見，而摩洛伊斯蘭解放陣線也逐漸轉型為政黨，即摩洛民族聯合正義黨（United Bangsamoro Justice Party）。

同時，臨時國會也成立作為政策論辯與抒發不滿的場所。大區的凝聚力得透過選舉檢驗，選舉原定於二〇二二年進行，但目前延期至二〇二五年。中央政府是否能實現承諾，全力支持，讓摩洛民族自治區成功？直到二〇一七年馬拉威圍城戰之後，杜特蒂才勉為其難，在政治上支持《摩洛民族組織法》的通過，畢竟這個議題也會干擾他規劃的菲律賓聯邦體系。馬拉威的重建工作顯然也是條漫漫長路，數以萬計的公民因破壞而無家可歸，中央政府微不足道的支援完全無法贏得民心。重建馬拉威成了摩洛民族過渡政府（Bangsamoro Transitional Authority，BTA）的責任，但這項艱鉅的任務需要馬尼拉的大力協助。

長期來看，這個地區面臨著大致類似的決定性力量，而這些力量在過去半世紀催生出了各自不同且彼此競爭的叛亂集團。首先，最明顯的就是馬拉瑙、馬京達瑙與陶蘇格人為首的蘇祿人的三方衝突，以及他們各自爭奪島群霸權的歷史。雖然蘇祿群島族群可分為陶蘇格人、亞坎人、薩馬人等，但認同是一致的。蘇祿及其省長阿布杜薩庫爾・陳（Abdusakur Tan）對加入摩洛民族自治區投下反對票，但蘇祿省作為既有民答那峨穆斯林自治區的一員，別無選擇只能加入。陳偏好全國性的聯邦制，蘇祿則有自己作為「蘇格人之地」（Bangsa Sug）的認同。只要聯邦制仍是全國性的議題，摩洛民族自治區的長治久安就不得不面臨蘇祿的分離意願。蘇祿群島本身也體現了家族在地方政治中的影響力，連備受尊重的摩洛民族解放陣線都分裂成好幾個派系。雖然一般人把阿布沙耶夫視為以恐怖與綁架為手段，提倡伊斯蘭極端信仰的組織，但這個組織之所以雖分裂卻能存續，其實也跟當地的海盜、劫掠、走私，以及親族網絡等兩大傳統有關，是這些為組織的活動提供了保障。[3]爆炸案不時發生，而伊斯蘭主義者、藥販和幫派衝突之間的分野也愈來愈模糊。

「控制群島」對每一個當局都是問題，對馬尼拉政府如此，對民答那峨穆斯林自治區與摩洛民族自治區的哥打巴托市也是如此。從巴西蘭到婆羅洲外海的錫布圖，蘇祿群島延伸將近四百公里，有上百座有人島嶼與數十座無人島，各族群有數個世紀的航海經驗，島上的森林與橡膠園則能作為藏匿之地（尤其是巴西蘭）。蘇祿對於菲律賓中央同樣也很重要，畢竟菲律賓之所以能繼續主張沙巴的主權（至少部分），就是打著蘇祿蘇丹的名義。對於沙巴的主張有如海市蜃樓，讓馬尼拉的政客神魂顛倒。魂牽夢縈本身無妨，但當真的話就會傷害與馬來西亞的關係。

不只蘇祿大力質疑摩洛民族自治區。哥打巴托市雖然是實質上的大區首都，卻從未加入民答那峨穆斯林自治區，市長也反對加入摩洛民族自治區。投票結果有百分之五十八的人支持加入，但哥打巴托市七成人口為穆斯林，加上杜特蒂與天主教會也呼籲加入，結果票數仍出現這樣的落差，不難看出這座多元商業城市對於摩洛伊斯蘭解放陣線的疑慮有多深。

各界固然認為揭櫫伊斯蘭信仰的摩洛伊斯蘭解放陣線是一股凝聚力，但摩洛伊斯蘭解放陣線的大本營馬京達瑙卻有一項離心要素。馬京達瑙當地政壇受到世家大族把持的程度遠高於其他省分，而且省級、村級層次皆然。私人軍隊在馬京達瑙橫行已久，像是安帕圖安家的私兵，就在二〇〇九年屠戮了競爭對手曼古達達圖家的成員，以及隨行支持者和記者。安帕圖安家過去亦曾遭遇暗殺未遂。這些家族長久以來靠著把當地的選票輸送給全國性選舉的候選人，進而讓馬尼拉對自己不聞不問。有時候，私兵在軍方與摩洛伊斯蘭解放陣線之間的衝突中扮演曖昧角色。由於地方豪強宰制的選票，對於馬尼拉乃至於未來摩洛民族自治區的議會都很重要，想削弱大族的力量恐怕不是易事。

南拉瑙也有類似情況。迪馬波羅家與阿隆托家（Alontos）等家族長期把持官位，而摩洛伊斯蘭解放陣線則廣受支持。對於氏族的忠誠，多少也解釋了馬拉瑙馬巫德家族為何會在二〇一七年以伊斯蘭國之名占領馬拉威。對於哈里發虔信者（Ansar Khalifa）與摩洛民族自由鬥士（因為不接受摩洛民族完全獨立以外的選項，因此從摩洛伊斯蘭解放陣線分離出來的組織）等小型組織來說，伊斯蘭國是很好用的旗號。

私人軍隊扮演各式各樣的角色，有些支持摩洛伊斯蘭解放陣線與其他穆斯林團體，有些則與之為敵。當地人所謂的「rido」——家族衝突淵遠流長，已經很難把家族與氏族利益跟穆斯林意識形態目標區分開來。即便到了二〇二〇年，菲律賓據估計仍有七十七支私兵，幾乎全數都在摩洛民族自治區。無論對象是當地敵對勢力還是政府，這種暴力的傳統已經扎根太深。

二〇二二年的選舉，除了將檢驗摩洛伊斯蘭解放陣線面對敵對大族時有多大的影響力，亦將檢驗當選人是否有能力超脫於馬京達瑙／馬拉瑙／陶蘇格的分別。摩洛民族自治區亦會將有八十名議員，半數為區域議員，半數由政黨名單中選出（應有助於摩洛伊斯蘭解放陣線成立的摩洛民族聯合正義黨），但唯有持續減少武器數量，解散家族私兵，才有可能成就長期的和平。

在外界看來，馬尼拉對於摩洛民族自治區的支持向來不算熱情。聯邦制的可能性依然存在，而且馬尼拉的政客把眼光投向當地時，盼望的仍然是大家族輸送的選票。

杜特蒂政府體認到蘇祿希望從摩洛民族自治區獨立出來建區的意願，並任命努．密蘇阿里出任菲律賓在伊斯蘭合作組織（Organization of Islamic Cooperation，ＯＩＣ）的代表，做足面子。二〇二〇年的COVID-19疫情也讓政府無暇投注財力與心力於摩洛民族自治區。政府不願投入更多資源，希望穆斯林自己解決問題，同時也不認為過渡政府與摩洛伊斯蘭解放陣線的能力足以減少激進團體與幫派的吸引力。

這個最新版的穆斯林自治區能否堅持下去仍是未定之天。不過，在成立的頭兩年間雖偶有自殺炸彈襲擊等暴力事件發生，但摩洛民族自治區仍有助於維持起碼的和平。摩洛民族自治區擁有其前身民答那峨穆斯林自治區所缺乏的資金與權力，其部會與機制不像以往在民答那峨穆斯林自治區那樣只是空殼，但建設的推行依舊比國內其他地方困難，而大區與中央部會的溝通仍然得且戰且走。除非能維持一段時間的和平，否則吸引投資將會是個挑戰。雖然魯馬德族群在摩洛民族自治區內分布的範圍向來有限，但任何採礦或種植園計畫都免不了與傳統領域主張拉鋸。就魯馬德議題而言，國家原住民族委員會（National Commission on Indigenous Peoples）恐怕與摩洛民族自治區也是意見分歧。摩洛民族自治區內的魯馬德人可謂少數中的少數，一旦看著自己的認同陷入潮湧，土地遭到占用，感受會更為深刻。

在政治穩定議題的背後，更重要的問題在於這個地區能否脫離半封建豪族勢力的泥淖，脫離過低的教育與公共衛生水準——對此，達圖與宗教領袖必須負起部分的責任。民眾識字率提升得晚，而專注於學習阿拉伯語與研習《古蘭經》，有時候等於讓當地的教育情況遠不及其他地方的最低標準。今天只有百分之三十七的學童能讀到六年級，只達到全國平均的一半多一點。預期壽命比全國平均少十年，數字最低的地方（在塔威塔威〔Tawi-Tawi〕）甚至比最高的地方相差近二十年。女性預期壽命只比男性多一年，而全國的平均值卻是七年。

摩洛民族自治區缺少能激勵產業與教育發展的重要城市。即便在遭受破壞之前，馬拉威吸引產業的能力，也比不過鄰近多數居民為非穆斯林的伊利甘。假以時日，政商輻輳哥打巴托也許能挑起大梁，但要先有長久的和平，才會有大規模的投資。儘管哥打巴托作為商業中心有其輝煌歷史，但如今卻只是民答那峨的第七大城。

蘇丹庫達拉與北拉瑙是鄰近摩洛民族自治區的兩個省分，穆斯林在這兩省都是少數族群，但人數仍然不少。這兩省跟繁榮的都市有緊密的關係，而摩洛民族自治區缺乏這種連結。蘇丹庫達拉跟科羅納達爾市與三投斯將軍市關係緊密。雖然蘇丹庫達拉只有三成人口是穆斯林，但該省省長長期由曼古達達圖家成員出任。無獨有偶，北拉瑙只有四成人口為穆斯林，省長世代來自迪馬波羅家，以繁華的港市伊利甘為中心。這兩省充分顯示若穆斯林與非穆斯林人數大致相等時，兩大主要社群如何合作，非穆斯林如何接受穆斯林大族政治人物——這些政治人物反映的是當地兼容並蓄的傳統，而非來自阿拉伯的伊斯蘭主義。

從各方面來看，民答那峨本島上的穆斯林飛地太小，周圍都是非穆斯林省分，因此這個大區的凝聚只能在政治上，而非經濟上。蘇祿群島的未來或許比較接近在沙巴的陶蘇格人與薩馬人同胞，但國界線難以改變，畢竟沙巴跟馬來西亞相連。為了滿足大族的需求，穆斯林各省進一步劃分為自治市，導致行政區太小，難以有效治理。

改善摩洛民族自治區民答那峨本島部分與外省的道路交通，可以強化經濟，進而提供更多就業機會。和平能帶來投資，而且摩洛民族自治區可以從開採自然資源的使用費中分到百分之七十五。臨時政府展開行動，改善教育水準，最後當能有所成效，但摩洛民族自治區還需要降低生育率——目前的生育率遠高於全國平均值——並且真心與全國經濟緊密整合。區內的世家大族與受到阿拉伯影響的宗教人士出於各自不同的理由而希望保持現狀，因此光是和平還不足以讓摩洛民族自治區更接近整體菲律賓，或是馬來西亞與印尼等鄰國的水準。由於法治不彰的情況遠比其他大區更為嚴重，摩洛民族自治區想從白熱化的衝突走向自信而穩定，終結大族與達圖的統治，恐怕是道阻且長。摩洛民族自治區與菲律賓其他發展落後的地方差異不大，差別就在當地死死抓著舊有的大族傾軋模式。

注釋

1 Saleeby, *The History of Sulu*, p. 118.

2 「陶蘇格」（Tausug）之名源於南島語言指稱「人」的共通字「Tao」，以及馬來語指稱海流的字「Suluk」的簡稱「Sug」。馬來西亞稱陶蘇格人為「Suluks」。

3 Zachary Abuza and Luke Lischin, *US Institute of Peace, Special Report 468*, June 2020.

摩洛民族區

民答那峨部分

1 帕加亞萬
2 比尼達揚
3 巴揚
4 盧巴卡—烏拿揚
5 隆巴丹
6 隆巴揚納克
7 馬達隆
8 巴古路—卡拉威
9 迪剎揚—拉馬因
10 布阿迪波索—布東
11 達圖烏恩賽
12 達圖霍弗安帕圖安
13 達圖薩利波
14 沙里夫阿瓜克
15 沙里夫賽多納穆斯塔法
16 馬馬薩帕諾
17 基度倫岸
18 達圖安嘎米定邦
19 蘇丹烏瑪卡
南拉瑙省
馬拉威
卡拜
塔古魯岸（南拉瑙）
薩古伊蘭
皮亞加保
卜邦
馬蘭道
巴里洞
姆隆多
圖加亞
馬古音
馬丹巴
塔拉卡
普阿拉斯
普納巴亞保
馬西烏
加納西
卡拉努加
隆巴—巴亞保
圖巴蘭
阿邁
馬納比岸
瓦烏
皮孔
布提西
馬魯功
蘇丹督
馬龍東
馬拉班
巴拉巴尼亞
卡帕達甘
馬塔努
巴里塔
布東
巴蘭
蘇丹馬斯圖拉
馬京達瑙省
蘇丹庫達拉（馬京達瑙）
哥打巴托市
北卡奔塔蘭
達圖烏定辛蘇阿
卡奔塔蘭
達圖沙烏地
安帕圖安
達圖皮岸
烏比
達圖布拉辛蘇阿
拉者布阿延
蘇丹薩巴隆吉
帕加倫岸
南烏比
薩利帕達哈利德
本達圖恩將軍城
安帕圖安
達圖阿布杜桑基
潘達
布魯安
達圖皮利亞斯
曼古達達圖

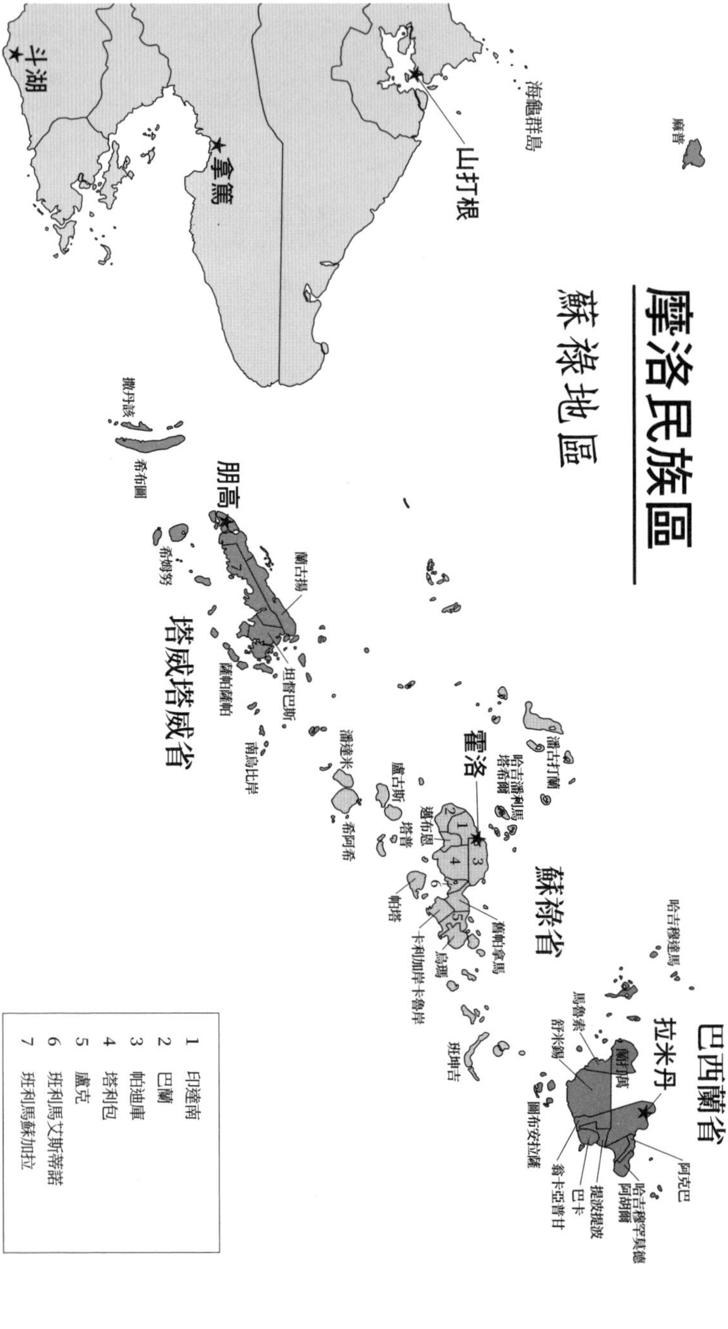
摩洛民族區
蘇祿地區
斗湖
拿篤
山打根
海龜群島
朋高
希布圖
蘭古揚
希姆努
塔威塔威省
薩帕薩帕
坦督巴斯
南烏比岸
潘達米
希阿希
盧古斯
霍洛
潘古打蘭
哈吉潘利馬塔希爾
邁布恩
塔普
帕塔
卡利加岸卡魯岸
蘇祿省
班坤吉
巴西蘭省
拉米丹
哈吉穆達馬
馬魯索
舒米錫
蘭打肯
圖布安拉薩
翁卡亞普甘
巴卡
提波提波
哈吉穆罕貝德阿胡爾
阿克巴
1 印達南
2 巴蘭
3 帕迪庫
4 塔利包
5 盧克
6 班利馬艾斯蒂諾
7 班利馬蘇加拉

〔第十九章〕

宗教真情

一般認為菲律賓是個以羅馬天主教為主的國家（至少人口的百分之七十五），名義上的基督徒更是達百分之九十二。宗教符號到處都是——十字架、神像、神龕、報紙上引用的聖經字句、電台傳道、吉普尼（jeepney）車飾與一棟棟的教會。十六世紀晚期與十七世紀初期的西班牙修士們成就斐然，用無私與善功打下了信仰體系的基礎，也建立起理論上能上達羅馬的神職體系。修士們善於把福音書與聖人故事跟既有民俗宗教加以結合，不過，光是禁止離婚、墮胎的做法，或是望彌撒這種外在的展現，其實不能證明內在的信仰，也無法證明文化準則有重大轉變。

由於缺乏組織性宗教，王權與宗教之間也沒什麼關係，「改宗」似乎相當容易。儘管傳教士後來發揮一點抵抗軍人與委託主剝削的屏障角色，但修會仍然是外來團體，而且逐漸成為島民認定的主要統治者。如今，到處都能看到官方的教會（數十年來對於家庭計畫與離婚的反對，讓教會尤其顯眼），但始終有個問題沒有解決——菲律賓天主教會的菲律賓成分，會不會不下於羅馬成分？修士們說不定認為，可以把當地信仰傳統中至高的存在——他加祿語說的「巴薩拉」（Bathala），解釋成基督教的神。至於日常生活中許多有影響力的靈體「anitos」，也能透過類似的做法，重新詮釋為相應的基督教聖徒，影響運氣、健康與收成。

許多人主張，今日猶存的「庶民天主教」（folk Catholicism）當中，源自前西班牙時期的歷史根源，數量並不亞於官方的訓誨，而且這種庶民信仰跟教會神職體系的關聯氣若游絲，對低收入群體而言尤其如此。有人說，修士的教導有時一開始就遭人誤解，一邊是拉丁語與西班牙語，一邊是他加祿語與維薩亞斯語，[1]兩者之間充滿誤譯，而且人們會為了各自環境的需求而提出自己的詮釋。

教士以為提倡聖母瑪利亞童貞女的身分，能抵銷菲律賓女性在前西班牙社會中性事相對自由的傳統。但在民眾心裡，聖母帶來寬慰，是受苦的人與罪人跟耶穌的中介，也在懲罰者用永世不得翻身作為威脅時為罪人說項。教會也未能把行為引導到教士們期待的方向。德摩爾加很久以前就提到，「她們實在不大貞潔。無論單身或已婚婦女皆然。她們的丈夫、父親或兄弟對此也不大忌妒。丈夫發現妻子通姦，也很容易息怒」。[2]

西班牙教士非但不是花「三百年的時間勸人改信」，而是無止境地訴苦，說性是「罪愆中之大者」，連修士自己都常常淪陷。婚外生子者眾，根據十八世紀時一位人在宿霧的教士所描述，女女關係也很常見，[3]他提到「彼此之間過度而不羈的關係」，以及其他他不該重中的「越軌之舉」。[4]

一八五八年，一名不列顛來人[5]表示「感覺沒人知道要守貞」，非婚生子女人數極高。「違反誓約」很常見。時至今日，新生兒仍有百分之五十四為非婚生，且儘管禁止離婚，換伴侶仍然稀鬆平常。

儘管教會官方聖統讓人聯想到殖民體系，但本地傳統對天主教信仰的影響力仍有所貢獻，最有說服力的證明就在於其力量強度。早年，修士雖然有保護百姓，對抗政府的代言人，但修會迅速變成富有地主，索取地租，要求民眾望彌撒，在數十年小動亂期間的所作所為感覺上更像殖民當局。官方與教會的管制難以觸及平地以外的地方，政府與教會的代表得不斷跟來自山區的非基督教族群互動。

到了十九世紀，主事的西班牙教士跟少數本地教士之間的鴻溝，成了民族主義萌芽的空間。為抗衡種族歧視的西班牙天主教會，阿波里納里歐・德拉克魯茲（人稱「普利弟兄」）成立聖若瑟善會，作為純菲律賓人的宗教團體。普利弟兄在一八四一年遭當局處死。到了下個

19-1　建於 17 世紀，歷史悠久的帕拉尼雅克主教座堂（Paranaque Cathedral），馬尼拉大都會。

世代的一八七二年，黎剎與開明派宣揚的歐洲自由觀念，結合了民眾對修士的不滿之情以及本地教士布爾戈斯、戈麥斯與薩摩拉的宗教民族主義。這三位教士並不是要讓民眾反對宗教，而是要引發起義，至少是在農民之間。知名作家雷納爾多·伊萊托在他的暢銷書《激情與革命》中，觀察到基督因解放信徒而受苦，而從地主與政府的壓迫下解放菲律賓人也得受苦，兩者之間完全關聯。

對抗西班牙人的革命，也導致教士另立教會——與卡蒂普南領導人關係匪淺的前天主教教士格雷戈里歐・阿格里帕，創建了菲律賓獨立教會，人稱阿格里帕教會（Aglipayan）。阿格里帕教會本為一位論，允許教士結婚，以他加祿語主持聖事。由於美國採政教分離，且允許其他基督教派自由發展，理論上不利於天主教教會官方。許多本地教士轉投阿格里帕教派，修士銜命離境，修會的土地遭充公，有些教堂甚至被拆毀。美國有心發展教育，提倡無宗派限制的公立學校。然而，天主教會即便失去土地與神職人員，但結構仍在，作育英才的承諾也不變；直到菲律賓大學在一九〇八年建校前，菲律賓唯二的聖多默大學與馬尼拉雅典耀大學都是天主教學校。美籍主教取代西籍主教，第一位菲律賓裔主教在一九〇五年晉鐸。天主教也展開全球性的大反攻，有耶穌會士與來自美國的主教，還有來自愛爾蘭、荷蘭與西班牙的神職人員。神學院再度興盛。儘管新教團體進入菲律賓發展，但天主教會遭遇的主要挑戰還是跟本地有關。

有些阿格里帕教派的神職人員回歸天主教的懷抱，但在一九一四年又出現了新創教會，也就是費利克斯・馬納洛成立的基督堂教會。馬納洛是優秀的演說家，深受民族主義與草根情感所啟發，這也反映在教會以他加祿語布道的做法上。基督堂教會號稱是「貧窮人的教會」，但教會的硬體發展卻相當迅速，畢竟成員繳納的什一稅，讓教會得以興建許多外觀獨特的教堂。該教會禁止成員與教會之外的人結婚，確保了教會的穩固與延續。基督堂教會的禮拜儀式相當接近天主教，因此人們並不陌生，不過神職人員是可以結婚的。

美國殖民時期，天主教會慢慢收復了過往在各階層當中的影響力。社會菁英在革命期間懷抱的反教權情緒，以及對共濟會的追捧皆逐漸消退；不過，也有一部分是被社會主義反帝觀念所取代。儘管教會政治態度保守，主事者都是外籍神父，但教會的社會功能、儀式與組織仍然穩固。羅馬跟民間信仰同時存在。

對於保守、官僚的天主教來說，美國殖民時期是穩定而有影響力的時期。教會可以跟政府合作，而不至於作為政府的一部分。菲律賓獨立初期數十年間，教會與政府的關係大抵如是。無論神職人員多麼同情窮人，人們心目中的教會都是對抗共產思想與虎克軍的堡壘。儘管神學院輸出許多本地教士，但神職人員多半仍是跟羅馬關係密切的外籍神父。一九四五年後的二十年間，天主教會有一千五百名外籍神父，占絕大多數。[6]只有耶穌會是以本地成員占多數，且自一九六三年後由菲律賓人擔任省會長。

情況在一九七〇年代為因應本土與國際的發展而丕變。眾多本土教士的按立，與教會的革新同時發生——梵蒂岡第二屆大公會議（Second Vatican Council）推動的改革，包括以本國語言取代拉丁文，並開始提升對非歐裔會眾的重視。本土的因應措施之一是成立菲律賓天主教主教團（Catholic Bishops Conference of the Philippines，CBCP），設置祕書處，每年召開兩場全體會議，以協調行動並發布指引。

國內的挑戰出現在一九七二年，馬可仕總統奪權。教會起先嚴守中立，把問題的對治當成政治議題，而非道德議題。然而教會逐漸陷入嚴重分裂。聖統通常態度保守，但這種自然而然的態度正漸漸受到反馬可仕的主流中產階級所挑戰，尤其貪腐與國家暴力的情況顯然愈來愈嚴重。與此同時，愈來愈多年輕的本土教士同情起為數眾多的窮人，而貧窮的情況也讓新人民軍重燃活力。有些教士深受融合基督信仰與馬克思主義的「解放神學」思想所啟發，認為教會的職責在於將窮人從地主手中與政治壓迫下解放。少數教士主動支持新人民軍。聖統體系意識到有時候無法保持沉默，一方面對於反政府運動表達同情，一方面為雙方溝通搭橋。在民答那峨，布基農的羅薩萊斯（Rosales）與格肋凡（Claver）兩位主教參與魯馬德土地權協商，並以行動反對非法盜伐；在內格羅斯，主教福爾蒂奇（Fortich）在新人民軍與政府間戰火猛烈時推動建立和平地區；在巴拉望，主教阿里戈（Arigo）則是反採礦運動的一員大將。

至於全國舞台上，教會的領銜人物則是馬尼拉總主教，辛海棉樞機主教。他憑藉自己的人格、主教團的支持，以及真理電台等媒體平台，在乙沙革命中扮演要角。然而，教會此後關注的議題，卻讓許多人認為是大開時代倒車——反對家庭計畫，尤其是反對《生育健康法》。一九六八年，教宗保祿六世（Paul VI）以《人類的生命》（Humanae Vitae）通諭重申天主教傳統的反對立場，而菲律賓教會擁護傳統的力道，遠高於多數天主教國家。數十年來的證據擺在眼前——菲律賓居高不下的生育率（泰半為非婚生子女）是導致貧窮率高的直接原因之一。低收入與高收入族群的生育率也有落差，前者子女更多（無論是否出於自願），缺乏節育手段。批評者因此認為教會與政客聯手反對以政府預算支應家庭計畫，加劇貧富不均。教會在罷黜馬可仕過程中扮演的角色，強化了教會的政治影響力，而這股力量正是兩位女總統任期內計畫生育措施未能通過的關鍵。與此同時，女權運動也開始分派別，加上跟極左派走得太近，以至於難以爭取更多人的認同。

然而，邁入新千年之際，教會卻遭受一連串性與金錢醜聞打擊；對於一個擁有八十名主教，神職人員數以千計的龐大組織來說，會有醜聞或許也不意外吧。[7]但如今想掩蓋可謂難上加難，而會眾（至少媒體）對於神職人員違反守貞也難以容忍。長久以來，人們對於神職人員有女伴，少數甚至有私生子女的情況，已經見怪不怪。教區居民可能覺得理所當然，而教會有時候還會給予津貼，作為孩子的教養費。這些神職人員也許會遭到主教訓斥，但罪能得赦；後來外界得知辛樞機對此尤其寬容。不過，二〇〇二年卻發生兩起涉及新銳青年主教的醜聞，以及多起性醜聞與財務醜聞東窗事發，菲律賓天主教主教團才收緊政策。其他國家也爆發神職人員侵犯兒童的事件，梵蒂岡不得不低頭道歉。

醜聞不僅傷及教會聲望，也導致應神職聖召的人數減少。偏偏這一切發生的時候，正是基督教靈恩派與知名布道者在電視、廣播與網路上大行其道的時代，不僅蠶食了教會聖統權威，也削弱了對正式儀式的需求。

天主教會也注意到，對於杜特蒂總統的行動，教會與民意互相衝突。這位滿口髒話的總統辱罵教宗，還誇口自己做過教會譴責的行為。天主教會可以對前者置之不理，也能忍受後者，但對於屠殺販毒嫌疑人的做法卻不能保持沉默。教會拂逆民粹浪潮，有助於某些對杜特蒂風格有所共鳴的靈恩派知名布道者。至於社會方面，教會的影響力也逐漸不比更世俗性、更都市導向的非政府組織。非政府組織在馬可仕倒台後蓬勃發展。許多非政府組織與溫和左派政黨並肩黨（Akbayan）關係密切——自政黨名單選舉制度在一九九八年實施以來，並肩黨持續取得眾議院席次，但他們的眾議員對政策影響有限。

基督堂教會一直保持重要性。根據二〇一五年的官方資料，菲律賓有百分之二點六的人口是基督堂教會會眾，更有海外教會牧養當地的菲律賓社群。如今的基督堂教會由馬納洛的孫子出任執行牧師，該教會同樣有金錢糾紛與脅迫指控，但由於其信徒傾向於按照宗教領袖的喜好而投票，因此政治影響力依舊。感覺上，基督堂教會彷彿宗教版的世家，只不過家族勢力及於全國。另一方面，阿格里帕教會作為一股政治勢力，影響力正逐漸消退。阿格里帕過世後，追隨者放棄了一位論，轉奉三位一體，並加入菲律賓聖公會的大家庭。目前阿格里帕教會仍有大約一百萬會眾，對於社會議題維持自由觀點。阿格里帕教會跟天主教會之間的分歧已經縮小，乃至於在二〇二一年，雙方相互承認彼此的聖洗聖事，天主教會也與其他根據阿格里帕傳統而成立的教會和好。

儘管羅馬天主教信徒眾多，阿格里帕教會與基督堂教會等本國教會也歷史悠久，不過其他基督教的選項在菲律賓也是百花齊放。除了靈恩派大旗下的幾個團體，另外還有二十多種不同教派，有些是浸信會、安息日會（Seventh Day Adventists）、耶和華見證人與摩門教等國際性的群體，有些則是非常在地的組織，例如盛行於內格羅斯的普世一位論教會（Universalist Unitarian Church）；該教會深受阿格里帕啟發，不過教徒多為鄉村人口，教會也傾向於為農民喉舌。

數十年來，由個別布道者成立的新教會也如雨後春筍，運用廣播、電視與網路提高曝光率。人稱「艾迪弟兄」（Bro Eddie）的艾迪・比利亞努埃巴，在一九七八年成立耶穌是主教會（Jesus is Lord Church），他成功熔福音派與政治力、吸金力為一爐，教會不僅擁有電台、電視台，在比利亞努埃巴的故鄉武拉干還有一所大學。馬可仕執政時，他曾經是激進無神論者，遭逮捕下獄過，如今他大幅右傾，成為兩度角逐總統大位的政治人物，並獲選為眾議院政黨名單議員。他有志擔任總統，並於二〇一九年獲選為眾議院副議長。他的子女多半隨他的腳步參政，其中伊曼紐爾（Emmanuel）在二〇一六年以第二高票當選參議員。耶穌是主教會堪稱菲律賓獨有的宗教、媒體名人與政治大集合之精華，然後透過比利亞努埃巴，為杜特蒂更添人氣。

其他面向大眾的福音派則腳跨天主教信仰與「靈恩派」布道之間，例如麥可．貝拉爾德（Mike Velarde），他的團體「全能神」（El Shaddai）過往數十年來與廣播聽眾在空中相會，如今則為參加聚會的忠誠信徒帶來健康、富足，信眾則讓其聲勢水漲船高。除了為他的房地產事業提供資金以外，信徒的苦難與貧窮也都可以得治。靈恩派基督徒無論是不是天主教徒，都專注於祈禱聚會，雖然沒有彌撒與聖禮等儀式，但有個人的信仰告白。他們把大眾媒體的運用與個別領袖的號召力兩相結合，著重於個人信仰，甚於儀式或聖統。政治與社會議題方面，這些團體偏向保守。據估計，貝拉爾德個人就有七百萬追隨者，其他知名度稍低的布道者加起來也有數百萬的會眾。

杜特蒂有一位同為大堡同鄉的福音派故舊，阿波羅．基布雷（Apollo Quiboloy）。基布雷於一九八五年成立耶穌王國教會（Kingdom of Jesus Church），宣稱全國上下有四百萬信徒，海外還有兩百萬。耶穌王國教會用追隨者的捐獻成立了電視台與電台，杜特蒂在二〇一六年競選期間，還使用了基布雷的私人飛機。二〇二一年十一月，基布雷因經營性販運而在洛杉磯遭到起訴。

不論這些人氣布道者是不是天主教徒，天主教官方皆感憂心，但他們太受歡迎，即便某幾位感覺只是想賺錢，批評他們也無益於教會。這類宗教人物並非菲律賓所獨有，但就各個天主教國家來說，菲律賓的情況確實比較突出。有了這些靈恩派人物，念誦與即興歌唱等前西班牙時代的傳統在集會的群眾參與而發聲，而個人可以在集會場合高舉自己對神的虔誠。不過，天主教教會的組織與傳統仍然無與倫比。數以百萬計的天主教徒會上教堂，也會追隨靈恩派布道者。雖然教會聖統對此有時候並不自在，但兩者之間的界線並不明確，教會只得接受現況。

今天，天主教教會將菲律賓分為七十二個教區與十四個教省，神職人員總數約為七千人，另外在各個修會內還有數千名女性，積極扮演教育、社會照顧與醫療角色。二〇二〇年時，菲律賓有四位樞機主教，其中兩人已超過退休年齡，因此不能在教宗選舉中投票。儘管近年來遭受挑戰，例如上教堂的人數變少，民眾對於計畫生育、離婚與流產的支持上升，但教會仍扮演多重角色，打動不同傾向與階級的人。教民的參與往往著重於敬拜與聖人代禱。最知名者就屬對聖母瑪利亞的敬奉，特定教堂各自著重於聖母的不同面向，例如馬尼拉大都會卑拉蘭（Baclaran）的永援聖母教堂（Mother of Perpetual Help Church），總能吸引大批信徒。全國各地都有聖母堂，吸引數以百萬計的信徒前來求助與寬慰。基督殉道的戲劇重演場面雖罕見，但更值得一書，例如每年邦板牙聖費爾南多（San Fernando）都會重演，由苦修者扮演耶穌，與左右兩盜一同綁在十字架上。

主流與中產階級的天主教投身（commitments），著重的是上教堂、告誡與善功。所謂的善功不只是扶助貧病，更要公開支持內格羅斯與民答那峨非穆斯林區的受迫者；一直以來，教會在這些地方因為援助附屬於全國民主陣線的勞工團體而遭受指控。教宗方濟各（Francis）在二〇一三年就任後對社會與性別議題表達更自由的觀點，也讓菲律賓教會更能因應現狀。

讓人印象深刻的是，先前從天主教教會分裂出去的民族主義教會，也都抱持著改革立場，反而非天主教的基督教團體卻沒有一個會大力支持左派的目標。事實上，後者的政治立場向來都很保守，寧可支持特定傳統政治人物以強化團體的影響力，而不會以投身於激進社會改革的方式來自我標榜。改革就交給不信教的人吧。

注釋

1 Vicente L. Rafael, *Contracting Colonialism: Translation and Christian Conversion in Tagalog Society*, Quezon City: Ateneo de Manila University Press, 1988.

2 Morga, *Sucesos de la Islas Filipinas*.

3 Francisco Alcina, *History of the Bisayan People*, Vol. 3, trans. Cantius Kobak and Lucio Gutierrez, Manila: University of Santo Tomas, 2002, p. 281.

4 Ibid.

5 Bowring, *A Visit to the Philippine Islands*, p. 125.

6 Filomeno V. Aguilar Jr and Nicholas Sy, *Horacio de la Costa, Foreign Missionaries and the Quest for Filipinization*, Quezon City: Ateneo de Manila University Press, 2017.

7 Aries C. Rufo, *Altar of Secrets: Politics and Money in the Philippine Catholic Church*, Pasig: Journalism for Nation Building Foundation, 2013, Ch. 11.

〔第二十章〕荒草埋左徑

教會成功讓民眾繼續參與，影響力不墜。相較之下，左派——無論是馬列主義者、自由世俗派或地方民粹主義——未能帶來重要社會變革的事實，就顯得特別刺眼。左派的失敗，部分是因為菲律賓無論在人均所得成長、社會穩定度或教育發展上，都遠遠落後同區域的其他國家。

從呂宋內陸到比科爾、內格羅斯，一路到南民答那峨，共產黨的零星、小規模叛亂之所以能散布菲律賓群島各地，延續至今，原因跟世族政治長久不墜所引發的「舊政權」感受、財富與教育鴻溝的擴大，乃至於語言群體的齟齬……都有關係。動亂反映出雙方數十年來的施政失敗、貧困與暴力，導致似乎無止盡的小規模叛亂，而叛亂本身又阻礙了發展。

其他國家有族群－宗教衝突，例如泰國，但沒有任何國家的衝突和菲律賓政府與新人民軍的衝突一樣久。每年死於雙方衝突的人數很難估計，但除了軍方及其對手在直接衝突中的傷亡之外，還有土地權利與勞權人士不斷遭到殺害，因為軍警或大權在握的地方要人懷疑他們跟全國民主陣線有關，或者只不過是擋了商界或地主的財路。始終不放棄武力抗爭，至於全國民主陣線則囊括廣泛的左派光譜，但成員不僅面臨騷擾，有時甚至是因為跟實際活動無關而橫死。

不光如此，自馬可仕總統垮台這三十五年來的民主，始終未能催生穩定的政治運動，未能催生出團結的溫和左派平台，去處理寡頭、改善稅制，並提升對於教育與公衛等公共利益的投入。與此同時，更極端的左派還陷在一九六〇年代毛主義的深井中，靠著原住民少數族群的苦難，甚至仰賴從礦場與種植園收到的保護費，來維持自己在鄉間的勢力。

失敗的左派與未能終結叛亂的政府，其實是一體兩面。從左派過往的影響力來看，如今的局勢更是教人驚訝。一九三〇年代的菲律賓民族主義同時包括馬克思主義與世俗自由派的思想，菲律賓共產黨也是在這個時候扎根。日軍占領與戰後不久的局勢，讓各界看到共產黨叛亂至少在中呂宋核心地區是有影響力的。馬可仕實施戒嚴以來，共產黨便積極反對馬可仕，尤其是馬尼拉－黎剎支部的里格貝托．狄佬（Rigoberto Tiglao）與塞薩爾．梅倫西奧（Cesar Melencio）等大學出身的年輕人。儘管許多人遭到逮捕，共產黨仍致力於組織罷工，跟基層以及馬尼拉的某些教會團體發展關係，並且在呂宋鄉間重建了新人民軍。新人民軍在馬可仕執政後期強勢回歸，擴大武裝部隊規模，引發美國擔憂，這正是讓那位獨裁者失去支持的重要因素。

左派之所以未能盡情發揮，主要是因為艾奎諾家為首的傳統大族輕鬆就恢復了自己在各省與馬尼拉的影響力。但左派自己也得負起部分責任。一九七八年，受到來自美方的壓力，馬可仕被迫舉行選舉，但菲律賓共產黨多數領導人與馬尼拉－黎剎支部意見分歧，反對加入反馬可仕聯盟（以人在獄中的「尼諾」艾奎諾為首）參與選戰。即便選舉結果受到操弄，但選戰本能讓菲律賓共產黨有機會展現自己的重要性。在最後關頭，上級命令加入聯盟的菲律賓共產黨馬尼拉候選人退選，[1]但他們無視命令。領導層深信要以長期游擊戰的方式實現毛澤東式的革命，共產黨因此分裂。高層不願與資產階級政黨和「反馬可仕反動分子」合作——跟列寧的建議正好相反——甚至把馬尼拉支部領導降級。

艾奎諾遭到暗殺後，民眾群情激憤，但共產黨心態依舊，結果資產階級政黨在天主教會支持下，憑藉「為全民討公道，為艾奎諾討公道」（Justice for All, Justice for Aquino）運動而奪得領導權。最要命的一步是這些毛主義者仗著中呂宋革命運動的發展，拒絕在一九八六年選舉中加入柯拉蓉領軍的聯盟。結果，接下來發生的乙沙革命、馬可仕倒台以及前戒嚴時期菁英的回歸，受益的就只有資產階級團體。局面對左派來說每況愈下，柯拉蓉總統撤回了原本對勞動議題、「喬馬」西松的釋放，以及同意與全國民主陣線對話的讓步。傑出左派人物經常遭到暗殺，連在民主體制下發生的頻率，幾乎都跟在威權體制下差不多。馬可仕遭到推翻後，鄉間的共黨活動轉弱，不過城市暗殺部隊阿歷克斯·邦卡堯旅（Alex Boncayao Brigade）仍積極活動，暗殺惡警，後來為了避免失去中產階級左派的心，才轉向沒那麼暴力的活動。

所有地下革命政黨都很多疑，菲律賓共產黨也不例外。面對政府探員的滲透，黨很容易放大威脅感。民答那峨與南他加祿的地方黨部的嫌疑人先前曾遭到大批暗殺，而這股整肅之風在一九八八年吹到了馬尼拉的核心成員身上。許多人受到錯誤的指控，因為假的自白而遭刑求，有些人甚至被殺。其他曾經的重要人物離開了黨，右傾發展；例如前馬尼拉黨部書記狄佬，先是參與主流新聞工作，而後歷任雅羅育的幕僚長、菲律賓駐希臘大使，後來成了報紙專欄作家，支持杜特蒂。

馬可仕下台，加上土地改革的些許前進，已經讓革命的吸引力弱化，蘇聯瓦解與共產主義在歐洲的垮台，更是讓菲律賓共產黨難以承受；如今流亡烏特列支（Utrecht）的西松，倒是把一切都歸咎於布里茲涅夫（Brezhnev）與戈巴契夫的「修正主義」。一九九二年抵制美軍基地協議延長合約時，左派雖然還能透過群眾示威展現一點影響力，但意識形態的論辯一直沒有結果。都市人口的迅速增加，本應能作為勞工激化的出發點，但問題是大部分勞工都是從事服務性質工作的自由業者，而不是就業於大規模工業，組織工作因此難上加難。此外，對於許多人來說，民粹宗教傳教者提供的「鴉片」比左派更有吸引力。菲律賓共產黨有軍事側翼，有地下的黨組織者，檯面上還有工運、農運與學運人士，理論上是很好的結構，但還是必須有統一的政策，同時與非菲律賓共產黨的左派聯手。柯拉蓉執政時處於最低潮的新人民軍，在一九九〇年代迎來若干復興，但發展主力多半在民答那峨；對馬尼拉來說，其政治重要性遠不如中呂宋或南他加祿。

菲律賓共產黨戰略混亂，意識形態僵固卻又不時有投機之舉，最能凸顯這兩者的莫過於杜特蒂總統登上全國舞台。出於杜特蒂的反美情緒、他在大堡與新人民軍實質休戰，加上西松相信自己曾經教過的這位學生是真心想解決與新人民軍的衝突，菲律賓共產黨因此在二〇一六年支持杜特蒂，擱置他跟馬可仕家族、中國商界與本國大族走得很近的事實。杜特蒂競選時承諾將釋放獄中的菲律賓共產黨幹部，並允許西松返國。掌權之初，他下令停火，並任命若干左派擔任內閣職位。雙方在挪威展開和談。然而，停火在二〇一七年初打破。此外，許多偏左的專業人士，相信杜特蒂先前自稱是社會主義者，相信他的「社會技術官僚」能勝過艾奎諾三世與雅羅育執政時的「經濟技術官僚」。[2]結果什麼都沒發生。

軍方在反新人民軍行動中取得若干成功，但新人民軍還在招兵買馬，尤其是試圖保護其土地的原住民群體，因此想消滅新人民軍顯然很難。偏遠山區等於是他們的現成藏身處。外界經常指控新人民軍勒索農民，也勒索企業支付保護費。然而，新人民軍也會讓人想到公衛與教育的提升，包括原住民族語。

非但不是進一步追求和平，杜特蒂反而採取包括暗殺在內的方針，鎖定全國民主陣線內部在城市重點發展的知名人物。二〇二〇年下半，六名曾參與和談的全國民主陣線成員，以及人民優先黨一名眾議員的女兒遭到殺害。杜特蒂政府更用二〇二〇年七月生效的《反恐怖主義法》（Anti-Terrorism Act），對左派發動全面攻擊。理論上，所有提倡政治暴力的人都是這部法律的目標，但法案用詞含糊，像是「營造散播恐懼訊息之氛圍」、「破壞公共財產」與「影響重要基礎建設」。法案讓總統有權成立反恐委員會（Anti-Terrorism Council），能在沒有逮捕令的情況下鎖定嫌疑人，拘留達二十四天。儘管人權團體與天主教會強力反對，但只有兩名參議員反對這部法案。杜特蒂的「中央終結菲共地方武裝衝突叛亂特勤組」（National Task Force to End Local Communist Armed Conflict）成了全面鎮壓左派的工具，甚至連批判掃毒戰爭，或是批評他未能抵抗中國的人也都成了目標。特勤組也成了獎勵支持者的管道，方法是從巴朗蓋發展基金（Barangay Development Fund），撥款給「掃除共產勢力」的地方政府。

隨反恐法而來的則是一場「抹紅」行動，鎖定那些對全國民主陣線表現同情的組織與個人。抹紅的對象包括雅典耀大學、聖多默大學與國立民答那峨大學等學府，打成讓新人民軍

「放心招募的地方」。推動這場行動的主力，是跟中央終結菲共地方武裝衝突叛亂特勤組有關的某些武裝部隊資深成員，此舉顯然是要讓遭受抹紅的對象人心惶惶——「抹紅」成了一種把菲律賓共產黨、全國民主陣線，乃至於幾乎所有投入土地、勞工或環境議題的人統統跟新人民軍掛鉤的手段。法外殺戮的對象不只涉毒嫌疑人。殺害積極人士的情況從未停止，如今更是得到新的驅動力。高級軍官專門指名共黨嫌疑人。地方反共義警隊則在地主與省級政客的支持下幹髒活。在內格羅斯，甚至連律師與醫界菁英都命喪黃泉。殺戮激起自由派與許多教會中人的憤慨，但至少短期內確實能威懾左派組織，無論這些組織多麼溫和。

菲律賓共產黨透過新人民軍，在部分鄉村地區維持其勢力，但左派在都市的力量從馬可仕垮台以來始終沒有恢復。原因之一在於勞權組織的分化——一邊是與菲律賓共產黨結盟的五一運動組織（Kilusang Mayo Uno，KMU），另一邊則是非菲律賓共產黨的工會聯合團體，菲律賓工會聯合會（Trade Union Congress of the Philippines）。工會成員總人數從二〇〇〇年的高峰往下掉。工會數雖然增加，但規模變小，限縮了集體協商能力。雇主（尤其是公部門自己）也成功規避純勞務契約禁令，透過各種非長期措施把更多勞動力導入非正式部門，不受薪資協商，乃至於不受最低薪資限制。政府對於推動勞權口惠而實不至，雇主則利用充沛的勞動力，拿「必須與其他亞洲國家的多數非工會化勞工競爭」為理由，縮小勞工的空間。用工契約化

（Contractualization）繼續不加掩飾地進行。因此，即便禁止純勞務契約，且所有勞工工作六個月後皆應成為正式雇員，但實際上往往是不斷重簽更短期的契約。二〇一九年，杜特蒂否決了一份終結契約勞動的法案。菲律賓雇主聯合會（Employers Confederation of the Philippines）主席埃德加多．拉斯孔說，「如今商界可以鬆一口氣」，「我們感謝杜特蒂總統，沒有只顧及少數工會領袖的利益，否決了法案以保障菲律賓經濟」。

勞工運動還有其他阻礙，例如其實連最低薪資都已經高於多數非正式部門自由業者的收入。製造業成長緩慢加上移民湧入，意味著在更容易組織的經紀部門當中，勞工的占比是下降的。BPO等新型服務業雇用的人教育程度較高，也比較不傾向於組工會。BPO產業也很破碎。由於私部門雇用比例高，同樣的情況也發生在護理師等服務業勞工身上。

照理來說，非共產黨的左派應該能動員形形色色的、對於深遠但非革命性的改變有所期待的人，至少是動員大城市的人。然而支持改變者雖眾，政治上卻很難動員。菲律賓共產黨及其在全國民主陣線內部的盟友雖然有相同的意識形態基礎，但菲律賓共產黨的極端觀點與列寧式政黨組織限制了其吸引力。菲律賓政治向來是圍繞著個人魅力與省市級利益團體而組織的。自一九六〇年代以來，菲律賓共產黨的理論與表述方式似乎鮮有改變——這也難怪，畢竟領導班子裡有個生於一九三九年，如今流亡荷蘭的「喬馬」西松。即便如此，菲律賓共產黨對於當權派仍是潛在威脅，對軍方則是實際威脅，導致歷屆政府（尤其是雅羅育與杜特蒂政府）採用暗殺為手段，既削弱全國民主陣線，也讓激進改革的潛在支持者避之唯恐不及。菲律賓共產黨也出過洋相，因為杜特蒂的反帝與反毒姿態而在選舉中支持他。

追求溫和但深遠改革的人，只好把自由黨當成最好的希望，期待能團結有志改革的教會團體、學院中人、專業人士與商界進步派。其實在後馬可仕年間早期，自由黨的確推動過重要改革，也在艾奎諾三世執政下增加稅收，直接濟貧，通過《生育健康法》。然而，自由黨以艾奎諾家、羅哈斯家等世家大族為基礎，缺乏凝聚力，而且從二〇一九年的選舉就能清楚看出，自由黨拿杜特蒂直白的民粹作風毫無辦法。

中間偏左的並肩黨則介於自由黨改革派與全國民主陣線成員之間。並肩黨自詡為社會主義政黨，但其實對社會議題的積極度高於經濟議題，尤其是長期參與反全球化運動的學者瓦爾登·貝姚（Walden Bello）辭去黨內職務後。並肩黨於一九九八年成立，希望透過新的政黨名單制度在體系內站穩腳跟，一度甚至在眾議院有三個席次，後來卻在二〇一九年三席全丟，杜特蒂則大獲全勝。並肩黨有過一席參議員，是二〇一六年當選的麗莎·洪蒂貝羅斯（Risa Hontiveros）。

並肩黨失去國會席次，左派等於只剩下人民優先黨及其三席眾議員，以及他們在人民愛國聯盟（Makbayan，成員包括五一運動組織）十一席眾議員中的盟友。人民愛國聯盟由前人民優先黨眾議員與全國民主陣線協商員薩圖爾·奧坎波（Satur Ocampo）領軍，是個相當多元的團體，曾在二〇一六年大選中支持過波伊－艾斯庫德羅（Poe-Escudero）組合，但在杜特蒂與政治分肥主導的國會中確實是主要的異議之聲。各股進步勢力雖然能在特定議題與法案上取得共識，但他們如今仍抱持的意識形態，卻往往跟中國版的共產主義有所扞格，而他們的民族認同則是中國在南海的行動以及中國博弈產業的湧入所激起的。

整體而言，民族、政策導向的政黨在重要選舉中的表現，顯然還是難敵世家大族出身或是有名氣基礎的政治人物。憲法雖然反世襲，但至少眼下國會還無法立法打擊世襲。左派只能寄望會有某個貨真價實的民粹左派出現，用跟杜特蒂反毒戰爭一樣的無情，來推動社會與經濟改革。然而，期待菲律賓像阿根廷那樣出個胡安·貝隆（Juan Peron），或是像委內瑞拉那樣出個烏戈·查維茲（Hugo Chavez）來稍微改善衰退的經濟與社會結構，長期來看不會有什麼好處，畢竟憑藉口號的護身而行人治，也許能討好低收入族群，卻會對經濟帶來真正的傷害。

隨著教育水準與都市化的提升，菲律賓的民主仍然有機會邁向成熟，讓極左派與新人民軍有一天能放棄武裝抗爭，畢竟這反而會傷害本該保護的人民。更有甚者，民主要成熟，反動與貪腐勢力就必須停止法外殺戮，停止「抹紅」那些透過和平組織追求社會正義的人。民主要成熟，還必須約束政治世襲與分肥。

這個國家或許有不少因素能讓革命水到渠成，但光是這些還不夠，畢竟經濟如此仰賴服務業，人民發展高度受到劣質教育所囿；對民眾來說，海外就業機會居然有如洩壓閥。左派的分化與勢弱，也是菲律賓外交政策不穩定的因素之一。即便面對中國一再進逼，即便華裔資本有助於促進與北京的關係，卻同時壓制了國內的勞工運動，左派對於美國帝國主義的懷疑依舊不散。左派在區域內也沒有分量足夠的、志同道合的意識形態盟友。

注釋

1 Cesar 'Sonny' Melencio, *Full Quarter Storms: Memoirs and Writings on the Philippine Left* (1970–2010), Quezon City: Transform Asia, Inc., 2010.

2 Teresa S. Encarnacion Tadem, 'Technocracy and Class Politics in Policy-Making', in Mark R. Thompson and Eric Vincent C. Batalla (eds), *Routledge Handbook of the Contemporary Philippines*, Abingdon: Routledge, 2018.

〔第二十一章〕

茫然的外交政策

雖然海外有數以百萬計的菲律賓人，但菲律賓的外交政策卻是個很少論及的主題，談到的話多半是以菲律賓與美國的關係，以及近年來與中國的關係為主。由於中國對共有海域的征服與開發，完全沒有一絲稍停的跡象，因此菲中關係不僅是眼下的關鍵，將來的重要性也會與日俱增。然而，菲律賓非但沒有持續以此為外交政策的重中之重，反而注意力隨便就被帶走。

在外人看來，「沙巴」這個名字一而再，再而三地在菲律賓浮現，彷彿是個弱國想挺胸作樣，提出一個別人多半會訕笑的主張。這不僅影響了菲律賓對於與大國關係的注意力，也影響了對鄰國關係的注意力，更讓摩洛民族區（尤其是蘇祿群島）的問題複雜化。

總之在二〇二〇年，菲律賓及各個海上鄰國正面臨不斷增強的中國擴張壓力時，杜特蒂總統的外交部長提奧多羅・羅克信（Teodoro Locsin）高調重申對沙巴的主權，惹惱了能反制中國行動的自然地理與族群盟友馬來西亞，雅加達對此大為光火。此舉也有悖於東協的最高指導原則——不要參與與殖民時期國界線有關的爭議，邊緣的議題就交給國際法庭。其他東協國家試圖避免引發有潛在爭議的邊界議題，馬尼拉的政客則是找到便宜的方法，犧牲國家聲譽以獲得一些關注。

對外界而言，這種主張毫無益處。作為政治實體的菲律賓，是由西班牙殖民體制所創造，傳給美國，然後成為獨立國家。過去，蘇祿蘇丹一度控制汶萊蘇丹割讓的東婆羅洲，範圍包括今日的東沙巴與印尼的北加里曼丹（North Kalimantan）。但到了十九世紀晚期，蘇祿蘇丹已不再掌握上述地區，並將之租給一家由倫敦政府監督的不列顛公司。同年，也就是一八七八年，蘇丹把所有主權讓給西班牙。一八八五年，西班牙、不列顛與德國達成協議，認可西班牙對蘇祿的主權，但不及於任何婆羅洲土地。同理，西班牙在一八九八年讓渡給美國的領土，也不包括婆羅洲在內。

獨立後，主權主張最早是在馬嘉柏皋擔任總統期間，以及一九六三年馬來西亞成立時提出的；馬來亞聯合邦（Malayan Federation）與先前不列顛統治的婆羅洲範圍，也就是沙巴與砂勞越合併，成為馬來西亞。原則上，馬嘉柏皋支持泛馬來的觀念。印尼的陳馬六甲（Tan Melaka，他提議以大堡作為泛馬來國家首都）與馬來亞的依布拉欣．耶谷（Ibrahim Ya'acob）

等激進反殖民主義者，把黎剎的夢想帶到了二十世紀。菲律賓的泛馬來支持者包括眾議員溫瑟斯勞．文森斯（Wenceslao Vinzons），他也是泛馬來思想演講詞〈馬來淪陷區〉（*Malay Irredenta*）的作者。另外還有左派的佩德羅．亞描．仙杜斯（見第四章）。兩人都被日軍處死。然而一九四五年之後，不同制度、不同宗教、冷戰政治與新民族主義等現實，取代了馬來人大團結的夢想。馬嘉柏臯曾推崇馬來邦聯「馬菲印度」的構想。他跟印尼總統蘇卡諾與馬來亞首相東姑．阿布都拉曼（Tunku Abdul Rahman）於東京會面，似乎找出了共同點，但蘇卡諾認定放大的馬來亞是種新殖民主義造物，而馬嘉柏臯也無法接受在沒有達成泛馬來協議的情況下讓沙巴加入馬來西亞。兩國與吉隆坡關係破裂，印尼更展開武裝對抗（konfrontasi）以削弱馬來西亞的統治。蘇哈托執政下的印尼到一九六七年才承認現狀，不再挑戰馬來西亞。然而，菲律賓對沙巴的主張仍不時浮上檯面，作為政客展現民族主義的方式。

後馬可仕時代來臨之前，很少有人認為有擁抱美國以外的選擇。反帝民族主義雖然高調，信奉者卻是少數。戰後初期基本上就是親美時期。民族主義在貿易與投資法規上有所展現，但沙巴卻讓人不時分心去觸碰領土議題。於是乎，位處巴拉望以西的南中國海小島、灘與礁——卡拉延，就成了展現民族主義的次要手段，而事實證明也是重要手段。

副總統季里諾曾在一九四六年談到這些「新南群島」，隔年商人湯瑪斯．克洛瑪（Tomas

Cloma，經營一間維薩亞斯的漁業公司）[1]便宣稱發現了這些島嶼，但接下來什麼事都沒有發生。到了一九五六年，克洛瑪得到副總統賈西亞檯面下的支持，帶了一批人登陸島群，宣布其為「自由地」（Freedomland）之領土，由他擔任統治者，受菲律賓保護。在台灣的中華民國對此強烈反對，菲律賓於是退讓。此後風平浪靜一段時間，直到馬可仕總統意識到這些島嶼對於石油探勘的重要性，進而安排在一九七〇年至七一年間悄悄占領其中五座島，並逮捕克洛瑪，直到他同意放棄主權主張才放他出獄。菲律賓在一九七七年、一九七八年與一九八〇年再占領另外三處地物，總統艾斯特拉達在一九九九年又占領一處。政府派了少量士兵駐守。一九七八年，卡拉延自治市（Municipality of Kalayaan）成立，劃歸巴拉望省。（「卡拉延」意為「自由」。）

五十年前還是地圖上的模糊小點，如今卻成了奪海奪島大戰中的局部戰場。卡拉延群島有四座島，四處灘與三座礁。最大島希望島（Pagasa，菲律賓語，至於英語稱鐵峙島〔Thitu〕）面積為三十公頃，島上有飛機跑道。菲律賓的領土主張根據的不只是先占原則，還有《聯合國海洋法公約》奉為圭臬的群島原則，[2]也就是這些地貌皆位於菲律賓兩百海里專屬經濟海域範圍內。中國與越南皆宣稱斯普拉特利群島（南沙群島，卡拉延為其一部分）為其所有。一九八六年，馬來西亞在馬立夫礁（Mariveles）與阿爾達西爾礁（Ardasier）這兩座礁島上設立海軍設施，這兩座礁都落在卡拉延海域範圍內，中國與越南占領的幾座島與礁也是如此。

斯普拉特利群島爭奪戰在一九九〇年代升溫，這對菲律賓來說不是個好時機，國內民情讓外交與軍事力量大減。有一代人在越戰期間長大，度過美國所容許的馬可仕獨裁時期，他們認為美軍基地不只侵犯國家主權，更是把國家拉進戰爭的威脅，而非保護國家的手段，畢竟當時顯然沒有嚴重的外患。少數人甚至認為越南與中國對帕拉塞群島（Paracels，西沙群島）的針鋒相對，只是兩國的雙邊議題；即便一九八八年有六十四名越南海軍被入侵的中國軍隊所殺，他們對於中國進占斯普拉特利群島若干礁岩的舉動也不怎麼在意。中國媒體還開始語帶不祥地提到南中國海蘊藏的豐富石油，提醒其他國家中國的主權範圍——最遠及於婆羅洲外海的曾母暗沙（James Shoal），而低潮點時的曾母暗沙距離海面竟然還有二十公尺。

中國採取實際行動宣揚主權的時間很晚，僅有的真島嶼如鐵峙島、北子礁（Northeast，菲律賓稱燈塔島〔Parola〕）與西月島（West York，菲律賓稱自然島〔Likas〕）與南山島（Nanshan，菲律賓稱遼闊島〔Lawak〕）已經在菲律賓手中，台灣繼續占有最大島太平島，越南則占有另外三座島嶼。礁必須擴大面積才會有實際價值。一九八〇年代，馬來西亞在燕子礁（Swallow Reef，馬來西亞稱風箏島〔Layang-Layang〕）開始填海，最後更發展成小小的潛水勝地。一九九二年是個關鍵年分。馬尼拉的參議院投票否決展延美軍基地協議，因此也結束了美國對菲律賓軍方的直接支援。同年，北京的全國人民代表大會通過了一部《領海及毗連區法》，正式讓一九五八年《關於領海的聲明》入法，並做好開放探勘陸塊的準備。中國立刻把屬於越南的區塊簽給美國石油公司克雷斯東（Crestone），位置與越南石油天然氣集團／康菲石油（PetroVietnam/Conoco Phillips）聯合研究的區塊重疊。隨之而來的僵局讓探勘就此停頓至今。

越南也在這一年加入東協，各國於是開始在南中國海跟中國跳起群舞，或合作或對抗。中國不時往前踏步，此時樂聲就會戛然而止。過了一段時間，樂聲繼續，關於對話與行動準則的討論也重新展開。因此，菲律賓在一九九五年從本國扣留的漁船處，得知中國艦隊已經帶了一批工人，占領巴拉望西南僅一百三十二海里處的美濟礁（菲律賓稱班厄尼班礁〔Panganiban〕）時，才會那麼震驚。這個壞消息也點出菲律賓海軍缺乏監控能力，抵抗能力更不用提。羅慕斯總統雖然嚴厲譴責中國，但他說不出「侵略」兩個字。一九九九年，菲律賓將船隻在黃岩島坐灘，試圖建立駐在事實，結果遭遇中國抗議。後來菲方將船隻拖走，對即將來訪的國務院總理朱鎔基表現唯命是從的善意。

同一時間，菲律賓的鄰國也注意到美濟礁的情況，尤其印尼此時小心翼翼，畢竟中方主張的範圍也涵蓋了納土納群島（Natuna Islands）外海天然氣田的一部分。一九九六年，印尼、馬來西亞與汶萊舉行聯合海軍演習，隨後印尼更在中方船隻的觀察下展示武力，二十七艘船隻與五十二架航空器在納土納群島外海演習。[3]中國意會過來了，但菲律賓缺乏像印尼那樣的資源或決心。隨著雅羅育總統執政的來臨，菲國的弱點也愈來愈明顯。眾議院院長，也是曾經的總統候選人何塞・德貝內西亞出現在畫面上。這位工於心計的政商人物跟中國有關係，跟馬尼拉的能源部也有管道。事實證明，外交部雖然參與東協與中國之間的海洋議題群舞，但分量還比不上政商關係。

東協成員與中國在二〇〇二年同意簽署《南海各方行為宣言》（Declaration on the Conduct of Parties in the South China Sea），試圖終結因海域與島嶼主權而起的爭訟，進而避免衝突。宣言內容包括採納《聯合國海洋法公約》、自由航行權、和平解決爭端，並克制避免採取可能導致衝突惡化的行動，像是不要占領當時仍無人居住的島嶼與礁岩。接下來幾年，各方斷斷續續就正式的行為準則進行討論，同時間也各自（尤其是中國）繼續擴大影響力。菲律賓則是一大例外，不只疏於開發已有立足點的地方，也未能在斯卡伯勒灘建立永久據點。

對於一個弱國，而且國內部會首長還很想談成生意的國家來說，中國的錢實在是太多了。二〇〇四年，德貝內西亞聯手能源部，規劃出與中國海洋石油公司（中海油）的聯合探勘行動。雅羅育簽署了這份《聯合海洋地震工作協議》，範圍涵蓋十四萬平方公里，並且在出訪北京時對此大肆宣傳。未來擔任能源部長的拉斐爾・洛蒂拉（Raphael Lotilla）表示，「這是政策制定過程的體制性弱點」，居然讓沒有戰略或地緣政治經驗的個別利益方與石油開發商綁架了政策。[4]

越南對此怒不可遏，也明確把觀點告訴馬尼拉。《聯合海洋地震工作協議》範圍涵蓋到該國主張的專屬經濟海域，而且違反了二〇〇二年的東協協議中「不要讓衝突惡化」的內容。越南無法阻止雙邊協議，於是乾脆選擇加入，成為第三方。實際進行時，中國的角色非常吃重，負責執行震測工作，越南處理所得資料，菲律賓詮釋結果。工作在二〇〇七年完成，但菲方對中國領銜的信任相當薄弱，洛蒂拉表示有關重要的禮樂灘（雷克托攤）的資料「無效而模糊」。[5]

三方協議本應在二〇〇八年續約，但民族主義左派把這個議題提交給最高法院，認為協議違憲。目前結果尚未出爐（譯按：最高法院已於二〇二三年一月宣布違憲）。從後來恢復《聯合海洋地震工作協議》的草案中，就能看出菲律賓到底得為此放棄主權到什麼地步。草案提議將所有鑽探與生產都交給中海油，以菲律賓專業監管委員會（Professional Regulation Commission）的規定與菲國法律為準據法，協議各方則對各自政府繳稅。

艾奎諾政府雖然沒有繼續進行《聯合海洋地震工作協議》，卻仍對中國的「和平崛起」抱有幻想；但等到習近平於二〇一二年主政後，中國完全沒有表現出對鄰國關係的重視，而是近一步在南中國海創造新的事實。二〇一二年，菲律賓海軍試圖阻止中國漁民在斯卡伯勒灘作業，結果引來中國海監總隊船艦的對峙。斯卡伯勒灘的角力，凸顯出美國及《美菲共同防禦條約》角色的問題。馬尼拉向來都很清楚，《共同防禦條約》範圍並不包括卡拉延群島。然而，美國有義務在太平洋水域防禦菲律賓遭到入侵。即便受到軍事基地議題影響，菲美軍事關係依然穩固，更因為一九九九年的《軍事訪問協議》、打擊激進派穆斯林的共同利益而進一步強化，尤其是美國遭受九一一攻擊與蓋達組織出現在民答那峨與蘇祿之後。

斯卡伯勒灘（寧靜礁）的情況則很反常。一八九八年《巴黎條約》的地圖畫出了西班牙割讓領土的範圍，而斯卡伯勒灘正好位於領海之外，但它卻又出現在以前的地圖上，像是以精確聞名的一七三四年穆里利歐．韋拉德地圖。美國甚至長期付款給菲律賓，以附近作為施炸訓練場。[6]

然而，面對中國主張擁有整個南中國海海域、島嶼及資源的情況，美國卻沒有政策可言，只有大力呼籲協商的外交官。美國太平洋司令在二〇一六年表示：「美軍戰略主要弱點在於對主權衝突沒有採取立場……美國必須決定承認哪些主張……才能運用其優勢軍力，對中方的侵略設下界限。」[7]

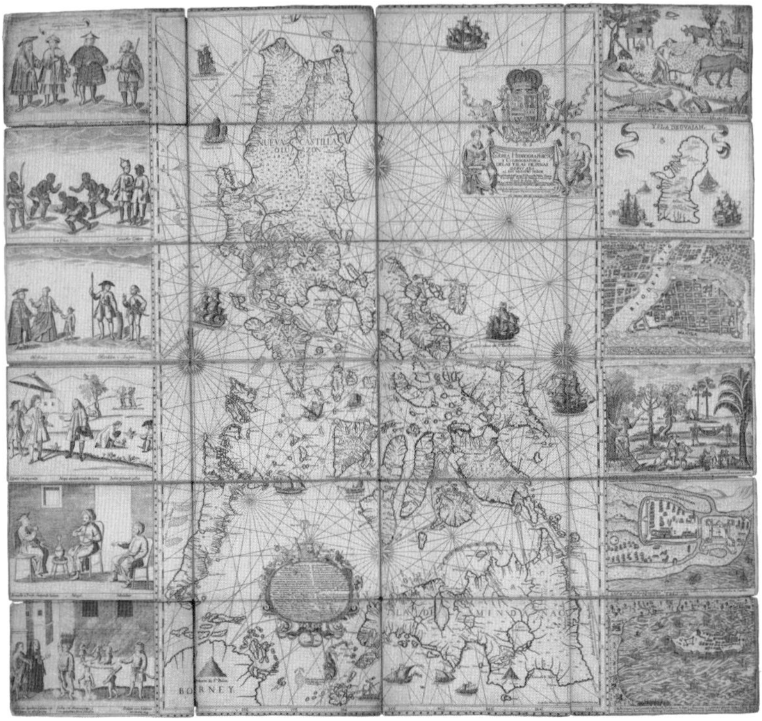

21-1　18世紀的穆里利歐·韋拉德菲律賓地圖，上有帕納柯特灘（Panacot），也就是斯卡伯勒灘／寧靜礁。製圖師：佩德羅·穆里利歐·韋拉德（1696-1753）；製版師：尼可拉斯·德拉克魯茲·巴蓋（Nicolás de la Cruz Bagay, 1701-1771）。

許多態度謹慎的美國人認為，美國對島嶼主權的模糊態度也算是一種威懾。實際上，中國把這種模糊看成虛張聲勢。中國指控菲律賓在斯卡伯勒灘挑釁，菲方便聽話把海軍艦艇換成海巡艦艇。中國跟著派出更多漁業漁政管理局的船隻，封鎖不讓唯一的菲律賓船艦離開淺灘。斯卡伯勒灘對峙處於最高點時，美國東亞助理國務卿庫爾特・坎貝爾急著想找到解決方法，同時間馬尼拉則天真以為只要權力完全轉移到習近平身上，中國就會比較好說話。坎貝爾與中國駐美大使會面後，認為自己已經促成雙方撤艦的協議。菲律賓船艦離開了，中國船艦也短暫駛離，但馬上開回淺灘，此後再也沒有離開。

斯卡伯勒灘之辱，加上無法透過東協的外交手段達成先前講好要制定的行為準則，菲律賓需要新的做法。所謂的新做法，主要是大法官安東尼奧・卡爾皮奧的努力——一九九〇年代起，他就在菲律賓大學海洋法專家協助下，研究相關議題。他們主張菲律賓必須仰賴《聯合國海洋法公約》，並訴請國際仲裁。外交部長德羅薩里奧態度積極，因情勢惱怒的艾奎諾三世也同意了。菲方在二〇一三年提請仲裁，而二〇一六年的判決結果對菲律賓來說是一場大勝（見第八章）。

相關判決不只是菲律賓的勝利，實際上也是越南、馬來西亞、汶萊與印尼的勝利，畢竟這些國家都有海域落在九段線範圍內。

誰知道當選的杜特蒂總統，非但沒有聯合整個區域與國際各國發動外交攻勢，趁著大勝追擊，選前說好要騎水上摩托車去寧靜礁的他，如今反而撒手不管。因為貪腐與差勁的管理，杜特蒂和追隨者沒有辦法推升經濟成長，於是眼巴巴地望向中國，由此就能清楚看出菲律賓政治有多悲劇。這就是金錢政治老詛咒的新型態。杜特蒂實際上等於出售國家的權利，六年下來，中國金援的基礎建設也就那麼一些。

艾奎諾三世執政時的外交部曾提前安排好東協成員國，尤其是沿岸國家，在菲律賓贏得訴訟的情況下發表聲明支持國際法與《聯合國海洋法公約》。結果各國後來沒有接獲要求。外交部長佩爾費克多．雅賽（Perfecto Yasay，杜特蒂的同學）說，此事為雙邊問題，而非東協事務。雖然但凡有任何決議，柬埔寨都會幫中國否決，但雅賽的立場卻讓其他東協成員國大為震驚。

從就職那一天起，杜特蒂就準備好以低調的態度對待兩週後可能會來到的勝利。什麼都不能阻止用中國的錢來建設菲律賓。菲律賓政壇上，重中國的錢與友誼甚於專屬經濟海域內國家利益的人，不是只有杜特蒂。雅羅育與德貝內西亞等人偏好探勘協議。馬可仕政府時期曾任檢察總長的埃斯特利托．門多薩（Estelito Mendoza），則是主張不要惹惱北京，而是要與北京協商——明明中國從未有過任何願意在九段線與相關主張上妥協的跡象。比起運用判決結果捍衛國家權利，堅守面積約三十七萬五千平方公里的海域，金錢與國內政局更為重要，但杜特蒂的反美情節加上他對於判決的反應，卻讓包括日本在內的鄰國與盟國感到不可思議。執政不到三個月，杜特蒂就在北京宣布要跟美國「分道揚鑣」。他在人民大會堂宣布，「我已經順著你們的意識形態調整好我」。

杜特蒂過去譴責艾奎諾三世丟掉斯卡伯勒灘，主張盟國都不可靠，擋不住中國。因此，對菲律賓來說，比較聰明的做法是討好北京，對斯卡伯勒灘輕輕放下，然後收割經濟回報。但杜特蒂未能發展出另一條外交政策路線，運用區域內中等強國的影響力來制衡中國。日本注意到眼下發生的事，低調嘗試與菲律賓發展航運關係，並進一步為基礎建設提供資金。二〇〇四年至二〇一六年間，菲律賓只有兩人擔任過外相，而且都在政府內久經歷練。二〇〇四年至二〇一一年間擔任外交部長的阿爾韋托·羅慕洛（Alberto Romulo）行政經驗豐富，還當過財政部長。二〇一一年至二〇一六年間的外交部長艾伯特·德羅薩里奧擔任過駐美大使。但杜特蒂政府的歷任外長對國際事務的表述方式不僅刺耳，他們也未能把策略高度提高到本國政治之上。

杜特蒂起先任命的佩爾費克多·雅賽沒有得到追認，因為他持有美國公民身分。接下來是傳統政客艾倫·彼得·卡耶塔諾（Alan Peter Cayetano），他有許多親戚擔任公職，而他本人則是杜特蒂的競選搭檔，只是沒有選上副總統。杜特蒂與雅賽為了追求對中關係，把二〇一六年的判決擱置一旁，卡耶塔諾不只蕭規曹隨，甚至放棄了先前菲律賓得到的海權勝利。二〇〇八年，針對呂宋以東的巨大海底火山——貝能隆起／菲律賓隆起（Benham Rise/Philippine Rise），菲律賓提交主權主張，因為該隆起位於菲律賓的大陸棚，也在群島基線之內。即便中國反對，但聯合國大陸棚界限委員會（UN Commission on the Limits to the Continental Shelf）仍然在二〇一二年接受菲方主張。誰知到了二〇一八年，卡耶塔諾無視法國的提議，同意中國科學院海洋研究所測繪該區域。外界後來得知，中國早就在未經允許的情況下進行測繪，後來甚至將隆起的水下地貌冠上中文名字，提交給國際水文組織（International Hydrographic Organization）。卡耶塔諾還說西菲律賓海「有爭議」，明明二〇一六年的判決已經把其資源判給菲律賓。

二〇一八年，「阿飛」（Teddy Boy）提奧多羅．羅克信接任卡耶塔諾擔任外相。律師與記者出身的羅克信跟杜特蒂一樣舌燦蓮花。杜特蒂主張，菲律賓迫切需要在外交政策上根本的獨立，與美國保持距離。菲律賓往往跟隨美國領導，而這樣的情況已經太久了。然而美中競爭愈演愈烈，疏遠美國只會有利於中國對南中國海的野心，除非有強大的區域合作來制衡，尤其是與日本、越南、馬來西亞與印尼的合作。由於川普當選總統，取消了本能讓美國加入東亞（排除中國）與澳洲的《跨太平洋夥伴關係協議》，因此杜特蒂的做法多少可以理解。關於是否維持美國在亞洲的軍力水準，川普態度也模稜兩可，而他改變心意之快，對盟友來說毫無激勵效果。

一開始，杜特蒂的反美立場得到左派的好感，但進了眾議院，批評中國最力並批評捍衛國家主權是杜特蒂軟肋的，卻是中間偏左的並肩黨與更激進的人民優先黨政黨名單參議員。至於右派，軍事領導人經過與美國多年來的密切合作，也是不情不願跟隨總統。

努力與中國為友四年多之後，杜特蒂在二〇二〇年聯合國大會演說時似乎打算翻轉路線，提醒聽眾注意二〇一六年仲裁法院的裁決，並呼籲國際支持其落實。但這是否只是為了反映輿論才調轉炮口，還很難說。中國得到四年時間，在占領的礁岩周邊造陸，把它們變成軍事島嶼，同時多騷擾菲律賓漁民四年時間。菲律賓不願意在法庭勝利的基礎上進一步發展，也降低了鄰國仿效該國提訴中國的意願。中國艦艇、漁船等一再大批出現在菲律賓的專屬經濟海域，騷擾菲律賓漁民生計，外交部因此向北京表示抗議，但總統對此的反應卻微乎其微。民意調查顯示民眾普遍對中國抱持懷疑，但大海不是他們最關心的事情。由於中國在菲律賓專屬經濟海域大秀肌肉，這股壓力確實影響杜特蒂，讓他至少在口頭上有所回應。杜特蒂也撤回退出《軍事訪問協議》的做法，顯然是為了換取美國的疫苗。二〇二一年九月，羅克信與國防部長德爾芬・洛倫扎納（Delfin Lorenzana）更在華盛頓呼籲美國給予更多協助，並且「升級」與「更新」聯防協定；羅克信對於澳英美在太平洋的核子潛艇協議表示歡迎，而北京對於是項協議相當惱火。

菲律賓鮮少強化與越南、馬來西亞之間的合作，加上國會推動擴大西菲律賓海的主權主張，進一步提升東協鄰國跟菲律賓的對立。然而，隨著美國、日本、印度與澳洲之間形成非正式的抗中四方安全對話（Quad）、二〇二一年的澳英美潛艇協議（AUKUS），以及美國與越南、印尼間關係的發展，菲律賓幾乎沒有保持中立的空間。

民間對於中國乃至於華裔移民的懷疑已深，同時與西方國家的關係反而因為當地菲律賓社群而強化。馬尼拉也體認到日韓在貿易與援助上的重要性，感受到西方與日韓希望保持南中國海為開放水域的期待。整體而言，菲律賓缺乏明確的外交政策與國防戰略，兩者皆禁不起政府的改朝換代。然而在拜登總統執政下，美國政策更有方向性，結合日本、澳洲與印度對抗中國壓力，並與越南、印尼深化互動。後杜特蒂時代的菲律賓當局可能會採取更一致的立場以保護國家利益，專注於本國的海空防衛實力，並與鄰國密切合作。但是，中國金錢與商業對於政治階級的影響力，恐怕仍將是影響外交政策的因素之一。

注釋

1 Bill Hayton, *The South China Sea: The Struggle for Power in Asia*, New Haven, CT: Yale University Press, 2014, ch. 3.

2 John G. Butcher and R.J. Elson: *Sovereignty and the Sea: How Indonesia Became an Archipelagic State*, Singapore: University of Singapore Press, 2017.

3 Hayton, *The South China Sea*, ch. 3.

4 轉引自 Vitug, *Rock Solid*, pp. 60–4.

5 Ibid., pp. 104–6.

6 Ibid.

7 Ibid.

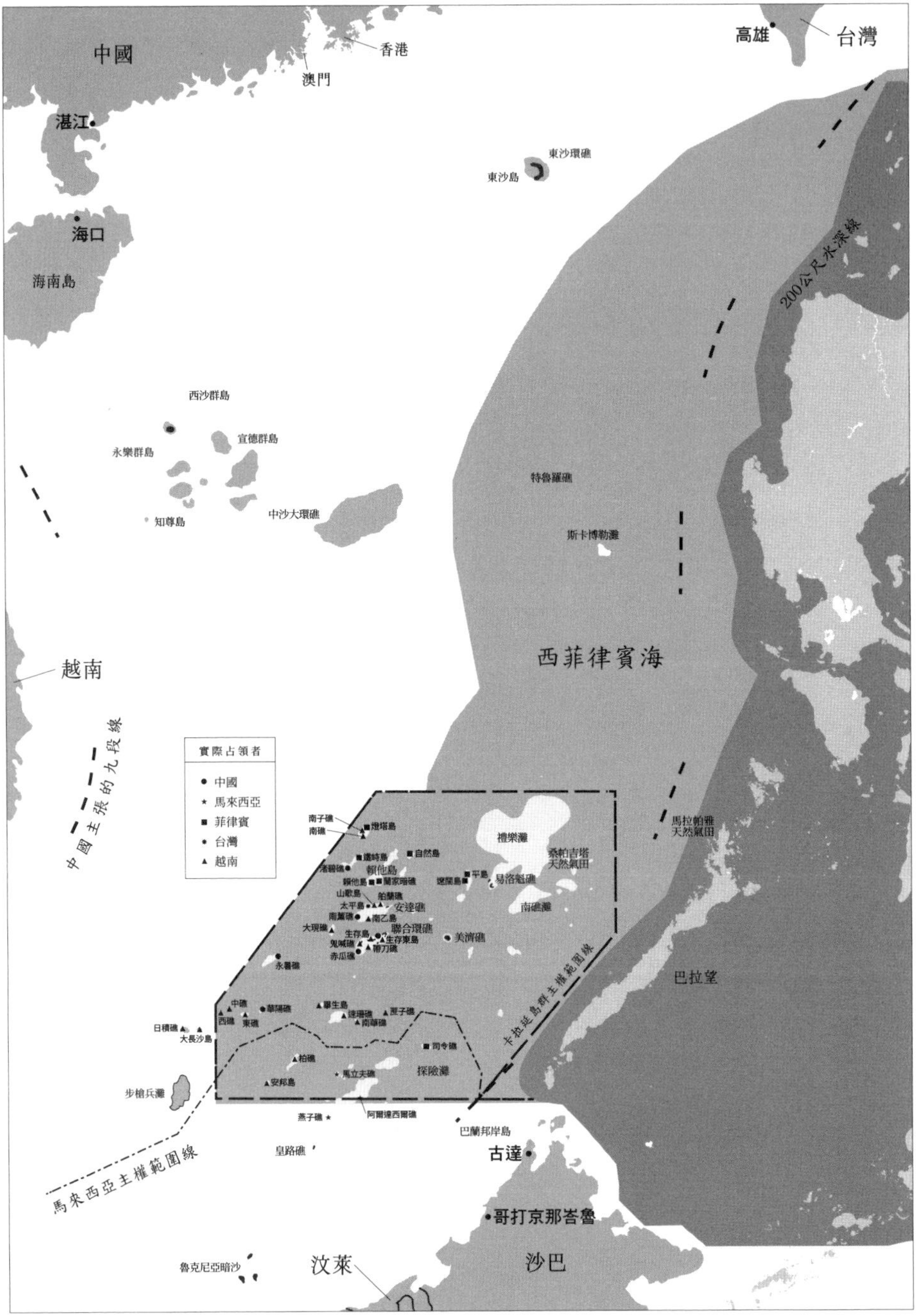

中國
香港
澳門
高雄
台灣
湛江
東沙環礁
東沙島
海口
海南島
200公尺水深線
西沙群島
宣德群島
永樂群島
特魯羅礁
知尊島
中沙大環礁
斯卡博勒灘
越南
西菲律賓海
中國主張的九段線
實際占領者
中國
馬來西亞
菲律賓
台灣
越南
南子礁
南礁
燈塔島
禮樂灘
馬拉帕雅
天然氣田
鐵峙島
自然島
桑帕吉塔
天然氣田
渚碧礁
賴他島
賴他島
蘭家暗礁
平島
遂閒島
易洛魁礁
山歌島
舶蘭礁
太平島
安達礁
南礁灘
南薰礁
南乙島
大現礁
聯合環礁
生存島
生存東島
美濟礁
鬼喊礁
簕刀礁
赤瓜礁
永暑礁
卡拉延島群主權範圍線
巴拉望
中礁
華陽礁
畢生島
舵子礁
西礁
東礁
逵珊礁
南華礁
日積礁
大長沙島
司令礁
柏礁
探險灘
馬立夫礁
安邦島
步槍兵灘
燕子礁
阿爾達西爾礁
巴蘭邦岸島
皇路礁
古達
馬來西亞主權範圍線
哥打京那峇魯
魯克尼亞暗沙
汶萊
沙巴

〔結論〕

菲律賓的未來

從長遠的角度來看，海洋東南亞的歷史一言以蔽之，就是海潮的漲漲退退。但即便只是稍微前瞻，也會發現菲律賓群島必須面對一項更深遠的挑戰，而且難度遠甚於人們習以為常的天災。不過，雖然去推測將來的五十年乃至於一百年的發展有其必要，但眼下的挑戰對於今日乃至於接下來一、二十年的人來說，卻是更為迫切。如果不立刻著手化解這些挑戰，未來想適應氣候變遷恐怕難上加難。若想讓這個國家有能力針對建築物選址、既有建築結構的保護、土地運用，以及中長期農業政策等發展議題做判斷並加以執行，最關鍵的將會是廣義的治理與教育水準。菲律賓迫切需要在上述領域有所進展。

約兩萬兩千年前，上一個冰河期結束，海平面開始上升，約七千年前停止上升，大概在一百年前再度開始上升。雖然無法預測接下來幾千年的情況，但海平面無疑會在將來五十年間上升三十至五十公分，假如北極融冰加速，海面還會上升更多。乍看之下不像嚴重威脅，但一想到菲律賓有多少人口住在目前的濱海地區，尤其是國都區（NCR），這可不只是農地與住宅用地消失而已，洪患的威脅也增加了。中呂宋與卡拉巴松部分地區也有一樣的問題，後者還是所有大區中人口最多的，將近一千五百萬人。四千萬人口又這麼擠在三個地勢最低窪的大區——NCR、中呂宋與卡拉巴松。光是海平面與氣候議題，便足以凸顯內陸城市，像是民答那峨中部的布基農、卡加揚河谷的土格加勞（Tuguegarao），以及受海平面上升與風暴潮影響甚微的濱海城市將來發展的重要性。歷史上，所有重要城市都是港埠，但這一點恐怕會隨氣候變遷而有所改變，帶來對於內陸基礎建設，與這些地區主要透過IT建設銜接的服務業也必須轉型。漁業很有可能受到海水溫度暖化影響，但影響目前還很難判斷。至於氣候暖化對農業的直接衝擊還很難評估，但對一個糧食淨進口國來說，一旦出現更多乾旱或其他極端氣候事件，衝擊想必重大。

海平面上升會淹沒部分濱海地區，其他地方的土壤鹽化也會更嚴重，這凸顯出大幅提升農作物產量，以抵銷農地損失並提升農民收入的重要性。氣候變遷想必會全面造成更極端的天氣，如更多或更強烈的颱風、季節降雨與乾旱模式改變等等。各界需要對災情有更強大的應變能力，將聚落遷往比較安全的區域，並有意願根據條件的變化更換作物，說不定得減少單一作

22-1　海燕颱風過後的雷伊泰島獨魯萬，2013 年 11 月。

物種植，同時把重點擺在附加價值，而非愈來愈虛幻的糧食安全。先前談到，農業的既有問題已經不容樂觀，是造成貧窮、健康不良與所得分配不均的重要原因。菲律賓需要對農業有更多的努力與更多的投資，才能提升生產率，刻不容緩。

無論菲律賓本身努力緩解全球暖化到什麼程度（不再新建燃煤電廠是已經展開的第一步），該國向來不是這項全球問題的主要元凶。因此，為依舊飛速成長的人口提供住居的方法與位置，在最安全而非最便宜或最有影響力的地點興建住居，才是菲律賓因應氣候問題時必須思考的前提。

在國際組織的協助下，菲律賓將能有更好的規劃，但既有的政治習慣與官僚組織的缺點，會讓計畫難以實施。新建基礎建設是立即的花費，但關鍵在於政府要做出聰明的決策，才能把私人投資吸引到更安全、更不擁擠的新地點。

海平面與氣候變遷是相當新的議題，而舊有的自然挑戰也仍然需要對治。菲律賓大部分地區面臨地震威脅，少數地點甚至還有火山。菲國建築歷來以木、竹與草為材料，質輕而有彈性。今天的高樓多半有抗震能力，但仍有許多水泥磚瓦建築並不耐震。二〇一二年，世界銀行提供一筆三億四千萬美元的貸款，以提高馬尼拉一地公共建築的安全性，重點擺在地震威脅。根據估計，馬尼拉若發生規模七點二的地震（就像二〇一三年重創保和的地震），將造成五萬人死亡，無數房屋與基礎設施毀損。

儘管問題重重，破碎的地理形勢、分化的社會經濟、歧異的語言與地域情感，但國家解體的可能性極低。呂宋、維薩亞斯與民答那峨之間的連結，遠比個別島群的認同更為強烈，何況各島本身也因地域性而分化，就像呂宋島的伊羅戈與比科爾。民答那峨穆斯林地區如今便已窒礙難行，更別提成為獨立國家。連年為了獨立或自治打打停停，不僅顯示內部分歧，也凸顯想創造一個無須與民答那峨其他地方緊密連結，就能蓬勃發展的獨立實體，是一件不可能的事情。唯一可能脫離的例外也許是蘇祿群島——不情不願成為摩洛民族自治區成員的蘇祿群島，說不定有一天會更想成為沙巴的一部分。

比起分裂，治理才是更大的問題。國家表現不如預期，施政者的責任遠大於人民。菲律賓有過幾次新的開始：乙沙革命與民主制度的復歸、羅慕斯擔任總統、艾奎諾三世的改革，但支配這個體系的人，以及體系所服務的對象，仍然是菁英家族與省級與中央的利益方，而無論某個時候居於頂點的人是誰，都能對省級政客施恩。從二〇〇〇年至二〇一九年間相當穩定的經濟成長率，就能證明只要假以時日，改善是可以實現。然而，極為劣質的教育水準對政策不會有幫助，只會助長比拚人氣的政治。後杜特蒂與後疫情時代，大部分的生活會恢復原狀，但補救失去的教育卻比補救封城期間失去的產能難得多。

良好的治理意味著強化行政機構中事務官的影響力，限制政治與親信任命，因為這種人的專長就是對總統效忠。多數與經濟相關的職位，杜特蒂任命的都是有能之人，但許多其他職位卻是根據忠誠度來任命（尤其是他在大堡的故舊），造成貪腐。如果減少省分的數量（各省人口差異甚鉅，從四百萬到一萬七千人都有），並減少都市的類型，將有助於行政組織結構。行政架構破碎，是個比「天龍馬尼拉」更嚴重的禍根。採取其他能讓決策去政治化的改革，尤其像是大法官任期調整，將有助於改善最高法院的問題。憲法規定應針對政治世襲制定法律限制，只要在職者不至於因為既得利益而不立法，政治世襲就是另一項可以對治的問題。另外，由於菁英把持了政黨名單眾議員的多數席次，加上行政部門掌握預算分配大權，眾議院因此成了現任者的橡皮圖章。新人民軍之所以能在某些鄉村地帶持續活動數十年，原因與其說是共產主義意識形態的力量，不如說是施政問題，畢竟新人民軍活躍的都是貧窮、財富差距甚鉅，或是傳統土地權利受到威脅的地方。國內問題占去了軍隊的注意力，嚴重削弱了對外的國防力量。

這些問題的主因不在政策本身，而在政府結構。宏觀經濟與央行政策相當穩定，鮮少因為政局變化而改變。技術官僚推動稅制等改革，但他們往往得跟既得利益者較量，看地方與中央政治人物能聽進去誰的話。與此同時，推行適當政策的其他部會，在實施時則得面對行政架構脆弱的問題。尤其嚴峻的是，政府既未能靠關稅壁壘發展本國製造業，亦未能吸引如泰國、馬來西亞、越南等地那種規模的外資。

改變的必要性顯而易見，但改變的路途卻晦暗不明。從馬可仕戒嚴初期，以及持槍的杜特蒂人氣之高，就能明顯看出民眾對強人統治的偏好；但杜特蒂是為了掌權而掌權，不是為了激進的改革目標想大刀闊斧。反毒戰爭與純口頭的打貪，都是內行的輿論操縱者在表演。隨著警力的提升與缺乏可究責度的程度提高，本已不佳的警譽更是跌落谷底。一個有著高謀殺率歷史的國家，卻有個在大堡主政年間，打著法治大旗鼓勵謀殺的人當總統。

菲律賓需要一場相當程度的革命，以掃除舊菁英，終結獨占，開放外資競爭，提高教育為當務之急，消滅大規模的走私，並力行收稅。左派分化、弱化，加上前疫情年間的經濟成長

（無論分配多麼不平均），以及減少貧窮與政府直接撥款濟貧方面的部分進展，讓民眾的不滿保持在有限的範圍內。民眾的情況沒有惡化，一九八六年推動乙沙革命的都市中產階級也過得不錯。只要菲律賓海外勞工、僑匯與ＢＰＯ持續提供外匯與就業機會，基礎建設發展繼續得到外國援助的支持，未來的情況應該就不會有太大改變。然而，世局也在改變，中東國家輸入傳統勞動力的需求已經停滯，技術的缺乏又會限制ＢＰＯ業界亟需的升級，菲律賓海外勞工與ＢＰＯ這兩大外匯主力未來恐難穩定繼續成長。不過，這個國家最大的挑戰，其實不在於輸出更多人力，而是讓國內城市裡數千萬從事非正式工作的人充分發揮，並改善農業的低生產力。與此同時，叛亂在社會的邊緣瀕臨爆發，而且可能會像馬可仕時代後期那樣愈演愈烈。

由於中國試圖成為區域霸權，長期下來，政治與經濟的宰制顯然會威脅到曾經的異國統治餘緒——得自西班牙的天主教，以及得自美國的政治與司法制度。中國的相對經濟力短期間不大可能衰退，日本、美國與澳洲的經濟力亦然。不過，只要推動外交政策的是戰略思考，而非眼界狹隘而往往愚昧的本國政客，菲律賓是可以和印尼與越南等重要鄰國締結非軍事協定，限制中國的野心，讓試圖主宰海洋、成為區域「教父」的北京付出高昂的國際代價。雖然菲律賓的鄰國多為穆斯林國家，但只要更注重跟整體馬來世界的文化關聯，就能減少與鄰國之間的疏離感，同時沖淡依附美國與西班牙殖民歷史的感覺。菲律賓的歷史寫作往往帶著一絲獨特的民族主義語氣，但這多半是對於西方帝國主義的反應，而不是呈現前殖民時代的認同，畢竟當時並不存在「菲律賓」這個地方，而是如同印尼與馬來西亞，受各式各樣的國王、蘇丹與酋長所統治，講著相關的語言，彼此貿易，甚至不時兵戎相向的地方。

在改善與非華鄰國的關係上，菲律賓還有許多未盡之處。除了偶爾因沙巴而起爭執，特別令局面惡化的情況其實不多，但菲國發展關係的努力也很少，加上菲律賓作為亞洲重要國家，卻沒有明確的立場，也讓鄰國無所適從。二〇一六年大勝中國的裁決出爐後，杜特蒂卻走起回頭路，讓同為濱海國家的鄰國無比震驚，而這些鄰國是可以用這次裁決爭取利益的。未來的總統也許會重新以裁決結果為政策的基礎，但看待議題時不能只從中美爭霸出發，而是必須從區域角度出發。從媒體報導篇幅與各省政客抱持的簡化觀點，就能看出國內各界對於國際與鄰國事務興趣缺缺。假如能請河內指點如何在捍衛領土主權與對中經濟關係之間取得平衡，馬尼拉是能拿出好表現的。

與此同時，日本在私人投資與援助基礎建設的角色遠比中國吃重，但得到的注意卻很一般。對中貿易的重要性得到高調宣傳，但其實商品貿易對中國是大大有利，而菲律賓的僑匯與服務業收入幾乎來自其他國家。從戰略角度看，中國勢力看來不斷在成長，取得的進展簡直像要把南中國海變成中國的內海。然而在可見的將來，美國在西太平洋的勢力不僅仍將難以逾越，更在許多對中國感到憂心的中等強國中，找到許多正式與非正式的盟友。雖然美國在中東的失敗以及川普的執政，讓美方在這個區域的立足點受到削弱，但也讓美國得以把更多注意力擺在中國對東亞的野心，而抗中的四方對話（與印度、日本和澳洲）也在印尼、馬來西亞與韓國得到不少人默默支持。

談到菲律賓軍方，雖然聲望與紀律相當傑出，但軍方卻花了七十年與自己的人民作戰。杜特蒂執政下，軍方的幕後影響力提升，也說服態度不情不願的總統展延與美國之間的《軍事訪問協議》。儘管菲律賓軍隊人數依然不多，而且有一度試圖政變的紀錄，但動盪的區域前景將會讓菲軍與本國政壇距離更近，同時也得密切面對習近平主政下民族情緒高漲的中國。對菲律賓來說，由於台灣局勢愈來愈難以預測，加上中國的九段線主張，讓菲國必須比以往更努力透過外交保障共同利益，同時繼續在軍事議題上與美國和其他國家合作。菲律賓能吸引中方的自然資源不多，但擁有呂宋海峽的關鍵地利，而且比起其他周邊國家，菲律賓（理論上）在南中國海有更多的專屬經濟海域權利。

長期而論，人口議題在菲中關係中的影響力可能會愈來愈大——人口急速老化的中國需要男性與女性人力（尤其是後者），假以時日，菲律賓人尋找就業機會的金山不見得會是中東或美國，而是中國，中國也將因此成為菲國重要的收入來源。與此同時，數以百萬計的中國人可能會仿效眾多南韓人的榜樣，到氣候更溫暖、生活費更低的地方找房退休。當然，中國本身也許傾向避免輸入勞工或輸出退休人士，菲律賓人恐怕會抗拒中國人湧入（老人也不例外），但人口流動或將成為影響對中關係方向的關鍵議題。

生育率降低的速度雖然加快，但在接下來二十年，為畢業生創造就業機會的壓力仍保持嚴峻。不過，勞動人口比例將會提升，而且國家收入用於教育與投資的比例應該也能增加。進一步提升勞動力出口，雖然可以創造短期收入，卻會減少本國人口找工作的推力，變得仰賴僑匯。儘管嘴上講著貧民的苦痛，但政界除了有條件現金入帳計畫下的標靶支持之外，就很少採取特定的改善措施。像是加稅與導入更多競爭的激進做法，會遭到社會與政治權力結構現實面的阻礙。假如領導人能得到民氣支持，秉持激進的政策目標，說不定權力結構會有改變，但目前並沒有出現這樣的人物。菲律賓也沒有出現類似於阿根廷或其他拉丁美洲國家的貝隆主義（Peronism）浪潮，也不像中東地區有左傾的軍事將領在軍隊支持下高喊民粹口號的歷史。連老左派恐怕也會放棄過時的口號，改找一個能激起群眾行動的領導人。

毫無疑問，即便選擇泰半局限於政治世家與媒體名人，菲律賓人仍將熱情參與各級選舉。他們證明，即便有這麼多的斷層與分裂，即便想當獨裁者的人試圖掌權，即便許多人抱持對「馬可仕／杜特蒂模式」強人領袖的民粹渴望，相信領導人提升施政效率的承諾（其實不然），但菲律賓多半還是個開放、放任的社會。儘管有無數的貧窮問題與目無法紀的情況，反正菲律賓民眾在全球幸福指數（Global Happiness Index）的得分，總能高於這個國家的社會－經濟排名。那些對菲律賓勞工與菲裔移民張開雙手的國家似乎也同意這一點。

菲律賓民族就像菲律賓群島，是用許多形狀各異的拼圖拼湊出的整體。五百年歷史既是認同的紐帶，也是社會政治結構長久不變的禍根，需要一番改組，才能讓民族的天賦充分反映在國家的現況上。菲律賓尤其需要更穩固的政府組織，廉正而獨立的司法，以及行政權與立法權的徹底的分立，不要再受政治世家與民粹主義者的擺布。數量更少但更有力的地方政府單位，穩定發展的政黨，以及重政策問題甚於恩庇的態度，都會對菲律賓有所裨益。許多人把二〇二二年的大選，當成這個國家是否能走向現代化的一場考試。

獨立七十五年後，菲律賓正在尋找政治答案，解答為何在經濟與社會進展上會落後於曾經更窮困的鄰國。問題在於五百年社會史的延續本身既維繫了國家，卻又阻礙了改變的能力；但菲律賓也是個年輕的國家，人口年齡中位數二十六歲，因此比鄰國更有潛力出現正向的轉變。

參考書目

Abinales, Patricio N., *Orthodoxy and History in the Muslim-Mindanao Narrative*(Quezon City: Ateneo de Manila Press, 2010).

Abinales, Patricio N. and Donna J. Amoroso, *State and Society in the Philippines*, revised edn (New York: Rowman and Littlefield, 2017).

Abueva, Jose V., *Towards a Federal Republic of the Philippines with a Parliamentary Government* (Marikina: Centre for Social Policy and Governance, Kalayaan College, 2005).

Abuza, Zachary and Luke Lischin, *US Institute of Peace, Special Report 468* (June 2020).

Aguilar, Filomeno V. Jr, and Nicholas Sy, *Horatio de la Costa, Foreign Missionaries and the Quest for Filipinization* (Quezon City: Ateneo de Manila Press, 2017).

Alcina, Francisco, *Historia de las Islas e Indios de Bisaya*, Vols 1 and 3, trans. Cantius Kobak and Lucio Gutierrez (Manila: University of Santo Tomas, 2002).

Anderson, Benedict, 'Cacique Democracy in the Philippines', in Benedict Anderson, *The Spectre of Comparison; Nationalism, Southeast Asia and the World* (London: Verso Books, 1998).

Anderson, Benedict, *Imagined Communities Reflections on the Origin and Spread of Nationalism* (London: Verso

Books, 2006).

Balisacan, Arsenio M. and Hal Hill, eds, *The Philippine Economy, Development Policies and Challenges* (New York: Oxford University Press), 2003.

Barrows, David P., *A History of the Philippines* (First Rate Publishers: San Bernardino, CA, [1903] 2020).

Bellwood, Peter, *Man's Conquest of the Pacific: The Pre-history of Southeast Asia and Oceania* (New York: Oxford University Press, 1979).

Berlow, Alan, *Dead Season A Story of Murder and Revenge on the Island of Negros* (New York: Pantheon Books, 1996).

Bonner, Raymond, *Waltzing with a Dictator* (New York: Times Books, 1987).

Boot, Max, *The Road Not Taken Edward Lansdale and the American Tragedy in Vietnam* (New York: Liveright Books, 2018).

Borton, James, ed., *Islands and Rocks in the South China Sea Post-Hague Ruling* (X-Libris.com, 2017).

Bowring, John, *A Visit to the Philippine Islands* (Manila: Filipiniana Book Guild, [1859] 1963).

Boxer Codex, *16th Century Exploration Accounts of East and Southeast Asia and the Pacific,* ed. Isaac Donoso, trans. Ma Luisa Garcia, Carlos Quirino, Mauro Garcia (Quezon City: Vibal Foundation, 2018).

Bulosan, Carlos, *America is in the Heart* (Seattle: University of Washington Press, [1946] 1973).

Burton, Sandra, *Impossible Dream: The Marcoses, The Aquinos and the Unfinished Revolution* (New York: Warner Books, 1989).

Butcher, John G. and R.J. Elson, *Sovereignty and the Sea: How Indonesia Became an Archipelagic State* (Singapore: University of Singapore Press, 2017).

Buzeta, Manuel, *Diccionario Geografico-Estadistico-Historico de las islas Filipinas* (Madrid: 1850).

Connaughton, Richard, John Pimlott, Duncan Anderson, *The Battle for Manila*(Novato, CA: Presidio Press, 1995).

Constantino, Renato, *History of the Philippines from the Spanish Conquest to the Second World War* (New York: Monthly Review Press, 1975).

Constantino, Renato, *The Philippines: A Past Revisited*, Vol. 1, (Quezon City: Tala Publishing Services, 1975).

Cole, Mabel Cook, *Philippine Folk Tales* (republished by Forgotten Books [1916] 2007/2020).

Coraming, Rommel A., 'Filipinos as Malays', in Maznah Mohamad and Syed Muhd Khairudin Aljunied, *Melayu: The Politics, Parties and Paradoxes of Malayness* (Singapore: National University of Singapore Press, 2012).

Corpuz, O.D., *Roots of the Filipino Nation*, 2 vols (Quezon City: University of the Philippines Press, 2005).

Doranila, Amando, *Afro-Asia in Upheaval* (Manila: Anvil Publishing, 1983).

Enrile, Juan Ponce, *A Memoir* (Quezon City: ABS/CBN, 2012).

Francia, Luis H., *A History of the Philippines* (New York: Overlook Press, 2014).

Garcia, Myles A., *Thirty Years Late Catching Up with Marcos Era Crimes* (Manila: MAG Publishing, 2016).

Geldart, Peter, *Mapping the Philippine Seas* (Manila: Philippine Map Collectors Society, 2017).

George, T.J.S., *Revolt in Mindanao: The Rise of Islam in Philippine Politics* (Oxford: Oxford University Press, 1980).

Giraldez, Arturo, *The Age of Trade: The Manila Galleons and the Dawn of the Global Economy* (New York: Rowman and Littlefield, 2015).

Hayton, Bill, *The South China Sea: The Struggle for Power in Asia* (New Haven, CT: Yale University Press, 2014).

Hicken, Alle, Edward Aspinall and Meredith Weiss, *Electoral Dynamics in the Philippines,* (Singapore: National University of Singapore Press, 2019).

Hutchcroft, Paul D., *Booty Capitalism: The Politics of Banking in the Philippines*(Ithaca: Cornell University Press, 1998).

Hutchcroft, Paul D. ed., *Mindanao: The Long Journey to Peace and Prosperity*(Mandaluyong City: Anvil Publishing, 2016).

Hutchcroft, Paul D. ed., *Strong Patronage, Weak Parties: The Case for Electoral System Redesign in the Philippines* (Mandaluyong City: Anvil Publishing, 2019).

Ileto, Reynaldo, *Pasyon and Revolution: Popular Movements in the Philippines, 1840–1910* (Quezon City: Ateneo de Manila University Press, 1979).

Karnow, Stanley, *In Our Image: America's Empire in the Philippines* (New York: Random House, 1989).

Kerkvliet, Benedict J., *The Huk Rebellion: A Study of Peasant Revolt in the Philippines* (New York: Roman and Littlefield [1977] 2002).

Kirk, Donald, *Looted: The Philippines After the Bases* (New York: St Martin's Press, 1998).

Jones, Gregg R., *Red Revolution Inside the Philippines Guerrilla Movement* (New York: Routledge [1989] 2019).

Junker, Laura Lee, *Raiding, Trading and Feasting: The Political Economy of Philippine Chiefdoms* (Honolulu: University of Hawaii Press, 1998).

Lanzona, Uma A., *Amazons of the Huk Rebellion* (Madison, WI: University of Wisconsin Press, 2009).

Larkin, John A., *Sugar and the Origins of Modern Philippine Society* (Berkeley, CA: University of California Press, 1993).

Legarda Jr, Benito J., *After the Galleons* (Quezon City: Ateneo de Manila University Press, 2002).

May, Glenn Anthony, *Inventing a Hero: The Posthumous Re-Creation of Andres Bonifacio* (Quezon City: New Day Publishers, 1997).

Mears, Leon A., Meliza H. Agabin, Teresa A. Anden, Rosalinda C. Marquez, *The Rice Economy of the Philippines* (Quezon City: University of the Philippines Press, 1974).

Melencio, Cesar 'Sonny', *Full Quarter Storms: Memoirs and Writing on the Philippine Left* (Quezon City: Transform Asia, 2010).

Miller, Jonathan, *Rodrigo Duterte Fire and Fury in the Philippines* (Melbourne and London: Scribe, 2018).

Morga, Antonio de, *Sucesos de las Islas Filipinas*, trans Henry E.J. Stanley(London: The Hakluyt Society, 1868).

Nery, John, *Revolutionary Spirit Jose Rizal in Southeast Asia* (Singapore: Institute of Southeast Asian Studies, 2011).

Ocampo, Anthony Christian, *The Latinos of Asia: How Filipino Americans Break the Rules on Race* (Palo Alto, CA: Stanford University Press, 2016).

Oviedo, Gonzalo Fernandez, *Spanish and Portuguese Conflict in the Spice Islands,* from Book XX of *The General and Natural History of the Indies,* ed. Glen F. Dille (London: The Hakluyt Society, London 2021).

Perouse, Jean-Francois de la Galaup, *The Journal 1785–1788*, 2 vols, trans John Dunmore (London: The Hakluyt Society, 1995).

Pigafetta, Antonio, *Magellan's Voyage*, 2 vols, trans R.A. Skelton (New York: Dover Publishing, 1969).

Pires, Tome, *Suma Oriental*, Vol. 1, trans. and ed. Armando Cortesao (New Delhi Asian Educational Services [1948] 2015, pp. 132–3.

Quezon III, Manuel L., 'An Epidemic of Clans', *Philippine Inquirer*, 9 June 2021.

Rafael, Vicente. L., *Contracting Colonialism Translation and Christian Conversion in Tagalog Society* (Quezon City: Ateneo de Manila University Press, 1988).

Reyes, Vicente Chua Jr., *Mapping the Terrain of Education Reform: Global Trends and Local Responses in the*

Philippines (New York: Routledge, 2016).
Rizal, Jose, *Filipinos dentro cien anos* (Barcelona: La Solidaridad, 1889).
Rood, Steven, *What Everyone Needs to Know About the Philippines* (New York: Oxford University Press, 2019).
Rufo, Aries C., *Altar of Secrets Sex: Politics and Money in the Philippine Catholic Church* (Pasig: Journalism for Nation Building Foundation, 2013).
Salazar, Zeus A., *The Malayan Connection: Ang Filipinas sa Dunya Melayu,*(Quezon City: Palimbagan ng Lahi, 1998).
Saleeby, Najib M., *The History of Sulu* (Manila: Filipiniana Book Guild [1908] 1963).
Scott, William Henry, *Looking for the Pre-Hispanic Filipino* (Quezon City: New Day Publisher, 1992).
Scott, William Henry, *Prehispanic Source Materials for the Study of Philippine History* (Manila: University of Santo Tomas Press, 1968).
Seagrave, Sterling, *The Marcos Dynasty*, (New York: Harper & Row, 1988).
Solheim II, William G., *Archaeology and Culture in Southeast Asia: Unraveling the Nusantao* (Quezon City: University of the Philippines Press, 2006).
Steinberg, David Joel, *Philippine Collaboration in World War II* (Ann Arbor: University of Michigan Press, 1967).
Steinberg, David Joel, *The Philippines: A Singular and Plural Place*, 4th ed. (New York: Routledge, 2000).
Tabuga, Aubrey D., *A Probe into Filipino Migration Culture* (Quezon City: Philippine Institute for Development Studies, 2018).
Tadem, Teresa S. Encarnacion, 'Technocracy and Class Politics in Policy-Making', in Mark R. Thompson and Eric Vincent C. Batalla, eds, *Routledge Handbook of the Contemporary Philippines* (Abingdon: Routledge, 2018).
Tan, Samuel K., *A History of the Philippines* (Quezon City: University of the Philippines Press, 2009).

Thompson, Mark R., *The Marcos Regime* in *Sultanistic Regimes*, eds. Houchang E. Chehabi and Juan J. Linz (Baltimore: Johns Hopkins University Press, 1998).

Thompson, Mark R. and Eric Vincent C. Batalla, eds, *Routledge Handbook of the Contemporary Philippines* (New York: Routledge, 2018).

Tiglao, Rigoberto D., *Debunked Uncovering Hard Truths about EDSA, Martial Law, Marcos, Aquino, with a Special Section on the Duterte Presidency* (Manila: Akropolis Publishing, 2018).

Vitug, Marites Danguilan, *Power from the Forest The Politics of Logging* (Manila: Philippine Center for Investigative Journalism, 1993).

Vitug, Marites Danguilan, *Endless Journey: A Memoir of Jose T. Almonte* (Manila: Cleverheads Publishing, 2015).

Vitug, Marites Danguilan, *Hour Before Dawn: The Fall and Uncertain Rise of the Philippine Supreme Court* (Manila: Cleverheads Publishing, 2012).

Vitug, Marites Danguilan, *Rock Solid: How the Philippines Won its Maritime Case Against China* (Quezon City: Ateneo de Manila University Press, 2019).

Vitug, Marites Danguilan and Gloria M. Glenda, *Under the Crescent Moon Rebellion in Mindanao* (Manila: Ateneo Center for Social Policy, 2000).

Asian Development Bank

Asiasentinel

Asiaweek

Bangko Sentral ng Pilipinas

Business World

Far Eastern Economic Review
Forbes Magazine
Human Development Index (annual)
International Crisis Group
Manila Bulletin
Media and general sources
Newsbreak
Permanent Court of Arbitration, Case No. 2013–19, South China Sea Arbitration, decision 2016
Philippine Centre for Investigative Journalism
Philippine Daily Inquirer
Philippine Department of Agriculture
Philippine Department of Energy
Philippine Department of Health
Philippine Statistics Authority
Rappler
UN Development Programme
UNICEF
United Nations Convention on Law of the Sea
World Bank
World Development Report (annual)

歷史與現場 358

現代菲律賓的誕生：一片片拼圖組成的國家

The Making of the Modern Philippines: Pieces of a Jigsaw State

作者　菲利浦．鮑靈（Philip Bowring）
譯者　馮奕達
資深編輯　張擎
責任企劃　林欣梅
封面設計　許晉維
內頁排版　張靜怡
人文線主編　王育涵
總編輯　胡金倫
董事長　趙政岷
出版者　時報文化出版企業股份有限公司
108019 臺北市和平西路三段 240 號 7 樓
發行專線｜ 02-2306-6842
讀者服務專線｜ 0800-231-705 ｜ 02-2304-7103
讀者服務傳真｜ 02-2302-7844
郵撥｜ 1934-4724 時報文化出版公司
信箱｜ 10899 台北華江橋郵局第 99 信箱
時報悅讀網　www.readingtimes.com.tw
人文科學線臉書　http://www.facebook.com/humanities.science
法律顧問　理律法律事務所｜陳長文律師、李念祖律師
印刷　家佑印刷有限公司
初版一刷　2024 年 6 月 21 日
定價　新臺幣 580 元

ISBN 978-626-396-229-3 ｜ Printed in Taiwan

時報文化出版公司成立於一九七五年，並於一九九九年股票上櫃公開發行，於二〇〇八年脫離中時集團非屬旺中，以「尊重智慧與創意的文化事業」為信念。

現代菲律賓的誕生：一片片拼圖組成的國家／菲利浦．鮑靈（Philip Bowring）著；馮奕達譯 .
-- 初版 . -- 臺北市：時報文化出版企業股份有限公司，2024.06 ｜ 400 面；14.8×21 公分 .
譯自：The Making of the Modern Philippines: Pieces of a Jigsaw State
ISBN 978-626-396-229-3（平裝）｜ 1. CST：菲律賓史 2. CST：政治經濟｜ 739.11 ｜ 113005644